HET
TRIBUNAAL
VAN DIVERSITY

———

———

ISBN: 978-90-83408-194

Tweede druk

———

Published by
Peace Servant - peaceservant.nl

Design & Production
Tim B. Gilman | timmyroland.com

———

Verantwoordelijkheid
De auteur is verantwoordelijk voor de inhoud van dit boek. Hij biedt op uitnodiging trainingen, scholing, presentaties, workshops en persoonlijke ondersteuning aan individuen en groepen. Contact via: minister@peaceservant.nl

DE BIECHT VAN EEN FAMILIEGEHEIM

HET TRIBUNAAL VAN DIVERSITY

GODIAN EJIOGU

Peace Servant

Voorwoord

Wij kinderen zijn 20% van de samenleving, maar we zijn ook 100% van de toekomst. We hebben het recht om gehoord te worden. We moeten de toekomst vormgeven want we zullen erin leven. Onze bijdrage aan de samenleving is nodig en er moet naar ons worden geluisterd.

We worden behandeld als mensen zonder kennis van zaken. Jonge generaties worden al eeuwenlang gediscrimineerd. Er wordt aangenomen dat we niet de wijsheid hebben ontwikkeld om goed en kwaad te kennen. Mensen geloven dat we de deugden niet kennen. Onze kennis en ons inzicht worden door volwassenen ongelooflijk onderschat. Ik las eens een verhaal over Jezus die in de tempel geleerde mensen antwoord gaf op hun ingewikkelde vragen. De mensen waren verbaasd over zijn kennis en wijsheid op de leeftijd van twaalf jaar. Hij werd gediscrimineerd vanwege zijn leeftijd. Als Jezus ons licht is, zoals ik uit mijn geloof en opvoeding begrijp, zou hij dan geen voorbeeld kunnen zijn hoe we naar kinderen moeten luisteren?

In het verleden geloofde men dat zwarte mensen dom en ongeletterd waren. De mensen dachten dat dit de waarheid was, omdat het de aanvaarde overtuiging was, en dat gaven ze door aan hun kinderen. Maar deze overtuiging was gebaseerd op een valse veronderstelling. Deze vergissing werd doorgegeven aan kinderen. Inmiddels leven wij in een tijdsgewricht waar op veel plekken in de wereld de huidige jongere generatie uit alle landen en werelddelen afkomstig is. We zijn niet verdeeld naar kleur en afkomst, maar zitten samen in de klas.

Volwassenen moeten naar kinderen luisteren om de wijsheid te destilleren die in hen is ingebakken. Generatiediscriminatie is niet meer aanvaardbaar.

Kinderen zijn niet corrupt en angstig zoals volwassenen. Ons geweten is zuiverder, daarom gaan we gemakkelijk om met andere kinderen. We spelen en werken samen en hebben hiervoor geen contracten nodig. Volwassenen begaan soms enkel omwille van het geld fouten die vele generaties niet meer kunnen rechtzetten, omdat de schuld die is opgebouwd groter is dan wat ze ermee verdiend hebben. Al deze problemen zijn te wijten aan de kortzichtigheid van volwassenen, en de kinderen blijven achter met een toekomst vol vragen. In werkelijkheid hebben volwassenen voor ons een toekomst gecreëerd met duurzame problemen.

De meeste wereldproblemen waar we mee te maken hebben, zijn bewust door volwassenen veroorzaakt. Denk aan de oorlogen. De meeste gebeurtenissen hebben historische wortels en blijven zich over verschillende generaties herhalen. Denk aan slavernij en het effect ervan vandaag de dag. Als er geen slavernij was geweest, zouden we vandaag niet dezelfde problemen hebben. Denk aan de kolonisatie die het leven van vele generaties heeft geruïneerd.

Als we de mensen hun eigen leven hadden laten bepalen en hun eigen toekomst hadden laten creëren, zouden ons politieke leven en onze samenleving er vandaag anders uitzien. Zal ik verder gaan met religieuze doctrines en misbruik?

Ik weet zeker dat je de lijst verder kunt aanvullen. Volwassenen beslissen over de toekomst waarin kinderen moeten leven.
We zijn de erfgenamen van wat onze ouders deden. Het wordt tijd dat we gehoord worden. Dat is wat we willen laten zien met dit verhaal.

Het is een familieverhaal, dat van groot belang is voor alle niveaus van menselijke relaties. In dit verhaal ligt onze focus op Afrika en Europa. We hebben dit familieverhaal gekozen om te laten zien wat kinderen kunnen doen. We gebruiken het om te laten zien hoe volwassenen het leven van kinderen ruïneren. Maar ook hoe zij zich als kinderen gedragen, voor hun persoonlijke belangen opkomen, nooit denken aan de toekomst van kinderen en aan wat ze voor hen achterlaten. Daarom zeggen we dat kinderen gehoord moeten worden. De waarheid moet verteld worden. De waarheid moet gehoord worden, wat er ook gebeurt. Onze bubbels kunnen onze verhalen niet inslikken.

Dat is het motto van dit boek, uitgesproken door een 14-jarige jongen. Mijn bijzondere dank gaat naar mijn drie tienerkinderen. Ze hebben mij tot vader gemaakt en me geleerd omverbondenheid te ontwikkelen en hoe aanwezig te zijn in de wereld van kinderen. Zij waren mijn leermeester enmentor in zaken die kinderen aangaan. Door hun begeleiding ben ik de vader geworden die ik wilde zijn. Zezijn mijn beste vrienden. Ik houd van hen. Ze zijn sterren die licht geven in de duisternis.

Inleiding

Een kind richt met zijn broer en zus een tribunaal op om hun ouders te confronteren met hun daden en beslissingen, die hun leven en toekomst beïnvloeden. Als ze tot de waarheid komen, ontdekken ze dat hun familie het wereldsysteem van onrechtvaardigheid weerspiegelt. Langzaam wordt hen duidelijk dat ze erfgenamen zijn van een ongekend onrecht. Het onrechtvaardige wereldsysteem en de strijd voor rechtvaardigheid worden weerspiegeld in hun kleine gezin. De kinderen wilden niet de erfgenamen van dit systeem zijn. Ze willen ervan af. Ze willen deze pijn en dit verdriet niet overdragen op de volgende generatie. Het is onverantwoordelijk en wreed om dat te doen. Ze gaan zoeken naar manieren om te werken aan een duurzame toekomst waarin geld niet langer het middelpunt van het leven is.

Het familiesysteem is opgericht om geld, macht, status quo en vooringenomen oordelen in stand te houden – een openbaring van hoe familie en systeem met elkaar verbonden zijn. Beide beïnvloeden elkaar. Het laat zien hoe mensen samenwerken om een plan in stand te houden dat ze niet willen, maar waarvan ze niet weten hoe het te beëindigen. Een systeem waar iedereen ten onder lijdt, maar waarvan sommigen denken dat ze er baat bij hebben.

Hoe draagt je familie bij aan het systeem waarin we leven? Welke waarheid kan uit je familie naar boven komen als je door je kinderen onder de loep wordt genomen om de werkelijkheid van hun geschiedenis te vertellen? Wat zou je liever niet aan je kinderen overdragen? Welke toekomst denk je en wens je dat je kinderen zullen hebben?

Het Tribunaal Van Diversity

Wat voor soort maatschappij laat je achter voor jongere generaties? Dit boek zal je helpen om anders te gaan denken. Luister naar de kinderen. Steun deze kinderen die een nieuwe toekomst willen opbouwen, vrij van invloeden die ons leven niet dienen.

De zaak die we in dit boek presenteren is de hoorzitting van de familie van Diversity Child.

INHOUDSOPGAVE

PERSONAGES

Aafke, moeder van Diversity, Faith en Exalted
Adama, echtgenote van Onno
Arnold en Odilia, ouders van Elske
Bond, vader van Aafke
Chibueze, vader van Diversity, Faith en Exalted
Diversity, zoon van Aafke en Chibueze
Elske, echtgenote van Kunle en vriendin van Aafke
Esthetic, assistent van Francisca
Exalted, zoon van Aafke en Chibueze
Faith, dochter van Aafke en Chibueze
Francisca, kinderarts en alternatief genezer
Francisco, pastoor die getuige was bij het kerkelijk huwelijk
Joanne, jeugdvriendin van Aafke
John, de psychiater die Chibueze op Aafke verzoek
	gevaarlijk verklaart
Kingdom, broer van Chibueze
Kunle, echtgenoot van Elske en vriend van Chibueze
Laura, buurvrouw van Aafke en Chibueze
Linda, moeder van Aafke
Lulu, Zuid-Amerikaanse kennis van Aafke
Mina, echtgenote van Paul
Nick, toehoorder
Nneoma, moeder van Chibueze
Onno, broer van Aafke
Paul, broer van Aafke
Piet, toehoorder
Ria, nicht van Linda
Sandra, advocaat van Aafke

HET TRIBUNAAL

VAN DIVERSITY

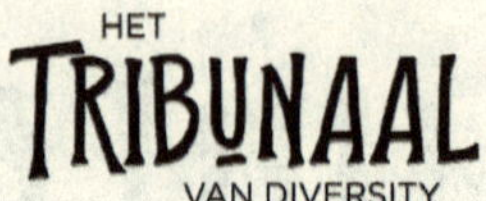

DEEL 1

We zijn gezamenlijk geworteld in één bron

HET
TRIBUNAAL
VAN DIVERSITY

HOOFDSTUK 1

Esthetic

Diversity komt binnen en kijkt argwanend de kamer rond. Zijn verschijning trekt mijn aandacht terwijl ik mijn werkplek in de kamer van de kliniek voorbereid. Hij is breedgeschouderd en lijkt op een professionele bodybuilder. Je kunt duidelijk zien dat hij een sportief persoon is. Zijn mannelijke uitstraling maakt van hem een opvallende verschijning. Zijn unieke huidskleur is bronskleurig, maar dan goed gepolijst. Hij ziet eruit als roodbruin hout, met een oranje tint die lijkt te veranderen naar mate je langer naar hem kijkt. Het netjes geknipte wolachtige haar op zijn hoofd heeft van nature twee verschillende kleuren. De bovenkant van zijn haar is oranjeblond, en de onderkant is zwart. Het bovenste haar van zijn hoofd verandert van kleur als het door de zon wordt verwarmd. Zijn huidskleur lijkt ook te veranderen in de zon of het licht. Zijn haar- en huidskleur laten direct zien dat hij een uniek prototype is van Afrikaans-Europese ouders, met een zeldzame kleurencombinatie. Het is voor mij de eerste keer dat ik dit zie, ook al ben ik de vijftig gepasseerd en heb ik op verschillende continenten gereisd en gewoond, ook in Afrika. Zijn sportief gebouwde lichaam doet hem eruitzien als een volwassene. Toch blijkt uit mijn informatie dat Diversity nog geen achttien jaar oud is. Ik werk al decennialang als assistent van Francisca. Af en toe ben ik aanwezig tijdens haar gesprekken met cliënten. Tijdens deze ontmoeting gebeurde van alles wat de moeite waard is om te delen.

Diversity keek naar de posters en afbeeldingen die aan de muur hingen. Francisca liep langs Diversity, die de ingelijste teksten aan het lezen was. Aan de overkant van de tafel boog ze zich voorover en zette haar hand op de tafel. Ze nodigde Diversity uit om een stoel te kiezen. Er stonden twee stoelen tegenover de tafel. 'Je mag kiezen', zei ze tegen Diversity. Diversity aarzelde nog steeds, slenterde wat rond alsof hij zijn kracht had verloren. Het leek wel alsof hij bij elke stap die hij zette, eerst toestemming moest vragen aan een onzichtbare krachtbron. Hij kwam dichterbij en keek haar in de ogen. De ogen van de vrouw en de jongen vonden elkaar en hielden elkaar vast. Even waren ze als in trance, starend naar elkaar, met de tafel tussen hen in.

De blik van Diversity gleed weer weg, en dwaalde door het raam achter Francisca. Daarna keek hij door het raam dat zich achter hem bevond en door het raam aan zijn linkerzijde. Pas toen ging hij voorzichtig zitten.

Tegenover elkaar zittend keek Francisca rechtstreeks in de ogen van Diversity. Ze zaten zo dicht bij elkaar dat ze elkaar konden aanraken. Op de tafel lag aan de ene kant een stapel dossiers. Een laptop stond in het midden en aan de andere kant lagen boeken die Francisca over jongeren had geschreven. Francisca begon diverse gegevens na te kijken op haar computer, maar dat scheen haar niet goed te lukken. Ze zei: 'de cloud werkt niet mee. Ik kan alleen starten als ik verbinding met de cloud heb.' Ze keek Diversity aan en vroeg: 'hoe gaat het met je?' Kort antwoordde Diversity haar: 'goed'. Hij leek afwachtend op haar eerste zet, als bij een schaakspel. Francisca vroeg: 'kun je me vertellen waarom je gekomen bent?' Diversity antwoordde haar: 'ik wil weten wat voor werk je doet en hoe je dat aanpakt.' Francisca was nog steeds aan het worstelen met haar computer en probeerde verbinding te maken met haar documenten in de cloud. Opgelucht zei ze: 'oké, nu heb ik contact met de cloud.'

Francisca had tientallen jaren ervaring in het werken met jongeren en kinderen. Ze was een ervaren professional en oogde vriendelijk en sympathiek.

Met een diepe, meelevende stem vroeg ze Diversity: 'ik wil graag weten wat je van me verwacht, maar eerst zal ik je vertellen wat ik doe.'

Diversity luisterde aandachtig. Hij kon zien dat Francisca uitzonderlijk lang blond haar had. Haar ronde blauwe ogen pasten goed bij haar ovaalvormige gezicht. Haar lange nek onthulde de lengte van haar volle haar dat soepel over haar schouders omlaag viel. Haar professionele glimlach en vriendelijke gezicht zorgden ervoor dat haar patiënten zich op hun gemak voelden. Tegelijkertijd waren haar vragen scherp. Terwijl ze haar ogen op Diversity gericht hield, keek Diversity ook naar haar. Er volgde een secondelang stilte, die enkele minuten leek te duren, terwijl ze elkaars blik vasthielden. Het leek alsof Diversity door haar heen keek alsof er niemand was, door haar heen naar het raam achter haar en verder weg. Francisca bleef kalm, standvastig, stabiel en op hem gericht. Haar gezicht toonde iets wat het beste als verdriet en pijn kan worden omschreven. Ze nam haar hand van de tafel en leunde met haar rug achterover tegen haar stoelleuning.

De kamer was zonovergoten. Het was net voor de middag. De zon van de junimaand scheen door de glazen ramen aan beide kanten van de kamer. Het mooie uitzicht op de omgeving vol groene bomen schiep een atmosfeer die moeilijke gesprekken vergemakkelijkte. De temperatuur was aangenaam. De kamer bevond zich op de bovenste verdieping van de hoge toren. Er was geen gebouw of boom nabij om de zonnestralen om te zetten in schaduw.

Eindelijk was Francisca klaar met de computer en kon zij zich volledig concentreren op het gesprek met Diversity. Diversity zei nog eens: 'ik wil weten wat je doet en hoe je werkt.' Ze knikte en zei: 'ik zal het je uitleggen.' Francisca vertelde over haar beroep en hoe ze al meer dan drie decennia met jongeren omging. Ze vertelde over een boek dat ze voor de jeugd had geschreven. Diversity was zichtbaar onder de indruk, haar uitleg schiep vertrouwen. Op een serieuze toon vroeg ze Diversity opnieuw: 'wat kan ik voor je doen? Waarom ben je naar me toegekomen?' Diversity aarzelde deze keer niet. Hij antwoordde recht voor zijn raap, alsof hij er al lang over had nagedacht.

Zonder met de ogen te knipperen zei Diversity tegen haar: 'ik wil dat je me helpt mijn gezondheid en welzijn terug te krijgen. Ik ben al naar meer dan vierenzestig instanties gestuurd. Geen enkele was in staat om me te helpen. Ze maakten mijn situatie alleen maar erger. Daarom wil ik weten wat u kunt doen. Ik wil mijn tijd hier niet verspillen.'

Het gezicht van Francisca, die ernstig keek, klaarde op. Met een geheimzinnige glimlach op haar gezicht en een intense toon in haar stem zei ze tegen Diversity: 'ik zal je helpen.' In haar stem kon je haar emotie horen. Ze was meelevend. Ze stond nu in verbinding met Diversity. Ze leek hem aan te voelen: in zijn non-verbale communicatie begreep ze meer van hem dan zijn woorden alleen. Het leek alsof ze hem spiritueel zuiver kon aanvoelen. Enkele minuten lang was ze stil, draaide niet naar links of rechts, maar hield haar gezicht en ogen op Diversity gericht. Diversity voelde zich niet ongemakkelijk. Hij richtte zijn ogen ook op haar alsof ze in een stille dialoog waren, informatie aan elkaar doorgevend zonder woorden. Beiden leken teruggetrokken van de wereld en de omgeving.

Ik vroeg me af of ze mijn aanwezigheid hadden opgemerkt. Ik overwoog de kamer te verlaten, niet omdat ik me niet op mijn gemak voelde. Maar ik had het gevoel dat hier iets gaande was dat op een diepe zijnsverbondenheid leek. Ik wilde weggaan om hen de ruimte te geven, om ruimte te creëren voor alles wat vanuit die zijnsverbondenheid kon ontstaan. Het voelde alsof dat wat in Diversity opborrelde, een soort biecht zou kunnen zijn. Ik wachtte tot een van hen me zou vragen om de kamer te verlaten. Maar die vraag kwam niet dus besloot ik te blijven. Ze hadden me immers in het begin uitgenodigd om aanwezig te zijn. Als een van hen aan zou geven zich niet op zijn of haar gemak te voelen met mijn aanwezigheid, dan zou ik vertrekken.

Terwijl ik met deze gedachten speelde, verbrak Francisca de stilte met een vraag. 'Wil je me vertellen wat er gebeurd is?' Ze keek weer ernstig. Diversity aarzelde niet om zijn verhaal te vertellen.

HOOFDSTUK 2

Diversity

Ik heb verschillende suïcidepogingen gedaan. Ik maak me al vier jaar lang voortdurend zorgen. Vooral de laatste paar weken heb ik met veel zorgen in bed gelegen. Ik maak me zorgen over de vraag, wie er eigenlijk naar mijn begrafenis zou komen. Voor wie ben ik nodig, en voor wie leef ik? Voor wie doet mijn leven ertoe? Ik hoorde dat mensen stierven, maar dat ze in stilte en soms in eenzaamheid werden begraven vanwege het coronavirus. Zelfs familieleden waren niet aanwezig. Hierdoor ben ik van gedachten veranderd. Het is genoeg geweest, het moet veranderen.

Toen ik tien was deed ik mijn eerste suïcidepoging, maar mijn vader en moeder kwamen te vroeg en hebben me gered. Mijn huidskleur is een last die ik niet mijn hele leven kan dragen. Mijn moeder is van Europese afkomst en mijn vader is van Sub-Saharaans Afrikaanse afkomst. Mijn vader heeft een bruine huidskleur. Ik zie wat er in hun relatie gebeurt. Ik hoor hoe mijn moeder en vrienden over de afkomst van mijn vader en over Afrikanen praten als hij er niet bij is. Vooral als we die kring van haar vrienden en familie bezoeken zonder mijn vader. Als mijn vader er wel bij is, gedragen ze zich anders en doen ze alsof. Zulke verborgen hypocrisie vreet aan me.

Ik weet dat mijn huidskleur nog donkerder is dan die van mijn vader. Misschien denken en praten mijn moeder en haar vriendenkring net zo over mij als over mijn vader. Ik ben mijn vader gaan haten. Niet omwille van zijn karakter; mijn vader is een goede man en een ideale vader. Hij is beschermend, hardwerkend, moedig en een doorzetter. Hij is vooral menselijk, komt op voor kwetsbaren en dient anderen in plaats van dat hij gediend wil worden. Hij is geduldig en ontspannen, zelfs in de meest stressvolle situaties. En bovenal is hij mooi, zowel van binnen als van buiten. Maar de huidskleur die ik van hem heb geërfd en wat dat met mijn leven heeft gedaan, heeft ervoor gezorgd dat ik hem ben gaan haten. Ik begon zelfs alle schoonheid in hem te haten. Ik distantieerde me van zijn werk en levenszaken. Als ik met mijn moeder over die huidskleur praat, zegt ze: "sorry, ik had toen niets beters voor je. Het is gedaan." Deze haat tegenover mijn vader zorgde ervoor dat ik mezelf en mijn leven begon te haten. Later ontdekte ik dat hier geen ontsnappen aan is.

Dit maakt de situatie hopeloos voor mij. Een angstig probleem zonder hoop of troost is als in een hellevuur zitten zonder hoop op water. Ik hoop op een wonder. Ik hoop dat iemand me hoort en zegt: "dit mag niet, het moet ophouden." Ik heb al het volle pond betaald voor mijn vrijheid. Mijn vrijheid is mij nog niet gegund. Ik wil niet ook nog de prijs van de dood betalen. Ik heb het geprobeerd, maar de pijnlijke ervaring van het sterven was me te veel. Ik hoop levend de vrijheid in dit land te ervaren. Welke prijs moet ik nog meer betalen om ware levensruimte te verkrijgen? Een levenslange straf en foltering zonder een dag van rust en vrijheid? Aan wie moet ik deze prijs betalen om mijn vrijheid te verkrijgen?

FAMILIE

Mijn familie, waar mijn basisveiligheid is gegrondvest,
is een doorn in mijn vlees geworden. Een enge plek.
De dagelijkse kwelling is een zware last voor mijn ziel.
Gods handen hebben me gevormd en gemaakt,
in het geheime en donkerste laboratorium.
Vergeet niet, ik werd gevormd uit vloeistof.
Zoals ieder ander mens
ben ik gestolde vloeistof die zich vormde tot botten en vlees.
Vochtig gehouden met een oceaan van bloed en water,
met vet om me warm te houden.
Vanuit de baarmoeder ben ik bezaaid met bloed en water
in de hand van de vroedvrouw.
In de grote baarmoeder van het universum groei
ik om verder te gaan.
Ik voed me met dingen uit het stof voor mijn vlees en mijn huid.
Ik onderhoud mijn geest met lucht.
Tot stof zal mijn vlees wederkeren.
En de geest zal terugkeren naar haar onzichtbare oorsprong.
Dit is het geloof van alle levende mensen.
Hetzelfde begin.
Hetzelfde einde.
Ik leef in onrecht en bestraffing zonder ontsnapping.
Mijn aanklacht lijkt zinloos.
Geschreven, ontworpen en gegeven door de
Schepper van de mens.
Absoluut. En nu je ziet wie ik geworden ben,
ga je me vernietigen?
Wat is mijn overtreding?
Wat heb ik verkeerd gedaan?
Zie je in mij het monster dat je gemaakt heeft?
Mijn huidskleur is niet door de mens gemaakt.

Het is door God gegeven.
We zijn met z'n vijven in de familie.
Mijn vader, mijn moeder, mijn zus en mijn broer.
We hebben allemaal verschillende huidskleuren.
Dit hoort geen probleem te zijn voor de familie.
We horen bij elkaar in één familie.
We zijn gezamenlijk geworteld in één bron.
We zijn collectief geworteld in één bron.
Onze hersenen zijn verbonden in één bron.
Het bloed blijft rood, en water en vet voorzien het
lichaam van alles wat ze nodig heeft.

Esthetic

Francisca observeerde Diversity en zei: 'ik wil je ouders zien. Breng ze de volgende keer met je mee.' Ik kon zien dat ze ook verontrust was. Ze had geen idee wat ze met deze boodschap moest doen. Het leek alsof ze deze zaak niet aankon. Ze ijsbeerde door de kamer, in gedachten verzonken. Haar gedachten veranderden in zorgen. Ze had Diversity genezing beloofd en wilde ze hem nu ook gaan brengen. Maar deze casus was anders dan wat ze gewend was. Tijdens hun verbale en non-verbale connectie had ze meer aangevoeld bij Diversity dan wat ze gewend was bij andere kinderen. Haar jarenlange ervaring als kinderarts verschafte haar ontoereikende wijsheid om te weten hoe ze moest omgaan met wat ze zojuist had meegemaakt.

Terwijl ik naar Francisca bleef kijken, me afvragend wat er in haar omging, draaide Diversity zich naar haar toe en zei: 'ik heb een idee. Ik wil een familietribunaal houden. Ik wil dat mijn familie allemaal de waarheid aan elkaar opbiechten.' Francisca fleurde een beetje op en er verscheen een geheimzinnige glimlach op haar gezicht. Haar glimlach was aanstekelijk, en tegelijkertijd zag ik pijn achter de glimlach. Dit was niet *business as usual*. De zaak van Diversity hield de belofte van een betekenisvolle verandering in zich.

Gewoonlijk kon ze kinderen wiens situatie ingewikkelder was dan ze aankon, doorverwijzen naar een andere professionele genezer. Deze situatie van Diversity was ook meer dan wat ze aankon, maar er was niemand waar ze hem naar kon doorverwijzen.
Ze kende geen andere specialist die ervaring had met zo'n situatie.
Zo gaf Diversity Francisca het idee om het deze keer anders te doen.
Ik kreeg de uitnodiging om aanwezig te zijn bij het familietribunaal.
Ik zal hier verslag doen van mijn observaties.

DEEL 2
Aanklacht

HOOFDSTUK 1

Esthetic

In het tribunaal zie ik enkele aanwezigen. Iedereen is ontspannen. Ik zie Diversity en nog twee andere kinderen van ongeveer vedertien en zestien jaar oud. Er zijn ook een man en een vrouw bij.

De afstand tussen de toehoorders en de spreker is ongeveer twaalf meter. Ik heb begrepen dat die ruimte zorgvuldig is gecreëerd, maar de reden is me niet verteld. De toehoorders zijn allemaal goed voorbereid voor deze zaak. Ze vertonen geen enkele gelaatsuitdrukking en laten zich geen oordeel ontfutselen. Ze zijn volledig toegewijd aan het luisteren. Ze houden hun lichaam onder controle om non-verbale communicatie te vermijden. Ze zitten stil alsof ze mediteren, maar met hun ogen geopend. Hun kleding, kleurrijk met enkele fonkelende glitters, bedekt hun lichaam vanaf de hals naar beneden. Je kunt alleen hun bovenlichaam zien, de tafel bedekt de rest van het lichaam. Alle aanwezigen, behalve degene die spreekt, luisteren aandachtig en beheersen alle vormen van non-verbale communicatie. Zo laten zij zien dat ze aandachtig aanwezig zijn en zich bewust zijn van alles wat er in de omgeving gebeurt. Hun zelfbewustzijn is zichtbaar, maar niet wat ze voelen of denken. Ik begrijp dat ze persoonlijk buiten deze zaak staan. Het gaat niet over hen. Het gaat niet over schuld zoeken. Het gaat niet om een morele of ethische kwestie. Het gaat niet over goed en fout. Ze zijn er om de mogelijkheid en de voorwaarden te scheppen zodat de spreker kan uitdrukken wat zijn hart bezwaart.

Op deze manier kan de waardigheid van de mens hersteld worden. Het is een weg van verlossing, die de mens leidt tot herstel naar zijn oorspronkelijke staat. Het maakt niet uit wie je bent. Ben je jong of oud, man of vrouw, rijk of arm, of welke status dan ook – het maakt geen verschil. Anders gezegd, dit tribunaal kent geen onderscheid tussen mensen. Iedereen wordt gelijk behandeld. Het geeft allen de heilige opdracht om te biechten, gehoord te worden, rechtdoen en vergeving te ontvangen. Het is de weg naar herstel en vrede.

Degene die vergeeft is de onzichtbare Toehoorder. De stoel van deze Ene die vergeeft is leeg. Niemand spreekt voor deze Ene. Niemand zit op de stoel van deze Ene.

De zichtbare toehoorders stellen vragen om de spreker te helpen onder woorden te brengen wat hem dwars zit. Hun gezichten tonen geen uitdrukking, gevoelens of emoties. Je kunt er niets uit aflezen. Vergeet niet dat ze hiervoor zijn opgeleid. Ze zien er vriendelijk en uitnodigend uit. Ondanks alles wat ze te horen krijgen - hoe schokkend dat ook is, blijven ze kalm. Na de hoorzitting van de dag of als de tijd om is, schorsen ze de vergadering tot de volgende zitting. Wanneer een pauze nodig is, vooral voor de spreker, vatten ze samen wat de spreker gezegd heeft en nodigen daarna de spreker uit om verder te gaan. Wanneer de spreker klaar is, sluiten ze af of gaan ze verder met een andere spreker.

Hun achternamen zijn voor de sprekers en het publiek geheimgehouden. Informatie over hen wordt niet onthuld. Over hun identiteit wordt niets vermeld. Ze blijven in mysterie gehuld. Alleen de kern van de zaak waar het allemaal om draait wordt aan hen kenbaar gemaakt. Ze kunnen het dossier lezen zonder enige informatie over de identiteit van betrokkenen. Contact tussen hen en de spreker is buiten het tribunaal verboden. Dat is bedoeld om elkaars veiligheid te waarborgen. Alles wat in het tribunaal wordt gezegd, blijft tussen de vier muren van het gerechtshof. Het is een vrije en veilige plaats waar ruimte is voor het persoonlijk opbiechten van je geheimen, en waar je verlichting kunt vinden van mentale en spirituele lasten.

Alles wat gedeeld wordt, gebeurt met toestemming van degenen die van hun hart geen moordkuil maken. In grote letters staat er op de muur achter hen geschreven: "Vrij van straf, veroordeling en oordeel. Uw bekentenis is een geschenk aan de wereld. Uw vrijheid is onze vrijheid. Uw verlossing is winst voor de mens. Praat jezelf richting de vrijheid en vreugde en leg je vermoeidheid en lasten af. Er zal naar je geluisterd worden en je zult rust vinden. Vrede en opluchting is de beloning voor je bekentenis. Je zult kracht ontvangen uit je kwetsbare openheid. Je beloning is groot."

Ik begrijp dat ze getraind zijn om alle acht zintuigen – de vijf uiterlijke en de drie innerlijke – tegelijkertijd te gebruiken: voelen, zien, ruiken, proeven, horen, denken, visie en intuïtie. Ik heb geprobeerd dit zelf te doen, mijn acht zintuigen open te stellen voor de omgeving. Toen ik dat deed, kreeg ik een tsunami aan informatie binnen. Ik kon het niet verwerken en dat creëerde grote onrust in mij. Als ik mijn zintuigen afsluit, ervaar ik rust. Ik vraag me af waarom de toehoorders ze alle acht tegelijk gebruiken.
Later zal ik inzien dat ze deze gewenste luisterhouding nodig hebben om hun taak te volbrengen, in een passende atmosfeer van kalmte en aanwezigheid. Terwijl ik ze observeer, staat een van de toehoorders op en nodigt Francisca uit om naar voren te komen.

Francisca

'Diversity, nu we dit tribunaal hier hebben, vertel me wat je me wilt vertellen in het bijzijn van deze mensen. Laat niet alleen ik naar je luisteren. Laat ook anderen luisteren naar wat je wilt zeggen. Het tribunaal dient zodat jij en je broer en zus met iedereen kan praten. Jij bepaalt wie het woord voert in dit tribunaal. Je ouders kunnen helderheid verschaffen over wat je wilt weten. Andere familieleden kunnen hun deel van het verhaal vertellen. Maar er moet naar je geluisterd worden. Je moet gehoord worden. Niets staat je in de weg. Je verhaal vertellen kan niemand kwaad doen. God geeft iedereen het recht om vragen te stellen.

Vragen stellen leidt tot wijsheid en groei. Onze samenleving bloeit op en wordt beschaafder wanneer we vragen stellen en antwoorden krijgen. Kennis en begrip zijn nodig om te leren en te groeien.

HOOFDSTUK 2

Diversity

Hoewel het zes jaar geleden gebeurde, herinner ik het me levendig als was het gisteren. Ik riep 's avonds vlak voor bedtijd, rond tien uur, om mijn ouders.

'Papa, mama, papa, papa, mama', mijn stem klonk steeds harder met elke schreeuw. Ik werd vervuld van angst en afschuw.

Papa kwam als eerste naar mijn kamer gerend, gevolg door mijn moeder. Ik was nog steeds aan het schreeuwen. Ik was in paniek. Ik voelde de pijn van de dood. Mijn lichaam deed dingen die ik niet begreep. Het was geen fijn gevoel. Het was mijn eerste suïcidepoging. Mijn eerste confrontatie met de dood. Ik kan geen woorden vinden om uit te leggen wat ik zag en wat ik meemaakte. Wat mijn lichaam deed, had ik niet in de hand. Ik zal toch proberen woorden te zoeken om het te beschrijven.

Klaaglied

Het is moeilijk, maar ik zal het je vertellen.
Wat die familietoestand met me doet.
Ik kan alleen woorden gebruiken die jij kent.
Je kunt niet bij de gevoelens, emoties en zintuigen komen
die je zouden helpen verbinden.
Ik begrijp dat je je misschien niet in mijn gevoelens
en emoties kunt verplaatsen.

Maar je kunt me tenminste horen.
Ik probeer het te beschrijven met mijn
beschikbare woordenschat.
Maar dat brengt je niet dichter bij de diepere
gevoelens en ervaringen.
Ik ervaar de armoede van mijn woorden in het
communiceren van mijn diepere gevoelens.
Ik wil niet tot mijn diepere gevoelens en emoties komen.

Niemand heeft enig idee hoe ellendig ik me voel.
De nacht dat ik suïcide probeerde te plegen, voelde
ik me vooraf ellendig.
Ik vervloekte mijn geboorte en mijn huis, de familie
waar ik geboren was.
Ik vervloekte de maatschappij.
Het was ondraaglijk.
Het liep uit de hand toen ik mijn vader niet meer
wilde zien wanneer hij me na schooltijd kwam ophalen.
Ik schrok terug wanneer hij kwam opdagen.
Ook al is hij een knappe man.
'De mooiste vader van de school' wordt hij d
oor de directeur genoemd.
De woorden die ik mijn moeder, vrienden en familie
over hem hoor spreken, klinken door in mijn hoofd.
Mijn vader weet niet hoe mijn moeder over hem
praat als ze bij die mensen is.
Ze denkt dat we te jong zijn om te begrijpen of te
weten waar ze het over heeft.
We horen het en we bewaren het in ons hart.
Ze onderschat hoeveel kleine oren kunnen horen en hoeveel
informatie jonge geheugens kunnen vasthouden.
Ze onderschat ook het effect van zulke praatjes.
Al mijn moeite om te begrijpen wat er aan de hand
was, leverde niets op.

Ik heb geen informatie gekregen.
Sta me toe de litanie van mijn verdriet uit te storten.
De afgelopen vier jaar heb ik in mijn bed gelegen en hebben
deze afschuwelijke gedachten me overweldigd.
Dit is wat racisme in mijn familie, in mijn opvoeding
met me heeft gedaan.
Minderwaardigheidsgevoelens doen me mezelf
vergelijken met andere witte mensen.
Ik wilde dat ik niet geboren was. Ik heb het gevoel
dat ik niet meetel.
Ik heb niets om voor te leven en geen droom om te volgen.
Al mijn dromen worden geblokkeerd en lopen kans op afwijzing.
Mijn dromen worden uit jaloezie geblokkeerd en verbrijzeld.

Racisme en haat

Racisme en haat vervullen me door en door met
afschuw voor het leven.
Mijn ogen willen 's nachts niet rusten.
Slaapmuziek en tabletten helpen me niet.
De kracht en macht van racisme over mij is sterker
dan medicijnen en slaapmuziek.
Ik laat mijn klachten de vrije loop.
Hoewel er geen oor is om te luisteren en niemand
die me begrijpt.
Geen gezicht om mee te praten.

Degenen die in het verleden deden alsof ze luisterden,
gaven me de indruk dat mijn situatie mijn schuld is.
Ik heb mezelf de schuld gegeven voor wat ik niet weet
en niet zie.

Men kon de slachtoffers van het coronavirus hun eigen
 leed toch niet aanrekenen toen ze onwetend waren?
Zulke verwijten maken dat ik verbitterd raak.
Uit het bitterste van mijn ziel zal ik spreken.

Het Tribunaal Van Diversity

Waar het hart vol van is spreekt de mond.
Ik moet spreken voor mijn eigen gezondheid.
Het lucht me op, ook al zal mijn belager boos worden
dat ik me laat horen.
Ik zal tegen mijn toehoorder zeggen: 'luister, oordeel
niet over me en ga te rade bij jezelf.'
Ik vroeg mijn aanvallers: 'weet je waarom je tegen
mijn leven vecht?
Ik moet het begrijpen.
Waarom vind je het leuk om me te haten?
Waarom geniet je van mijn pijn?
Doe je er goed aan me te bestraffen,
te domineren en te intimideren?
Ben ik niet als mens geboren?'
Ik heb het recht om mijn leven te leiden in deze wereld.
Dit is het recht dat de Ene die me maakte me gaf.
Geen mens gaf het aan me.
God gaf alle mensen het recht om te leven.

Waarom geven mensen voorkeur aan racisme en haat?
Haar erfzonde corrumpeerd de mens van generatie op generatie.
Haar kwade wortel reikt tot in het diepst van de aarde.
Haar vernietigende werk reikt tot in de hoogste hemel.
Haar werk verstopt zich overal in het diepste geheim,
hoog en laag.
Alleen haar effecten en gevolgen zijn zichtbaar,
Ze heeft levens bedreigd en levens genomen,
Toch is het geen onderwerp waarover gesproken wordt.
Racisme en haat zitten in het bloed, het beenmerg en de organen.
Het vernietigt talenten en maakt het leven zinloos.
Het ontneemt haar slachtoffers hun levensdoel.
Roeping en levensvervulling zijn nutteloos voor haar.
Voortijdig wordt het leven van het slachtoffer afgebroken.
Lijden, pijn en verstikking zijn het dagelijks brood van het
slachtoffer.

Radeloosheid en wanhoop maken het slachtoffer witheet.
Heeft de dader er plezier in?
Misschien op economische racisme?
Misschien op milieu racisme?
 De lijst is veel te lang.

Het talent en de voldoening van slachtoffers wordt
geblokkeerd en vervormd.
Ze verstoort levens in grote getale en vernietigt massa's.
Waarom wordt een ziekte die massamoord tot gevolg
heeft verheven en begunstigd?
De ziekte moet worden bestreden, om de gezondheid
van personen en bevolkingen te bewaken.
Omdat de dader en het slachtoffer gevangen zitten
in een ziekelijke cyclus.
Kinderen die afhankelijk zijn van volwassenen krijgen
de schuld van hun hulpeloosheid.
Dat zou niet het doel van het leven moeten zijn.
Het coronavirus toonde aan dat de mens vrijheid
en veiligheid wil.
Alle maatregelen werden genomen om dit te verzekeren.
Terwijl ik spreek, zitten we in de tweede lockdown.
Ons kerstfeest vorig jaar was verbeurd verklaard.
En toch. Een bedreiging zoals het coronavirus, met hoop
op een oplossing, is draaglijk.
Racisme is onverdraaglijk, zonder hoop op een oplossing.
Mijn geest schreeuwt om vrijheid en veiligheid.
Het lijkt me niet gegund. Mijn opa en mijn vader hebben de
vrijheid en veiligheid niet ontvangen. Hoe harder ze daarvoor
streden, hoe harder ze te grazen werden genomen.
Zou mijn lot anders kunnen zijn?
Wat is mijn hoop?
Zou mijn generatie naar mijn zielenroerselen luisteren?
Ik hoor hen zeggen: 'toon alsjeblieft geen emotie
en laat je niet horen.'

HOOFDSTUK 3

Ik ben niet wie ze me noemen.
Kijk naar me met menselijke ogen.
Zie je mij zoals jij mensen ziet?
Ik ben net zo sterfelijk als ieder ander mens.
Mijn dagen zijn als de dagen van alle stervelingen.
Mijn jaren zijn als het leven van een mens.
Ze zijn constant op zoek naar mijn fouten,
Ze proberen uit te zoeken wat ik heb misdaan!
Ze weten dat ik onschuldig ben.
Ze weten dat ik niets verkeerd heb gedaan.
Toch ben ik door hen bevooroordeeld en veroordeeld.
Wat kan me bevrijden van hun macht?
Hebben ze nog steeds de macht om me vrij te spreken?
Dat maakt me nog banger.
Ze hebben de macht verloren om me te bevrijden
van hun vooroordelen.
Wat ze ook proberen, het lijkt machteloos.
Ik zie het in hen, mijn tegenstanders.
Ze zijn boos omdat ik weet wat ze doen en hun plannen doorzie.
Ondergronds gingen ze me tegen werken.
Ik ben geboren om te werken, het geeft zin aan het leven.
Daarvoor heeft mijn Schepper mij tot leven gebracht
Werk geeft voldoening en groei.
Daarom wordt mij het werken ontzegd.
Behalve wanneer het om slavenarbeid gaat of werk
dat geen nut heeft.

Ik ben

Met vlees en huid ben ik bedekt.
Ik ben verweven met botten en aderen.
Vele maanden verstopt in de geheime schoot van mijn
moederis er gewerkt aan mijn rijping.
Om regen, wind, verschroeiing door de zon en de impact
van levensgebeurtenissen te kunnen weerstaan.
Ik ontving het geschenk van leven en liefde.
Dankzij zorgzaamheid ben ik bewaard gebleven tot nu.
Het leven is mij gegeven door God die mij gevormd heeft.
Racisme bepaalt niet de zin van mijn leven.
De genade van God en Zijn barmhartigheid onderhouden mij.

Vervolgd

Plannen zijn verborgen in het hart.
Kon ik maar weten wat ze tegen mij hebben.
Als ik iets verkeerd doe, merken ze dat,
laten ze me er nooit mee wegkomen.
Als ik schuldig ben, ja, dan kan ik slechtheid verdragen.
Maar ook al ben ik onschuldig, ik kan mijn hoofd niet opheffen.
Als ik het optil, zullen ze me bespringen als een leeuw
en hun ultieme kracht aanwenden.
Ze erkennen mijn eerbare daden niet.
Ze verbergen deze en bestempelen ze als onbelangrijk.
Ze koesteren de haat zodat die tot volle wasdom komt
en zetten haar voor mij apart.
In hun samenzweringen en overpeinzingen bereiden
ze een vonnis voor mij voor.
Telkens weer roepen ze nieuwe getuigen op.
Dag en nacht zijn ze op zoek naar een reden om mijn
leven onmogelijk te maken.
Mijn uiterlijk is als een kwelling voor hen, waarom toch?
En erger nog, hun woede tegen mij.
Ik word niet geacht gehoord of gezien te worden.

Ja, het wordt erger, omdat ze overstuur raken.
Ik ben nog steeds hier.
Vijand na vijand haalt me in.
Zij die ik niet ken, die mij nooit gezien hebben, veroordelen mij.
Door hun kunst van samenzweringen tegen mij.
Sommigen veranderen van gedachten als ze mij ontmoeten.
Maar solidair en trouw aan de goddeloosheid bezwijken
zij voor samenzwering en veroordeling.
Ze spreken als met gespleten tongen.
Met de ene tong spreken ze tegen mij en met de andere
tong betonen ze loyaliteit aan de goddelozen.

Nachtmerrie

Waarom heeft God mij op deze wereld gezet?
Waarom verstikte ik niet, nog voordat iemand me zag?
Dan was het alsof ik nooit had geleefd,
recht van de moederschoot naar het graf gebracht.
Dan was de pijn beter te verdragen dan deze
levenslange zware afstraffing.
Woorden zijn gevormd om mijn ellende te bekleden.
Allerlei woorden die ongewenst betekenen, een mens ongewenst
maken, hebben zij als kleding voor mij gemaakt.
De mantel die ze me hebben omgedaan is te zwaar en ondraaglijk.
Ze zijn niet sterk genoeg om het zelf te dragen.
Geen schepsel kan het dragen.
Ze willen het niet dragen.
Het zijn woorden, maar ze verbrijzelen mijn botten.
Als bij een storm of orkaan, je ziet de gevolgen,
maar niet de wind.
Die woorden slaan alles kapot en verpletteren ijzer tot poeder.
Ze doen goud tot een vloeibare massa versmelten.
Ze dringen door tot in mijn zintuigen en botten,
en vergiftigen alles in mij.
De geest van jouw woorden is verstikkend.

Ze verzwakt en verlamt mijn spieren.
Mijn aderen kunnen het niet aan.
Mijn bloed kookt van die woorden en gaat sneller stromen.
Mijn hoofd tolt.
Mijn hersenen kunnen de woorden niet verwerken,
het zijn er te veel om te bevatten.
Mijn hart verliest zijn ritme, slaat op hol, zijn spier
verzwakt en moet het afleggen.
Mijn tong raakt verstrikt, mijn spraak verlamd.
Mijn handen en benen trillen en verzwakken.
Mijn maag keert zich om, het kan het niet verteren.
Ik voel me uiterst ellendig.
Het maakt me ziek vanbinnen.
Troosten is onmogelijk.
Een schadelijk wapen, dagelijks present en vanzelfsprekend
ingezet, is niet onschuldig, en mijn problematische huid
kan mij niet beschermen.
Ik weet het omdat ik er dagelijks mee te maken heb.
Deze verzonnen gruwel achtervolgt mij dag en nacht.

Geboren in deze verschrikking

Ik mag nergens voor mezelf zorgen.
Als kind ga ik met zorgen naar school.
Welke woorden zal ik nu te horen krijgen?
Het is elke dag raak.
Ze staan klaar met hun monden, gezichten en vuisten.
Ik moet acht uren op school zien door te komen.
En kom thuis vol woede en pijn.
Ik ben beladen met hun giftige woorden.
Mijn lichaam en hoofd worden heet.
Als ik reageer, noemen ze me een losgeslagen
en agressieve jongen.
Al krijg ik de eerste klap, ik kan niet terugslaan.
Ik ben al veroordeeld nog voordat iemand kan spreken.

Het Tribunaal Van Diversity

Mijn pleidooi van mijn onschuld heeft geen betekenis.
Mijn aanvaller is hoogzwanger van het kwaad,
dat op mijn leven is gemunt.
Woede en boosheid over zijn woorden maken mij
emotioneel, waardoor ik mijn verhaal niet meer kan doen.
Zijn woorden komen met volle kracht en geven
mij de schuld van zijn eigen agressie.
In zijn plaats word ik pijnlijk berispt.
Het komt in mijn schoolrapport.
Daarna gaat het in mijn levenslange administratie
bij de gemeente.
Mijn toekomst is vastgelegd en mijn leven bepaald door onrecht.
Mijn naam krijgt op school een negatieve klank die me
de rest van mijn leven achtervolgt.
Mijn ouders zien een negatief rapport waarin staat
dat ik losse handjes heb.
Is de leraar bang om hen te berispen omdat ze
gelijk horen te krijgen?
Hadden ze het recht mij als vuilnis te behandelen?
Dit is wat de leraar me leert: dat ik moet leren
accepteren dat ik onrechtvaardig behandeld word,
dat iemand als ik geen rechten heeft.
Ik ben niemand en niemand hoeft mij te beschermen.
Zo word ik door mijn leraar voorbereid.
Ze doet haar werk.
Ik moet mijn plek kennen.
Als een tot slaaf gemaakte blijf ik; ik moet alles leren
accepteren wat de meester doet.
Ik moet alle provocatie en agressie accepteren en zwijgen.
Ik moet in behandeling gaan voor mijn woede.
Want de dader wil mijn emotie niet zien, horen of voelen.
Als ik het toch doe, moet ik elders naartoe.
Als kind heb ik geen keuze dan naar de behandelaar
te gaan voor het uiten van mijn emotie.

De professionele trainer zei dat er niets te behandelen viel.
De volwassenen doen iets wat niet in orde is, schreef
hij in het rapport.

Terug op school, weer hetzelfde verhaal.
Naar school gaan wordt een zwaar kruis om te dragen.
Ik word overweldigd door verdriet als ik eraan denk.
Mijn geestelijke en mentale vorming wordt misvormd,
mijn fysieke groei vertraagd.
Hoe kan zo iemand in deze maatschappij passen?
School is een verschrikking die ik koste wat kost wil vermijden.
Mijn ouders moeten een boete betalen als ik niet erheen ga.
Ik ging elke keer, hulpeloos en vol zorgen.
Mijn lichaam kon het leed nauwelijks aan.

Hobby

Naar mijn hobby ga ik met zorgen.
Hoe zullen ze me vandaag noemen?
Wanneer woorden niet genoeg pijn doen, word
ik fysiek aangepakt.
Wanneer ik gewond ben en zij voldoening smaken,
zullen ze me nog harder slaan.
Een spel voor hen is een hel voor mij.
Ik ga naar huis vol pijn en verdriet.
Elke dag overspoelt angst mijn hart.
Een plek voor plezier verandert in pijn en bitterheid.
Maar het lijkt alsof ze dit leuk vinden.
Zij zullen blijven feestvieren!
Ze stralen vreugde en blijdschap uit.
Ze jubelen met liederen die geschreven zijn om
me doodziek te maken.
Moet ik met ze meezingen en juichen?
Het lijkt erop dat ze juist dat willen.
Moet ik me niet uitspreken?

Ze willen mij niet horen en zeker niet zien.
Want ik mag mij niet verweren.
Ze zullen woedend zijn als ik ze laat weten hoe ik me voel.
Ze zeggen dat ik sterker moet zijn en me er overheen moet zetten.
Ik mag me niet uitspreken.
Hoe kan ik het verdragen?
Uitspreken en protesteren zorgt ervoor dat ik niet uitbarst.
Mijn uitbarstingen zien ze als monsterlijk gedrag.
Ik ben het monster dat ze van mij hebben gemaakt.
Er is geen hoop dat de huidige en eeuwige marteling zal eindigen.
Zulke hoop zou me de kracht geven om door
te gaan en te verdragen.
Als ik ergens rust kon vinden, had ik me er
overheen kunnen zetten.
Maar er is geen rust en geen ontsnapping voor mij mogelijk.
Het is pijn die elke dag blijft werken zonder te verdoven.
Ze blijven snijden aan mijn lichaam zonder enige kans
om me te bevrijden.
Ik kan nergens heen.
Ik kan me niet ontspannen.
Ik krijg geen kans.

Een positie innemen is mij niet gegund.
Ik mag geen controle hebben over mijn leven
en wat mij bezighoudt.
Mijn autonomie is mij ontnomen.
Mijn vrijheid is door medemensen in de eeuwige
gevangenis opgesloten.
Met woorden en daden nemen ze mij mijn autonomie af.
Ik ben met lichaam en ziel aan hen overgeleverd.
Zij hebben het wapen en de macht.
Hun kracht wordt mij te zwaar.
Ik kan het niet weerstaan.
Ik mag niet klagen.
Ik ben leeggelopen.

Mijn lichaam en geest zijn volledig afgebroken.
Volkomen opengescheurd.
Gekruisigd en genageld, zodat ik mij niet kan verweren.
Ik krijg geen bescherming en heb geen kracht meer voor verzet.
Ze kunnen de angst, smeekbede en het verdriet in mijn ogen zien.
Maar ze weten niet hoe ze moeten stoppen.
Het lijkt alsof het hen blij maakt om mijn ellende en pijn te zien.
Ik ben aan het eind van mijn krachten.

Op deze manier kan ik het niet volhouden.
De pijn blijft en ik vind geen rust om te herstellen
en te verwerken.
Mijn protest is zinloos en wekt hun woede op.
Ze willen me in een bunker stoppen,
zodat ik niet gezien noch gehoord word.
Ze spreken met elkaar af mij te ontwijken en geen
gehoor te geven.
Het maakt het gemakkelijker voor hen om door
te gaan alsof er niets is gebeurd.
Wanneer ik spreek, worden ze onrustig en spannen s
amen om mijn naam te vermoorden.
Ze zetten al hun mechanismen aan het werk.
Waar moet ik heen om aan hun macht te ontsnappen?
Alleen vanwege mijn huidskleur ben ik veroordeeld tot
levenslange gevangenisstraf met dwangarbeid en isolement.
Ik ben onmenselijk zwaar gestraft, puur vanwege mijn huidskleur.
Wanneer ik naar school ga - racisme achtervolgt me,
haat loopt voor me uit.
Wanneer ik naar mijn werk ga - racisme achtervolgt
me, haat loopt voor me uit.
Ik wend me tot mijn geloof voor mijn zielenzorg - racisme
achtervolgt me, haat loopt voor me uit.
Ik wend me tot de politiek om over mijn leven te beslissen -
racisme achtervolgt me, haat loopt voor me uit.

Ik keer me naar mijn cultuur - racisme achtervolgt me,
haat loopt voor me uit.
Ik wend me tot een liefdesrelatie - racisme achtervolgt me,
haat loopt voor me uit.
Ik wend me tot sociale contacten met anderen - racisme
achtervolgt me, haat loopt voor me uit.
Ik ga terug naar huis voor onderdak en een eigen plek - racisme
achtervolgt me, haat loopt voor me uit.
Waanneer ik naar de gevangenis ga - racisme achtervolgt me,
haat loopt voor me uit, dat is mijn zekere toekomst.
Ik wend me tot mijn eigen bedrijf voor mijn levensonderhoud -
racisme achtervolgt me, haat loopt voor me uit, dat
is mijn zekere toekomst.
Ik wend me tot de bank voor financiële zaken - racisme
achtervolgt me, haat loopt voor me uit dat is mijn
zekere toekomst.
Ik wend me tot de gezondheidszorg voor mijn welzijn - racisme
achtervolgt me, haat loopt voor me uit.
Wend ik me tot de regering - racisme achtervolgt me,
haat loopt voor me uit.
Ik ga bij de autoriteiten staan voor mijn mensenrecht - racisme
achtervolgt me, haat loopt voor me uit.
Ga ik naar de kerk voor rust in mijn hart en ziel, ook daar wordt
over mij gezongen en gebeden als een problematisch ras.
Zoek ik bescherming in de wet - racisme achtervolgt
me, haat loopt voor me uit.
Wat verwachten ze van mij?
Als iemand weet waar ik vrij kan zijn van hun haat
 en racisme, zou ik dat graag willen weten.
Het is niet mogelijk mij te verbannen uit het land
waar ik geboren en getogen ben.
Ik leef in een gevangenis en ben veroordeeld en
gestraft zonder gehoord te zijn.
Veroordeeld en zwaar gestraft zonder dat ze me kenden.

Veroordeeld en zwaar gestraft zonder dat ik iets
verkeerds heb gedaan.
Veroordeeld vanuit vooroordelen, of ik nu baby, kind,
of jong volwassene ben maakt geen verschil.
Vanwege mijn huidskleur of een druppel 'zwart' bloed
in mijn lichaam.
Mijn samenstelling en inhoud waar ik geen enkele
invloed op heb.
Verworpen en gestraft omwille van mijn natuur.
Er is geen woonplaats waar ik kan leven.

Het einde

Zoals iedereen die zich in mijn positie bevindt,
wil ik dat dit stopt.
Wend racisme en haat van mij af, zodat ik kan leven!
Op een dag zal ik voorgoed weggaan.
Naar het onbekende land van diepe duisternis.
Het vreemde land van de donkerste nacht,
de diepzwarte chaos voor alle levenden.
Van het nachtzwarte licht waar niemand aan ontsnapt.
De nacht die plaats maakt voor het licht,
de duisternis die licht schept.
Mijn leven begon in het donker als een druppel melk
en eindigt in vlees en beenderen bestemd voor de aarde,
net zoals hún leven.
De grond zal hen en mij gelijkelijk verteren.
De bodem kent geen racisme en haat.
De aarde accepteert iedereen, hen net zo goed als mij.
De dood maakt geen onderscheid.

Een toekomst

Ik wil mijn leven leiden. Ik ga dat doen.
Stop racisme en haat,
de bron van massamoord.

Racisme veroorzaakt genocide.
Het is de bron van massale psychische stoornissen.
De basis van massaal bloedvergieten.

Oordeel
Als ik schuldig was, zou ik mijn lot gemakkelijker
kunnen dragen.
Maar mijn geweten en mijn daden zeggen mij niet
dat ik schuldig ben.
Ik heb mijn geweten dag en nacht doorzocht.
Deze dagelijkse straf voelt ongepast en onrechtvaardig.
Wie kan het dagelijks dragen?
De boog kan niet eindeloos gespannen blijven.
Ik heb geen rust gevonden. Ik kan niet ontsnappen.
Ik kan nergens heen.
Ik moet het zeggen.
Ik zal klagen.
Vertel me wat ik heb misdaan.
Ik weet dat ik niet schuldig ben.
Hoe kan ik schuldig zijn?
Het is niet mijn eigen beslissing.
Ik maak gebruik van mijn recht om te spreken.
Luister naar mij.
Zie mijn verhaal als een bekentenis.
Niemand hoort gestraft te worden voor het vertellen van zijn
ellende, en het opbiechten van zijn lot.
Van iets dergelijks heb ik niet eerder gehoord.
Tenzij het weer eenzelfde poging is mij de mond te snoeren,
mij te bestraffen omdat ik mijn mond open deed.
Biechten wordt mijn sleutel tot verlossing,
om bevrijd te worden van toegebrachte verwondingen
en een vergiftigde geest.
Ik doe het voor mijn eigen welzijn.
Niet om iemand kwaad te doen.
Niet om iemand pijn te doen.

Ik biecht omwille van mijn eigen gezondheid en welzijn.
Mensen moeten de ruimte krijgen om te biechten, omwille van hun
eigen geestelijke en lichamelijke welzijn.
Het gaat over mij, maar het gaat ook over ons samenleven.
Ik ben het uitgangspunt.
Ik leef niet alleen voor mezelf.
Niemand leeft voor zichzelf alleen.
We leven voor elkaar.
Niemand kan zichzelf begraven.
Wij dienen elkaar.

Nu wil ik Exalted horen. Ik weet dat we veel pijn deelden waar
we nooit met elkaar over spraken.

Esthetic

Diversity houdt op met spreken. Het tribunaal is zo stil dat
je een naald kan horen vallen. Op de gezichten van sommige
toeschouwers is verdriet en woede te zien. Sommigen hebben
tranen. Ik moet mijn natte ogen afvegen om het duidelijk te zien.
De ouders voelen zich duidelijk ongemakkelijk. Ze houden hun
gezicht in de plooi maar zijn merkbaar van kleur verschoten.

Op Diversity's uitnodiging om te spreken staat Exalted op en
schraapt zijn keel. Aan zijn broze stem, die klinkt alsof hij wil
huilen, kan ik horen dat hij bedroefd is. Hij spreekt met een hoge
tenorstem en piepende ademhaling. Een stemcombinatie die je
zelden hoort. Hij is lang voor zijn leeftijd. Zijn van nature blonde
afrohaar en zijn witte huid kunnen bedriegen. Je moet echt goed
kijken om te zien dat hij Afrikaans bloed in zich heeft. Ondanks
zijn magere en tengere figuur die de indruk wekken dat hij aan
ondergewicht lijdt, is er veel kracht in zijn stem.

De woorden rollen met kracht uit zijn mond. Hij geeft blijk van
een zachte maar bijzondere kracht. Ik observeer het publiek. Alle
ogen zijn op hem gericht. Mensen kijken verwachtingsvol naar
hem. Als een havik die vanuit de lucht op zoek is naar zijn prooi
op de grond, kijkt hij om zich heen om het publiek te observeren.

Zijn ouders zitten precies middenvoor, maar apart van elkaar. Hij schraapt zijn keel en spreekt nu met meer intensiteit in zijn stem.

HOOFDSTUK 4

Exalted

Toen Diversity sprak, schoten veel herinneringen mij te binnen. Ik dacht na over mijn eigen positie. Zijn woorden prikkelen mij om mijn eigen herinneringen op te roepen en ze hier te presenteren. Ik onderschrijf wat Diversity zei. Ik herken zijn relaas. Die gevoelens zijn afschuwelijk. Ik waardeer het dat hij de tijd nam om zijn verhaal te doen. Het is niet gemakkelijk om dit allemaal uit te spreken. Het is niet gemakkelijk om het te onthouden en onder woorden te brengen. Maar we moeten woorden vinden om ons verhaal te doen. Wij zijn degenen die vertellen hoe het is. Men moet de tijd nemen om te luisteren naar wat wij te zeggen hebben. We moeten de tijd nemen om deze dagelijkse belemmeringen te agenderen. Er is één punt dat ik echt wil vermelden, omdat ik dat noodzakelijk vind. Dat gaat over de moraal, de ethiek, de vorming die we ontvangen via onze opvoeding. Deze moraal heeft invloed op ons leven, maar de realiteit waarin ik leef is in tegenspraak met wat mij is geleerd.

Wij zijn een christelijk gezin. Wij geloven in de Levende God. We zijn een actief praktiserend christelijk gezin. We bidden elke dag. We lezen in onze bijbel. We gaan naar de kerk. We doen diaconaal werk. We helpen mensen in nood. We bekennen onze misstappen. Als ik een suikerklontje steel, moet ik biechten. Anders heb ik geen vrede. Zo werkt ons geweten in ons. Als je dit in je achterhoofd houdt, dan kun je voorstellen wat het ontdekken van leugens in het gezin met ieder van ons doet.

Gebed

Ik zal het bij mezelf houden en vanuit mezelf spreken. Elke dag voor het slapen gaan, baden we. Mijn vader leidde het gebed vanuit zijn gebedshoek in zijn thuiskantoor. Ik voelde daar een aanwezigheid die me vrede en rust gaf. Ik hield van dat gevoel. Telkens wanneer ik bij hem in de buurt was ervoer ik dat gevoel. Ik verlangde ernaar om net als mijn vader ook bij anderen dit gevoel van vrede en rust over te brengen. Op een dag zei ik aan mijn vader dat ik ook een eigen gebedshoekje wilde. Mijn bedoeling was om daar te bidden wanneer ik dat wilde, maar vooral ook samen met mijn vader.

Op een dag gingen Diversity, Faith en ik, met mijn vader naar de kloosterwinkel van de Benedictijner monniken in Egmond Binnen. We waren al in veel andere kloosters geweest, zoals in Vaals. Maar onze belangrijkste kloosterwinkel is in Egmond Binnen. Soms gingen we naar het Begijnhof in het centrum van Amsterdam. Bij de schuilkerk is er ook zo'n winkel. Maar mijn lievelingswinkel is de abdijwinkel in Egmond Binnen. Ik kocht daar mijn kinderbijbel. Ik kocht alles wat ik wilde hebben voor in mijn gebedshoek. Het kostte mijn vader honderden euro's, maar hij betaalde zonder klagen. Op het tafeltje in mijn gebedshoek bij mijn bed had ik drie engelenbeeldjes. Ik had twee kruisbeelden; ik hield van het staande kruis en het liggende kruis. Ik had een gekleurd glazen kruis van mijn peetvader, die pastoor was in Amsterdam. Ik had een speciaal potje voor wijwater, dat is water dat door een priester is gezegend, of gewijd zoals katholieken dat noemen. Voor en na mijn gebed gebruikte ik dit water om ermee het kruisteken te maken. Ik had wat wij noemen een reisaltaar, met daarin de icoon van Jezus en zijn moeder Maria, en Jozef. Het was een prachtige verzameling die me dagelijks naar mijn gebedshoek deed gaan.

Ik had drie verschillende bijbels: een kinderbijbel met afbeeldingen en korte verhalen, een tienerbijbel met enkele afbeeldingen, en de bijbel voor volwassenen in standaardtaal. In twee weken had ik mijn kinderbijbel gelezen en kende ik de verhalen. Ik was niet de enige. Mijn vader betaalde voor ons allemaal wat we uit de winkel meenamen voor onze eigen gebedshoek. Diversity en Faith kregen ook hun eigen spullen. Mijn vader zei: 'wie de bijbel leest en die in twee maanden uit heeft, krijgt een beloning.' Ieder van ons wilde die beloning krijgen. Hij beloofde een bijzondere beloning aan iedereen die volhield de bijbel te lezen en de verhalen leerde kennen. Om het kort te houden, ik heb mijn beloning gekregen.

Ik begon van de bijbel te houden en God te leren kennen. Het gebed hield me scherp en gaf me de kracht om uitdagingen aan te gaan. Direct na het gebed voelde ik opluchting. Het gaf me het gevoel dat ik tot de Stille Luisteraar kon spreken. Een andere onmiddellijke gevolg was het gevoel van hoop. Het gebed hielp me om mijn levensuitdagingen aan te gaan. De grootste uitdagingen kwam ik thuis tegen en op school. Meestal waren het alleen sociale kwesties. Ik kreeg het gevoel dat ik er niet alleen voor stond. Ik vertrouwde erop dat er een einde zou komen aan de ondraaglijke ervaringen.

U kunt mij zien. Het voelde net alsof ik niet bij de familie hoorde. Ik lijk niet op mijn vader of moeder, noch lijk ik op mijn broer of zus. Ik ben anders wat mijn huid en haar betreft, maar ook in mijn gedrag.

Mijn gebed veranderde van tijd tot tijd. Het veranderde zoals het weer in Nederland. In het begin vroeg ik God om dingen voor mij en anderen te doen. Ik bad zoals ik geleerd had van mijn vader: voor mijn noden en die van anderen. Ik wist wie specifieke noden hadden. Ik bad voor vluchtelingenkinderen. Ik bad voor weeshuizen. Voor arme en hongerige kinderen. Voor dakloze kinderen. Mijn gebed ging uit naar hen die verdriet en pijn hadden. Ook de oude mensen en eenzame mensen vergat ik niet. Mijn leraren en medeleerlingen op school, ik bad voor hen. Ik bad om wijsheid en kracht voor mijn leraren. Ik vergat de zieken niet. Mijn vader leerde mij dat de Levende God mij zou horen als ik voor anderen bad. Dus bracht ik veel tijd door met bidden voor anderen. Ik bad voor de familie, zowel voor mijn ouders als voor de bredere familiekring.

Mijn vader leerde mij dat ik me tot God kon wenden als mensen mij in de steek lieten, of wanneer het in mijn hart opkwam om me tot God te wenden. Hij zei ook dat ik met God had afgesproken dat ik in de familie zou komen en dat God mij toen had uitgekozen. Dat ik daarmee mijn aardse ouders had uitgekozen en dat ik in contact moest blijven met de reden waartoe ik op aarde was gekomen. Mijn ervaring in de familie moest ik zien als onderdeel van mijn opvoeding en roeping. De levensvragen die ik tegenkwam, hielden me een spiegel voor over wat mijn werk voor deze wereld zou zijn. Kortom, uit mijn opvoeding nam ik belangrijke lessen mee.

Toen de dingen veranderden en een dramatische wending namen, had ik maar één plaats om mij toe te wenden. Ik had tenminste dat heilige hoekje waar ik met de onzichtbare en stille Aanwezige kon praten.

Toen ik mijn racistische onschuld verloor, veranderde mijn gebed. Ik begon me bij Hem te beklagen en vragen te stellen. Ik begreep niet wat er aan de hand was, en niemand wilde mij iets uitleggen. Ik wendde mij tot de Levende God.

Ik dacht dat de problemen door mij kwamen, doordat ik er anders uitzie. Ik voelde me schuldig voor mijn aanwezigheid in de familie. Nadat ik in het ziekenhuis was opgenomen voor een ziekte (ik zal daar nog op terugkomen) werd ik naar een alternatieve genezer gebracht, nadat het ziekenhuis zijn best had gedaan. De alternatieve genezer vertelde me dat het niet mijn schuld was dat ons gezin een pijnlijke en ziekmakende richting had ingeslagen. Mijn vader en moeder verzekerden mij dat ik niet de oorzaak was van de problemen. Maar niemand vertelde mij de echte reden en oorzaak. Ik moest er zelf achter komen. Mijn vader bleef maar zeggen dat ik er op een dag achter zou komen, wanneer ik volwassen word. Ik was heel *close* met hem en stelde hem vragen.

Ik verlangde met God te spreken. In mijn schuldgevoel stelde ik Hem vragen, want Hij werd geacht mij te kennen. Hij wist wat ik dacht en wat ik voelde. Hij was altijd in mij en het dichtst bij mijn denken en voelen. Mijn gebed veranderde in een klaagzang, net als de klaagzang van mijn broer. Ik zal je de verschrikkingen besparen die ik heb doorgemaakt. Mijn ervaringen zijn vergelijkbaar met die van mijn broer. Je zou het niet kunnen verdragen als je alles zou horen. Misschien denk je dat ik overdrijf. Misschien voel je je zelfs terneergeslagen en depressief. De existentiële vragen en zingevingsvragen brachten mij meer in verwarring dan dat ik antwoorden vond. Ik belandde in eenzaamheid en verwarring. Ik zal je vertellen hoe ik met mijn verwarring omging. Ik ging op zoek, onder andere naar mijn identiteit en mijn bestemming. En ik moest mijn zoektocht ergens beginnen.

Binnenin mijn moeder

Mijn grootste aandacht ging uit naar de vraag wie mijn moeder is en waarom God haar verkoos om mij op deze wereld te zetten. Ik weet hoe ik dacht over rechtvaardigheid en recht. Ik weet hoe mijn vader over die zaken denkt. Soms dwong ik hem met mijn vragen om te praten. Ik had namelijk veel gebeurtenissen in mijn lijf en geest opgeslagen. Ik kon specifiek beschrijven wat toen en toen gebeurde. Ik kon op zijn gezicht zien dan hij mij oprecht de waarheid vertelde.

Ik weet hoe goed hij is in het toewijden van zijn leven aan hen die pijn lijden. Ik ben verschillende keren met hem meegegaan om vrouwen te steunen die alleenstaande moeders zijn. We kochten dingen in een tweedehandswinkel en namen lepels, borden, en potten en kookgerei mee, laadden het in en brachten het naar hen. Ik weet dit, en ik ben er getuige van geweest hoe hij vocht voor het recht van minder bevoorrechte mensen. De combinatie tussen deze persoon die hij is, zijn huwelijk met mijn moeder, en dat zij beiden mij hebben opgevoed, die combinatie kon ik niet begrijpen. Ik wil hen later nog vragen waarom zij dachten dat ze bij elkaar pasten. Daar kom ik nog op terug. Wees geduldig met mij want ik kan niet alles in één adem vertellen.

Zoals ik eerder zei, ik probeer te ontdekken waarom ik hier op aarde ben. Ik moet mijn onderzoek beginnen waar mijn fysieke leven is gevormd. Eerst wil ik vertellen over mijn gedachten en herinneringen toen ik in de baarmoeder zat. Mijn leven begon als een stipje in de baarmoeder waarin ik mij nestelde. Daarna werd ik groter. Hoe meer ruimte ik nam, hoe meer ik voelde.

Ik heb mijn moeders gezicht niet gezien. Ik hoorde haar stem. Ik weet dat ik me niet op mijn gemak voelde in haar baarmoeder. Ik voelde een tsunami van stress en pijn en verdriet. Ik kon dit alles aan omdat ik zwom in een oceaan die warm en veilig was. Ik kon niet verdrinken. Wanneer de stress en de wanhoop naar boven kwamen, loste ik ze op in het water, dat ik niet dronk. Met andere woorden, ik waste me schoon van zulke schadelijke indringers door ze aan het water te geven.

Ik verliet de moederschoot zonder een haar op mijn hoofd. Al die zorgen namen mijn haren weg. Ik liet mijn haren niet groeien omdat ik onvoldoende energievoorraad had voor mijn ontwikkeling. Soms zie je bij kankerpatiënten dat ze hun haren verliezen. Zoals Diversity eerder al zei, er zijn geen woorden om bepaalde ervaringen uit te leggen. Het beeld van door kanker kaal geschoren hoofden kun je zien, maar hoe het bij de kankerpatiënt voelt is moeilijk uit te leggen. Maar deze ervaring in mijn moederschoot heeft mij geholpen om staande te blijven in het gezinsleven. Het blijkt een voorbereiding voor mijn leven in het gezin.

Herfst

Als we naar de natuur kijken, kunnen we zien hoe het werkt. Je weet dat een boom in de herfst zijn bladeren laat vallen om de winter te overleven. De boom geeft zijn voedingsstoffen weg aan de bladeren. Die zijn ook de schoonheid van de boom. Door de bladeren kun je snel zien wat voor een soort boom het is. Zoals in mijn situatie: als je naar mijn lippen of huid kijkt, zul je mijn Afrikaanse afkomst niet snel opmerken. Je zult niet weten dat er één druppel Afrikaans bloed in mijn bloed zit. Als je dan naar mijn haar kijkt, zul je denken dat ik een *Albino Africana* ben. Vroeger was ik de cameradrager van mijn vader. Ik nam zijn toespraken op en bewerkte ze voor hem. Ik hoorde hem spreken over de wetten van Jim Crow en dat soort dingen. Vanwege Jim Crow kan ik zeggen dat ik een Afrikaan ben. Zijn wet zegt immers dat iedereen met een druppel Afrikaans bloed een Afrikaan is. Wel, deze wet wordt in de hele westerse wereld aanvaard, want de Verenigde Staten van Amerika zijn het hoofd en de bron van de westerse wereldpolitiek. En deze wet komt daar vandaan. De achtergrond van mijn vader is in mijn documenten vastgelegd. Op deze manier zijn mijn generatiegenoten en ik als buitenlander gemarkeerd.

In mijn moeders baarmoeder moest ik mijn haar inleveren, om de stress en negativiteit te overwinnen. Ik verkocht mijn haar aan de negativiteit. Het was een strijd die ik volledig won. Ik kwam ter wereld als een grote oceaan van vrede. Ik wist dat ik in een familie kwam waar vreemde dingen gebeurden. Ik was tot bepaalde mate voorbereid.

De gesprekken die ik hoorde en die ik woordeloos, met mijn zintuigen, aanvoelde, waren niet gemakkelijk te begrijpen. Net zoals je dit verhaal misschien niet begrijp zoals het verteld wordt. Ik begreep sommige gesprekken niet die plaatsvonden. Soms hoorde ik mijn moeder verschillende verhalen vertellen in haar communicatie met anderen.

Ik vind dat ik wel het recht heb om mezelf tot 'professor' in haar wijze van communicatie te benoemen. Zij kan geen woorden of taal gebruiken die mijn begrip te buiten gaan. Ik begrijp volledig wat er in haar omgaat. Er bestaat geen plek waar ze iets voor mij verborgen kan houden. Begrijp me goed, ik heb meer toegang tot haar communicatie dan zijzelf. Ik heb toegang tot al haar acht zintuigen. Ik kan ze analyseren en diagnosticeren. Ik ken haar beter dan dat mijn vader haar kent, en beter dan dat zij zichzelf kent.

Misschien vraag je je af: wat bedoelt hij? Hoe moet ik dit opvatten? Ik zal proberen het begrijpelijk voor je te maken. Ik zal de zintuigen gebruiken om je uit te leggen wat ik zeggen wil. De drie innerlijke zintuigen en de vijf uiterlijke zintuigen voedden mijn leerproces.

Het eerste zintuig: denken

Voordat mijn moeder zich bewust is van haar gedachten, weet ik het al. Je moet weten, ik stond het dichtst bij haar. In haar binnenste was ik, verborgen in haar diepste wezen. Daar zag ik, hoe haar gedachten haar in actie deden komen. Als een gedachte opkwam, moest ik weten hoe sterk die gedachte was. Als het extreem aanvoelde en enige tijd aanhield, dan wist ik dat ze in actie zou komen. Ik bereidde me daar dan op voor. Sommige van die gedachten waren schokkend. Ik wist wanneer ze bewoog en wanneer ze sliep. Ik wist wanneer ze ging liggen en wanneer ze opstond. Ik wist wanneer ze met iemand samen was en wanneer ze alleen was. Ik wist wanneer ze bij mensen was die haar voedden en oplaadden met negatieve krachten. Ik wist in wat voor een omgeving ze zich bevond. Als ze in de kerk was, wist ik het. Wanneer ze op het werk was, wist ik het. Ik kende haar verschillende werelden en sociale levens.

Het was niet gemakkelijk om in al die gebieden van haar leven aanwezig te zijn. In haar binnenste had ik niets te doen behalve de hele dag zwemmen en slapen. Slapen was alleen mogelijk als ze in rust was. Haar vele nachtmerries maakten het mij bijna onmogelijk om te ontspannen. Daarom was er veel stress.

Het tweede zintuig: intuïtie

Heb ik in die periode informatie gekregen waarvan ik nooit gedacht had dat die voor mij bestemd was? Ja, dat heb ik. Kreeg mijn moeder informatie van niemand anders dan de onbekende bron, die ik in mijn geloof de Levende God noemde? Jazeker. Die gedachten waren schokkend, omdat ik ze niet zag aankomen. Mijn instinct liet me in de steek, omdat ik ze niet voelde aankomen en ze niet kon diagnosticeren. Ik kon ze niet analyseren. Maar toen ze zich aandienden, waren ze helder en begrijpelijk. Ik pikte ze uit haar gevoel en wist het. Mijn eigen gevoelens waren adequaat en aanwezig. Helemaal niets kon mij misleiden. Ik was volledig aanwezig in haar leven. Ik ken haar staan en haar gaan. Voordat zij zich van iets bewust was, wist ik het al. Het enige wat ik niet kende, en waar ik naar hongerde om te ontdekken, was haar gezicht.

Het derde zintuig: visie

Heeft ze plannen? Heeft ze een visie waar ze heen wil? Ja, ik ken ze. Wat ze wil in haar toekomst is duidelijk voor mij. Ik zoek een moeder die ons eerlijk vertelt over haar visie. Ik weet dat ze carrière zal moeten maken op haar werk. Ik ken de gesprekken met hen die boven haar lijken te staan en die de macht hebben om beslissingen te nemen. Het is moeilijk te geloven, maar het spreekwoord dat kleine oren aandachtig luisteren is waar. Je moet niet onderschatten wat een klein oor kan horen. Je kunt het je niet voorstellen.

Het vierde zintuig: smaak

Zijn er dingen die ze niet eet? De meeste van hen zouden verband houden met mijn aanwezigheid in haar baarmoeder. Hoe dan ook, zo is het niet. Eet ik dingen waarvan ik niet weet wat het is en die ik helemaal niet lust? Zeker. Ik ben volkomen afhankelijk van wat zij eet en aan mij geeft. Al die maanden krijg ik eten via haar. Zijn het dingen die te heet zijn voor mijn smaak? Ongetwijfeld. Je moet begrijpen dat ik hier geheimhouding bewaar omdat het een voorrecht was om in haar te zijn. Ze zorgt voor mij. Dus ik ga niet in op te veel en te persoonlijke details.

Het vijfde zintuig: gehoor

Haar stem ken ik heel goed. Ik ken haar stem beter dan zijzelf. Ik ken hem van binnenuit, en dat klinkt anders dan van buiten. Ik ken stemmen van al degenen die ze ontmoet. Ik weet door hun stemmen wie ze zijn en wat ze denken. Ik hoor wanneer mijn moeder tegen zichzelf praat. Ik luister naar haar eenzaamheid. Ik hoor haar gefluister.

Het zesde zintuig: zien

Mijn ogen zijn dicht, maar in de duisternis zie ik het licht. Ik zie wat mij gegeven is om te zien, en wat hier niet beschreven hoeft te worden. Alleen de medisch specialist kan dat begrijpen, maar wij spreken nu niet tot medisch specialisten. Ik zie met mijn innerlijke ogen wat niet voor mij bestemd is om te zien. Zoals ik al eerder zei, is zij zich van veel dingen niet bewust en weet zij niet dat ik in haar wereld aanwezig ben. Ik zie in haar wat zij niet kan zien. Ik zie in haar dingen die ze tot haar levenseinde niet zal opmerken. Als ze het wil weten, kan ik haar vertellen hoe ze er van binnen uitziet.

Het zevende zintuig: gevoel

Als ik haar gevoelens niet kan voelen, dan gebruik ik mijn zintuigen niet goed. Haar gevoelens hebben de meest belangrijke invloed op al haar daden. Al haar gevoelens, zowel negatieve als positieve, hebben gevolgen voor mij. Ik zou kunnen voelen waar zij zich niet eens van bewust is. Ik kan de aanwezigheid voelen van emoties die zij niet herkent. De lijst van gevoelens is te lang. Mijn huid verandert in oorlogsvoering, en mijn uitstekende sensitiviteit voor emoties wordt mijn marteling én mijn bescherming. Vanwege dat laatste kan ik het goed gebruiken terwijl ik in haar ben.

Het achtste zintuig: reuk

Reuk is moeilijk in woorden te vatten, maar alles in het lichaam ruikt. Alle mensen weten dat het lichaam de meest verschillende geuren in de wereld voortbrengt. Alles van het lichaam ruikt. Vooral als het buiten het lichaam komt. Mijn reukorgaan heeft zich goed ontwikkeld. Ik kan mijn moeder beter ruiken dan al het andere. Hoe ruikt het lichaam vanbinnen? Ik laat jou dat zelf verder invullen. Dit is de kracht die kind en moeder verbindt. De baarmoeder van je moeder waar je al die maanden in verblijft, vormt het eerste thuis dat je hebt, voordat je de baarmoeder van de aarde ingaat. Er is niets intiemer in het leven dan een kind in de schoot van de moeder. De moeder heeft de macht om het leven van een kind te vernietigen. De verbondenheid is groter dan je je kunt voorstellen. De *impact* van de moeder op het kind is ook groter dan je je kunt voorstellen.

Ik kijk naar mijn moeder en vraag me af, ben ik in haar gegroeid? Was de Levende God bezig mijn hoofd, botten, vlees, slagader en organen in haar te maken? Het diepe geheim van haar baarmoeder die mij klaarmaakte om in dit gezin en deze wereld te komen, is nog steeds verbazingwekkend voor mij.

Ik vroeg God, die mij kent, mij te onderzoeken.

Ben ik gevormd in een ander lichaam dan de baarmoeder van mijn moeder? Was het niet haar lichaam dat mij voedde en mij de huidskleur gaf die ik heb? Als ik naar haar kijk en de afstand tussen ons voel, raak ik nog meer in de war. Soms vraag ik me af wie ze is. Als ik geadopteerd zou zijn, dan kon ik me er iets bij voorstellen. Ik ben niet geadopteerd. Dat weet ik zeker. Intuïtief weet ik dat mijn broer en mijn zus niet tegen mij zouden liegen dat deze twee mensen onze ouders zijn. Want mijn broer en mijn zus waren getuige van mijn geboorte. Intuïtief weet ik dat zij mijn biologische moeder is. Maar ze gedraagt zich alsof ze een surrogaatmoeder voor me is.

PIJNLIJKE NAMEN

Op een dag werd ik *bruine poep* genoemd.
Ik had niets verkeerds gedaan.
Mijn klasgenoot op de lagere school kwam naar mijn
stoel en noemde me *bruine poep*.
Ik werd kwaad. Hij sloeg me.
Ik stond op en werd vastgehouden door andere jongens.
Wie krijgt een reprimande van de leraar? Ik.
Ik was woedend. Ik ging na school naar huis.
Deze dingen zijn niet onderhandelbaar met mijn moeder.
Ze heeft geen idee hoe het voelt.
De vicieuze cirkel thuis.
Ik was nog steeds boos.
Dan wordt mijn moeder boos op me, en wordt
het thuis ook vervelend.
Zo gaat het vaak door de week.
Want de volgende dag is het weer hetzelfde.
Bij het sporten in het weekend gaat het opnieuw verder.
Gevangen in een continue cirkel, dat is mijn status quo.
Een *shithole* gevuld met hun negativiteit.

De indruk die je me geeft is dat ik uit je leven moet verdwijnen. Je
bent boos als ik bij je in de buurt ben.

Wanneer je mijn lievelingseten klaarmaakt, stuur je me weg van de
eettafel voordat het eten geserveerd wordt. Je stuurt me naar mijn
kamer. Als er een toetje is waar ik van houd, stuur je mij weg voordat
het opgegeten kan worden. Wanneer er een goed programma op
televisie is zoals *The Voice of Wie is de mol*?, dan stuur je mij weg.
Als er een voetbalwedstrijd is, zoals een internationale match
tussen Nederland en een ander land, dan stuur je me weg van de
televisie. Kortom, elke straf waarvan je weet dat die mij pijn zal

doen, pas je toe. Ik hoopte op je mildheid, zelfs als ik mijn misdaad niet kende, maar jij versterkt juist je hardheid. De verwarring was te ondraaglijk voor mij. De harde huid die ik had opgebouwd, beschermde me niet.

De kracht van aantrekking

De vloeistof die me maakte. Wat voor magneet bracht mijn ouders samen? Ik ben onderzoekend en daarom stel ik vragen. Zoals ik op school leerde dat negatief en positief goed bij elkaar kunnen passen, zo zouden mijn ouders elkaar gemakkelijk kunnen afstoten. Wat hen in elkaar aantrok is een vraag. Was het de aantrekkingskracht van negatief en positief? Was het liefde, verliefdheid, of was het haat? Was het een schuldig geweten, of was het een intellectuele vergissing? Was het een oefening, onderzoek, of was de aantrekkingskracht zoals een jackpot? Laat me deze jackpot uitleggen.

Ik kreeg seksuele voorlichting op school. Ik leerde zoveel dingen dat ik dacht dat het mogelijk was dat beiden samen zouden komen en de vloeistof zouden uitwisselen die mijn vormingsproces startte. De vloeistof die de beenderen en het vlees vormt. Maar wat ik me wel kon voorstellen, wat de leraar niet uitlegde en weigerde toe te geven, is dat seks als een magneet kan zijn. Het kan als een jackpot zijn. Als twee nummers vastlopen, verlies je al je geld. Als twee mensen seks met elkaar willen, dan zal seks plaatsvinden. Ze hoeven geen intieme relatie te hebben op emotioneel niveau. Ze hoeven niet eens van elkaar te houden. Ze willen gevoelens ontladen en verlangens vervullen. Soms kunnen op zo'n manier kinderen ter wereld komen. Niet alle seks leidt tot een zwangerschap. Niet elke seks toont liefde. Niet elke genegenheid leidt tot seks en niet elke seks leidt tot genegenheid.

Seks is soms een jackpot. Als twee nummers overeenkomen, dan heb je een match. Zou het kunnen dat ik zo geboren ben? Dit alles verbijstert me, en ik wil het antwoord weten. Jullie twee zijn de enige mensen op deze wereld die ik ken, die niet met elkaar willen praten of elkaar de hand willen geven – al jaren voordat covid19 arriveerde. Jullie zijn hier al vier jaar geleden mee begonnen, tot nu toe. Jullie hebben elkaar al jarenlang verboden om in dezelfde kamer of ruimte met elkaar te zijn, tot nu toe. Jullie hebben elkaar verboden om e-mails te sturen, telefoongesprekken te voeren, of enige andere vorm van communicatie. Het is een compleet afstotende kracht, totaal het tegenovergestelde van aantrekkingskracht. Dit is wat ik waarneem.

Dit maakt dat het voor mij niet te bevatten is waarom en hoe jullie ertoe zijn gekomen samen kinderen te krijgen. En niet eens één of twee, maar zelfs drie. Ik zag altijd spanning en stress. De vijandigheid die ik ervaar vanuit mijn moeder en haar moeder jegens mijn vader en ons is alarmerend. Hierdoor vrees ik voor mijn eigen leven. Deze angst en de behandeling die ons ten deel valt, nestelden zich diep in mij. Ik eis al vijf jaar dat ik weg mag bij mijn moeder om bij mijn vader te gaan wonen.

In september en oktober 2020, heb ik hierover met jeugdzorg gesproken. Ik sprak met een advocaat om dit voor mij te regelen. Ik ben bang voor mijn leven als ik bij mijn moeder en haar wereld blijf. De vijandigheid en haat die ik zie en wat ik hoor zijn schokkend voor mij. Ik wil begrijpen hoe een moeder zich zo onthecht kan voelen van haar eigen kinderen, maar toch wil dat ze bij haar zijn? Waarom deze drang?

Mijn schoolresultaten

Deze situatie beïnvloedt mijn resultaten op school. Mijn hoofd is vol en blokkeert, het lukt niet om te leren. Ik kan me niet concentreren. In korte tijd gaan mijn schoolcijfers van hoog naar laag. Alle pogingen om het te verbeteren maken het alleen maar erger. Ik ging van uitstekende naar gemiddelde resultaten, en dreig nu naar een lager niveau af te zakken. Het wordt een strijd. Mijn mentor en anderen op school worstelen om te begrijpen waarom mijn resultaten naar beneden zakken. Ik kan het hen niet vertellen. Ik moet keuzes maken. Ik kan niet alles hebben. Diversity heeft gesproken. Ik zal het meeste van wat hij zei niet herhalen. Anders hoor je een lange litanie van pijn en lijden.

Mijn gezondheid is versleten

Deze keer kon ik mijn haar niet afstaan, anders zouden mijn hoofd en hersenen in de winter bevriezen. Wat ik nu opofferde waren mijn spieren. Ik kreeg blessures bij het voetballen. De blessures werden zo erg dat ik niet meer kon trainen. Oorzaak waren de stress en spanning als gevolg van de thuissituatie. De voedingsstoffen en mineralen die nodig zijn om mijn spieren te voeden, helpen mij om de omgeving van mijn moeder en de uitdagingen van de maatschappij te overleven. Maar zelfs mijn gezondheidsklachten werden ontkend. Voor elke klacht had mijn moeder drie professionele medische diagnoses nodig voordat ze me geloofde. Ze had een medisch rapport nodig van een fysiotherapeut die mij behandelde om mijn spieren te ontwikkelen en te versterken. Ze had medische informatie van artsen nodig. Soms had ik moeite met ademhalen door de aanhoudende stress. Zij had een medisch rapport nodig van de logopedist die mij behandelde om mijn stem terug te krijgen. Ze had medische informatie nodig van de specialist in het ziekenhuis. Want mensen zoals ik zijn niet te vertrouwen, vindt zij.

Ik verloor mijn stem. Ik kon niet duidelijk spreken. Het was geen verrassing. Ik hield mijn mond gesloten om niet te uiten wat er in mijn hart leefde. Mijn keel trok samen. Ik moest af en toe medicijnen gebruiken om mijn keel te openen en mijn longen te vullen met levensadem. De arts had een medische verklaring, maar ik wist beter. Mijn lichaam wist dat er een zware aanslag op haar werd gepleegd. Mijn lichaam bewaarde alle sporen daarvan. Omdat ik mij niet kon uiten, sloeg mijn lichaam het op en verkrampten mijn spieren en werden zwakker. Deze stress, veroorzaakt door gebrek aan expressie, deed mijn stem disfunctioneren. De angst gaf me ademnood. Dit is te vergelijken met de ademhalingsproblemen die men kan hebben bij een zware coronabesmetting. Ik had zulke problemen door racisme-stress. Degenen die een coronavirus aanval hebben doorgemaakt, weten dat ze zich moe voelen. Alleen bij corona heb je kans op herstel als het uitgeraasd is. Racisme maakte dat ik me moe voelde. Het nam alle energie van me weg. Ik zal het niet hebben over de afschuwelijke mentale marteling die gepaard gaat met angst en bezorgdheid. De haat die je ziet in de ogen van mijn belagers. De vraag waarom iemand mij zo kan haten hield mij bezig. Als je je herinnert wat het coronavirus met het lichaam doet, en je vermenigvuldigt dat meermaals, dan kom je nog niet eens in de buurt van het effect van racisme. Want in het geval van racisme is er geen hersteltijd en geen einde. Geen veilige plaats. Geen hoop en kans om je situatie te versoepelen. Er kwam geen einde aan, zelfs in mijn eigen kamer en bed waar ik mij te ruste legde. Het maakte mijn leven radeloos en hopeloos.

Mijn moeder vertelde me dat mijn vader een Afrikaan is, en dat Afrikanen kinderen vermoorden. Ze zijn onvoorspelbaar, psychotisch en gevaarlijk. Hij zou me ontvoeren, naar Afrika reizen, en me doden voor kinderrituelen. Die primitieve en onbeschaafde mensen. Uit protest gaf ik mijn paspoort aan mijn vader, en vertelde hem dat ik banger was dat mijn moeder mij zou ontvoeren, dan dat hij dat zou doen. Mijn vader vroeg me waarom ik dat dacht. Ik zei hem dat ik weet dat slechte vaders soms andere mensen doden om hun kinderen, vrouw, familie of zelfs hun land van herkomst te beschermen. Ik weet ook dat sommige moeders hun kinderen laten vermoorden door hun vriend, om elk bewijs van de aanwezigheid van hun ex-man in hun leven te vernietigen. Alleen zo zijn ze in staat om te genieten van het leven met hun nieuwe partner. Ik weet dat mijn vader de enige persoon is die me goed beschermt. De waarheid is dat mijn moeder mij heeft ontvoerd met de hulp van het institutioneel racistische systeem. Ik heb mijn vader meer dan een jaar niet gezien of enig contact met hem gehad. Dat was het meest beschadigende jaar van mijn leven. Het enige wat we van onze moeder horen zijn verontrustende verhalen over Afrika en Afrikanen. Die verhalen worden dan in verband gebracht met mijn vader, van wie we weten dat hij niet zo is. Mijn moeder vertegenwoordigt de racistische houding van haar familie en het systeem. Ik wil het benoemen voor wat het is. Ik kom hier later op terug, wees geduldig met mij. Ik denk dat mijn zus nu gaat spreken terwijl ik uitrust. Diversity, misschien stel je een pauze in zodat iedereen tot rust kan komen. Want de geest kan dit hele verhaal niet in een klap verwerken.

Esthetic

Toen Exalted klaar was, laste Diversity op zijn verzoek een pauze in. In een bedrukkende stemming liepen de mensen wat heen en weer. Na de pauze nam Diversity weer het woord. Als lezer mag je zelf weten wanneer je pauze houdt.

Diversity

Alle kinderen moeten eerst spreken, voordat onze ouders en anderen het woord krijgen. Exalted sprak over ons geloof en onze opvoeding. We hebben allemaal onze gebedshoek in onze kamers. We baden tot God totdat mijn vader het huis verliet en een nieuw huis vond. In zijn omgeving kun je altijd de aanwezigheid van vrede en sereniteit ervaren. Toen hij nog bij ons woonde, hadden we energie. Hij maakte af en toe het huis schoon. Wanneer de negatieve energie die onze vitaliteit verteerde ons huis vulde, klaarde hij de lucht. Als we stress en uitputting voelden, ruimde hij het voor ons op. We waren vaak bang als hij niet thuis was, zoals toen hij naar Afrika of de Verenigde Staten reisde voor familiebezoek. We telden de dagen tot hij terugkwam. Op een gegeven moment hebben we besloten dat hij niet meer zonder ons mocht reizen. Ik zal hierop terugkomen. Elke zondag waren het gebed en onze speciale dienst een baken van de kracht en de hoop die we hadden. Faith, het is jouw beurt om te zeggen wat je kwijt wilt.

HOOFDSTUK 5

Faith

Het verschil tussen mannen en vrouwen is groot. Ik ben dit beter gaan beseffen sinds mijn vader het huis verliet. De verhalen van Diversity en Exalted waren een deel van mijn ervaring. Ik ging door een periode dat ik naar iemand kon staren alsof ik naar de horizon keek. Ik kon volkomen afwezig zijn in het bijzijn van iedereen. In het omgaan met mijn verwarring in deze moeilijke tijd, zorgde mijn fantasie ervoor dat ik alles las wat los en vast zat. Ik kon een roman van duizend bladzijden in twee dagen uitlezen. Ik kon snel lezen en mezelf in een boek begraven. Sommige mensen gebruiken drugs en alcohol om alles even te vergeten. Ik was te jong voor dat soort dingen. Als je nog geen tien jaar bent, is je omgeving klein, en je pijn heeft niet veel kanalen om zich te uiten. Ik werd verslaafd aan lezen. Geef me een boek en vergeet me, dan is het goed. Ik gebruikte mijn bibliotheekkaart heel goed. Ik ging om de twee dagen naar de bibliotheek en nam meer dan vijftien boeken mee. De enige wereld die mij nog restte was de wereld van boeken.

Na het lezen van enkele boeken over Phantasy, ging ik bij Phantasialand op bezoek, in Brühl bij Keulen in Duitsland. Mijn vader organiseerde deze bezoekjes. Dat deed hij zodat we mooie herinneringen zouden opbouwen aan onze jeugd. Het weekend brachten we door bij een vriend van mijn vader in Düsseldorf. We gingen vroeger vaak bij hem op bezoek. Exalted en ik gingen samen met mijn vader. Exalted noemde net al de ademhalingsproblemen die lijken op de gevolgen van corona. Als kind hadden wij alle drie hadden zulke ademhalingsaanvallen. Mijn vader had het ook toen hij samen met ons in een huis logeerde. Toen ik daar in Duitsland was, had ik op een nacht zo'n ademhalingsaanval en moest naar het ziekenhuis. Mijn vader reed me naar de eerste hulp in het ziekenhuis. Onderweg naar het ziekenhuis gaf mijn vader een seintje aan een politieauto om ons te helpen het ziekenhuis te vinden, wat ook gebeurde. Ik werd onmiddellijk behandeld. Ik lag de hele dag op de spoedeisende hulp. Het ziekenhuis had mijn verzekering en mijn paspoort nodig voor hun administratie. Maar mijn moeder had me instructies gegeven om mijn vader nooit toegang tot één van mijn documenten te geven.

Ik had mijn paspoort in het huis verstopt en kon het niet aan mijn vader geven zonder instructies van mijn moeder. Ik stuurde een bericht naar mijn moeder om te vragen wat ik moest doen. Mijn vader wist niet wat te doen. Ik lag op bed met infusen op mijn hand en een beademingsbuis in mijn neus, net zoals je ziet bij coronapatiënten met ademhalingsondersteuning in ziekenhuisbedden. Mijn vader probeerde contact op te nemen met mijn moeder voor de verzekeringsgegevens en de paspoortkwestie, maar mijn moeder reageerde niet. Lang verhaal kort, mijn moeder antwoordde me en zei dat ik mijn vader geen paspoort moest geven. Hij zou het gebruiken om naar Turkije te reizen, en vanuit Turkije zou hij met ons naar Afrika vliegen.

Volgens mijn moeder is Afrika een wild gebied waar ontvoerde mensen worden opgegeten of nooit meer terug te vinden zijn. We zouden er sterven en ze zei dat ze niet wilde dat we zouden sterven.

Ik heb mijn vader het paspoort niet gegeven. Het ziekenhuis eiste dat hij alle kosten van de behandeling zou betalen voordat ik ontslagen kon worden. Zulke bedragen had mijn vader niet contant in zijn portemonnee. Mijn vader wilde me niet alleen in het ziekenhuis laten om het geld te kunnen gaan halen. Met het ziekenhuis onderhandelde hij dat ze zijn paspoort en andere bezittingen mochten houden, terwijl hij met ons naar de dichtstbijzijnde geldautomaat liep om geld te pinnen om te kunnen afrekenen. Het was vijf minuten lopen. Mijn vader nam het bedrag op bij de geldautomaat en kwam terug, betaalde de kosten van mijn behandeling, en kreeg zijn bezittingen terug. Ik werd ontslagen met de instructie om in Nederland een operatie te ondergaan zodra we terugkwamen. Ik kreeg deze operatie en mijn vader mocht mij niet bezoeken.

Het tweede incident was in Phantasialand zelf, een paar maanden later. Mijn broer en ik waren minderjarig. We zouden korting krijgen op het ticket omdat dat gebruikelijk is voor kinderen jonger dan elf jaar oud. Maar we moesten hiervoor wel een identiteitskaart of paspoort laten zien. Ik realiseerde me dat mijn moeder me had geïnstrueerd dat ik mijn vader niet mijn reispas mocht geven. Ik volgde de instructies van mijn moeder. Ik weigerde mijn vader het paspoort te geven. Er werd hem gevraagd een volwassen prijs voor ons beiden te betalen. Hoewel dit veel geld kostte, betaalde hij het toch. Ik ben de kwelling die dit bij mij teweegbracht niet vergeten. Daarom noem ik het nu, na zoveel jaar.

In 2016 studeerde mijn neef af aan de Maritieme Universiteit in Zweden. We waren uitgenodigd. Sommige familieleden kwamen uit Afrika en andere delen van de wereld overgevlogen. Het moest een familiereünie worden met andere familieleden van onze leeftijd. Er werden hotelkamers voor ons geboekt en vliegtickets gekocht. Mijn andere neven en nichten in Nederland zouden ook gaan. We zouden samen vliegen. Mijn moeder vertelde ons dat mijn vader ons mee zou nemen naar Afrika en ons daar zou vermoorden. We kregen dit één dag voor de vlucht te horen. Ze wilde ons niet laten sterven omdat ze zoveel van ons hield. We mochten niet gaan. Al het geld dat mijn vader spendeerde aan het reserveren van hotelkamers en vliegtickets was weggegooid geld. Dit alles deed me veel pijn. Ik heb veel van dit soort voorbeelden, zoals een reis naar Londen, die ook niet doorging vanwege het paspoort.

Er waren zoveel andere, vergelijkbare situaties. Hierdoor hield mijn vader op ons mee te nemen op reizen naar het buitenland. Onze vakantiebestemmingen beperkten zich tot het binnenland. Dat is nu nog steeds de situatie.

In dezelfde periode reisde ik een paar keer met mijn moeder naar Italië. Ik reisde naar Griekenland. Ik reisde naar Londen. Ik reisde naar Frankrijk en België en zo verder. Geen enkele keer vroeg mijn vader zich af of ze mij zou ontvoeren. Mijn vader stond haar toe mij mee te nemen, omdat het goed voor ons is om te reizen en mooie herinneringen op te bouwen.

Ik ging door een afschuwelijke periode van eenzaamheid, vol angst en blijvende stress. Soms werd ik 's nachts wakker in een nat bed. Ik probeerde verschillende behandelingen, maar geen enkele therapie werkte. De stress was extreem, en de nachtmerries waren afschuwelijk. Er was nergens rust te bekennen.

Verkoudheid en griep lijken wel normale symptomen van mijn lichaam. Ik vraag me af hoe mijn lichaam zou voelen als deze symptomen weg zouden zijn. De winterperiode is de slechtste tijd voor mijn lichaam en leven. Het lijkt wel of mijn lichaamsthermometer niet werkt om de natuurlijke lichaamstemperatuur te handhaven. Ik probeer mezelf warm te houden. Het lijkt onmogelijk. Mijn lichaamskleur verandert. Mijn lippen verven zich blauw. Mijn hand wordt wit, en mijn voeten voelen aan alsof ik ze in de diepvries houd. Verkoudheid en griep fluisteren me constant een lied in: "Haal me weg uit dit land, en ga naar een tropisch land." Ik weet dat niet alleen het weer dit veroorzaakt. Het is de eindeloze stress. Het leven in een liefdeloze omgeving maakt je koud. Racisme veroorzaakt een koud hart. Een koud hart geeft geen warmte. De depressie die ik ken en doormaakte heeft niets met het weer te maken maar met de druk. Zelfs al kan ik kopen wat mijn ogen verlangen en wat mijn lichaam wil, ik ben niet voldaan. De stress staat me nooit toe de zonnige kant van het leven te zien. Ik ben nog jong, maar ik weet dat liefde kan verwarmen. Haat en angst brengen een deken van kou en ziekte met zich mee. Liefde brengt een warme deken en goede gevoelens. Het is niet alleen in huis dat ik dit voel, op school en op het werk, maar ook de maatschappij geeft een sluier van kilte. Mijn lichaam kan er niet aan wennen.

Als tiener is overwerk mijn manier van leven geworden. Ik neem veel werkzaamheden aan en beheer ze goed. Vrije tijd staat niet echt in mijn woordenboek. Dat vocabulaire ontbreekt.

Mijn hoofdpijn is bijna altijd aanwezig. Ik verlang naar haar vertrek, maar wat ik ook doe, niets zorgt ervoor dat mijn hoofdpijn op vakantie gaat en mij verlaat. Ik weet dat ik er niet mee getrouwd ben en er zeker geen verbond mee heb gesloten. Het is de stress die verantwoordelijk is voor deze hoofdpijn. De migraine is doorlopend. Dat veroorzaakt slapeloosheid. Ik kan de nachtelijke uren tellen en luister naar de nachtvogels, elk met zijn eigen stem en lied. Ik weet hoe lang ze zingen in de nacht. Ik weet bijna welke vogel het eerst zingt en welke het laatst. De vogels die het ochtendgloren aankondigen zijn mij bekend. Ik heb hen niet bestudeerd, ik luisterde tegen mijn wil naar hen.

Nachtmerries komen op zodra ik wegdoezel in de nacht. Ik wou dat ze bezoekers waren, dan kon ik hen wegsturen. Ik kan een nachtmerrie hebben met mijn ogen open. Hoewel die hel soms gemakkelijker te verdragen is dan de *reality show* in mijn familie, bezit ik nog steeds niet de woordenschat om deze dromen te beschrijven.

Een obsessie voor de nieuwste en de beste producten geeft me voldoening. Nog voordat een mobiele telefoon in Europa op de markt komt, heb ik iemand gevonden die het naar mij kan opsturen vanuit de VS. Zodra het op de markt komt, heb ik het. Ik kan iemand geld sturen om het voor me te kopen.

Ik zal niet verder ingaan op mijn eetgewoonten en andere gebieden die te privé zijn om hier te vermelden. Ik kijk ernaar uit om van mijn ouders te horen wat de stress bij hen teweeg heeft gebracht en welke prijs zij daarvoor hebben betaald of nog betalen. Ik heb worstelingen om leven en dood gezien in onze gezondheid. Ik zou graag willen weten waarom mijn moeder zo doodsbang is voor mijn vader. Mijn grootste verwarring is dat mijn moeders woorden en gedachten over mijn vader geen grap zijn. Ze gelooft echt wat ze over hem zegt. Ik ken de schokkende omvang van de maatregelen die ze tegen hem heeft genomen. Ik wil dat beiden zich openstellen en ons vertellen wat er aan de hand is.

Dansen was mijn passie. Het eindigde toen mijn vader het huis verliet. Mijn ziel was te zwaar om mijn voeten op te tillen voor de dans. Mijn gymschoenen waren licht. De zool van mijn schoenen was niet gemaakt van ijzer of beton. Maar mijn ziel was zwaar om mijn voet op te tillen om te dansen. Mijn hoofd was ook zwaar, maar dan met kennis. Kennis van zaken had mijn onschuld te vroeg weg geroofd. Mijn argeloosheid was op gewelddadige wijze prematuur geaborteerd. Mijn oren hoorden wat ze niet behoorden te horen. Ik leerde te jong en verloor mijn onschuld over racisme te snel en te vroeg. De fysieke strijd van Diversity en Exalted was te pijnlijk voor mij om aan te zien. Het enige wat ik prioriteit gaf was mijn studie. Ik besloot: wat er ook gebeurt, mijn opleiding moet goed gaan. En ik kon maar energie hebben voor één ding.

Eén opdracht die ik uit onschuld heb uitgevoerd, is dat ik foto's maakte als ik het huis van mijn vader bezocht. Ik nam foto's van zijn eigendommen, foto's van zijn etenswaren. Gekookt voedsel, kamers, muren, plafonds, vloer, gordijnen, deuren, ramen, en alles in het huis. Al deze dingen werden door mijn moeder tegen hem gebruikt. Ik begreep er niets van. Als ik de foto's niet maakte, werd mijn moeder overdreven agressief tegen mij. Op een dag zei mijn vader dat ik moest stoppen met het maken van de foto's. Het was een hel toen ik thuiskwam en ik zei dat ik de vrijheid had om geen foto's meer te nemen. Dat mijn vader recht had op zijn eigen privacy en leven, en ik het recht om een leuke tijd met mijn vader te hebben zonder spion te spelen. Toen wist ik hoe diep de haat tegen mijn vader zat. Ik kreeg allerlei vreselijke straffen. Als meisje van tien jaar mocht ik niet met mijn vader omgaan, want hij was Afrikaan. Dat is wat ik hoorde. Niet dat hij een misdaad had begaan, maar dat hij Afrikaan was.

Onze oma maakte duidelijk dat we niet geaccepteerd werden als deel van haar familie. Daar waren we niet verbaasd over. Als onze vader werd afgewezen en behandeld zoals hij werd behandeld, dan wachtte ons als zijn kinderen met bijna dezelfde kleur hetzelfde lot. Onze moeder en haar familie gaan niet om met mensen die op ons lijken. Onze grootmoeder zei dat ze haar dochter terug wilde zonder ons. Wat nog bizarder was, is dat wij ook geen contact met mijn vader mochten hebben. Waar moesten we dan naartoe?
Ik merk dat het vertellen van deze ervaringen uitputtend is. Ik kom nu in contact met herinneringen die mij erg raken. Ik stop even en kom hier later op terug.

HOOFDSTUK 6

Esthetic

Abrupt gaat Faith zitten, uitgeput door haar verhaal. Ik merk de aanwezigheid op van enkele mensen die door Diversity persoonlijk zijn uitgenodigd om te komen luisteren bij het tribunaal.

Een man heeft een lange baard tot op zijn borst. Zijn snor bedekt zijn lippen. Zijn lange haar loopt door tot in zijn nek. Al het haar is zo wit als sneeuw. Hij draagt een rode mijter op zijn hoofd. Op zijn gezicht kun je zijn voorhoofd, ogen, neus en kin zien. De rest is bedekt, zelfs zijn handen en vingers. Voor zover ik kan zien, is hij een witte man. Ik begrijp dat zijn naam Nick is.

Naast hem staat een man met zwart afro haar. Zijn gezicht is donker. Ik begrijp dat zijn naam Piet is. Beiden lijken tegenpolen van elkaar. Ze zijn als meester en dienaar, kijkend naar het publiek op de tribune van achter twee met glazen wanden afgeschermde cabines. De glazen cabine lijkt op een douchecabine.

Diversity

Na lang nadenken wil ik je laten weten dat ik mijn onschuld over racisme al op ongelooflijk jonge leeftijd heb verloren. Dit verlies heeft me de ogen geopend voor een hoop verdriet. Ik kon zien wat ik niet wilde zien. Ik kon zien en horen wat ik op mijn leeftijd niet hoor te zien en te horen. Toen ik kind was op de lagere school voelde ik continue wanhoop en verdriet. Mijn middelbare school was een mislukking omdat niemand mijn klacht en frustratie herkende. Ik wens dit niemand toe.

Zoals uit mijn naam blijkt, heb ik iets van Sinterklaas en van Zwarte Piet. Hoewel ik geen heilige ben en ook niet zwart, herken ik wel beide namen en leef ik in beide werelden. Mijn moeder stamt af van het heilige Sint Nicolaasgeslacht of anders genoemd witheid.

Ze heeft alle denkbare privileges in Nederland. Ze is hoog opgeleid. Ze heeft een fantastische baan bij de overheid. Ze heeft macht daar waar zaken voor gewone burgers worden geregeld. Ze is uitmuntend in de wereld van bestuur en beleid. Zij is zeer kundig en bekwaam.

Mijn vader komt uit het geslacht van Zwarte Piet. Hij is niet bevoorrecht en kan zich niet veel veroorloven. Hij is hoger opgeleid dan mijn moeder. Hij heeft een mooi beroep en is de kostwinner van het gezin. Hij zorgt voor het geestelijk en lichamelijk welzijn van mensen. Hij is menselijk, mensen voelen zich thuis bij hem. Hij is vakkundig. Wat zou een kind zich meer wensen dan zulke ouders?

Op dit moment dat ik mijn verhaal vertel, ben ik bijna achttien jaar oud. De maatschappij gaat me als een volwassene behandelen. Maar ik heb niet de kans gekregen om me te ontwikkelen. Ik heb niet de kans gekregen om te groeien. Ik ben bang voor hoe de wereld me verder zal behandelen. Al die verwachtingen voor mijn leeftijd zullen me depressief maken. Ik kan me niet meten met die verwachtingen. Het is ongekend onrechtvaardig om iets van mij te verlangen wat mij niet is gegeven, iets van mij te eisen wat ik niet heb.

Ik zal je mijn verhaal vertellen.
Ik hoop dat je mijn verhaal tot het slot aanhoort.

Voetbal

Als ik voetbalde, voelde ik me normaal. Dan kon ik helemaal mezelf zijn. Voetbal gaf mijn ziel vrede. Mijn vreugde was dan compleet. Ik kreeg mijn eerste voetbal toen ik een week oud was. Mijn ouders vertelden me dat een vriend van mijn vader hem aan mij heeft gegeven. Hij was rood met zwart. Ik heb er zeven jaar mee gespeeld. En ik was er goed in! Als achtjarige stond ik in het voetbalblad *Voetbal International*. Er stonden namen in als Christian Ronaldo en Arjen Robben. Ik speelde bij een voetbalclub. In die tijd waren er weinig kinderen met dezelfde huidskleur als ik. Elke training en elke wedstrijd werd ik racistisch bejegend. Zelfs de trainer en de coach deden mee.

Ik was de enige in mijn team met mijn huidskleur en afro haar. De anderen waren kinderen van witte ouders. Ik werd 'bruine drol', 'zwarte gast', 'zwarte Achilles', 'bruine poep', 'Afrikaan', enzovoorts genoemd. Bij elke fout in de wedstrijd kreeg ik de schuld dat ik het niet had voorkomen, ook al had ik er niets mee te maken. Als ik in een aanvalspositie stond, en de tegenstander de verdediger van mijn team passeerde en een doelpunt scoorde, kreeg ik het verwijt dat ik het had kunnen oplossen door als zwarte jongen snel terug te rennen en de bal van de tegenstander af te pakken. Er werd van mij verwacht dat ik alle fouten van mijn teamgenoten corrigeerde, mijn doel verdedigde, en tegen de tegenstander scoorde. In sommige wedstrijden rende ik vier keer zoveel kilometers als mijn teamgenoten. Maar de waardering werd nooit aan mij gegeven, maar aan anderen. Bij de selectie voor teams op hoger niveau werd ik opzijgeschoven. Mijn coach zei dat zwarte jongens oververtegenwoordigd waren in het voetbal, en dat witte jongens daarom meer kansen moesten krijgen. In Amsterdam domineren de zwarte jongens in de selectie. Hier in dit dorp moeten de witte jongens voorrang krijgen.

Na afloop van elke voetbaltraining barstte ik in tranen uit, wanneer mijn vader of moeder me kwam ophalen. Alle spanningen die ik vasthield kwamen eruit wanneer ik bij hen in de auto zat. Ik mocht mijn gevoelens niet uiten tijdens de training. Ik raakte echt in problemen. Ik verloor de controle over mezelf. Het was eenzaam lijden in het team. Ik werd zo nerveus dat mijn bloedvaten en spieren verlamd raakten bij het idee dat ik naar voetbal moest. Het was elke dag raak. Iedereen deed mee: de coach, teamgenoten, zelfs mijn moeder toonde geen begrip voor mijn nood. Mijn vader dacht dat ik er wel overheen zou komen. Maar als je elke dag zo behandeld wordt, kom je er niet zomaar overheen. Het is als een druppel regen die de hele tijd op een steen valt. Uiteindelijk krijg je een gat in de stenen rots. De steen is hard, en het water is vloeibaar. Toch heeft het nare gevolgen. Ik moest afscheid nemen van mijn ziel en zaligheid. Ik gaf het voetballen op toen ik twaalf jaar oud was, omdat ik bij elk team dezelfde ervaringen had.

School

Op de lagere school had ik een keer na schooltijd ruzie met een klasgenoot. Hij zei allerlei nare racistische woorden tegen mij in de klas. Dat kwam doordat mijn vader samen met mij op televisie was. De leraar liet dit aan de klas zien, en toen begon mijn klasgenoot allemaal gemene dingen te zeggen over mijn vaders land van herkomst. Daarna vertelde hij gemene dingen over Afrikanen. Ik werd zijn dagelijkse pispaal. Ik waarschuwde hem vaak, maar hij luisterde niet. Hij sprak nare racistische woorden over mijn vaders afkomst die ik hier niet wil herhalen. Hij noemde mijn vader iets wat ik echt haat, alleen omdat hij uit dat land komt. Mijn klasgenoot kende mijn vader helemaal niet. Hij was nooit in zijn geboorteland geweest. Hij riep mij allerlei racistische termen toe. Op een dag na school nam ik hem de bosjes in die op het schoolterrein stonden. Ik maakte hem op fysieke wijze duidelijk dat hij moest ophouden. Tijdens onze worsteling haalde een volwassene ons uit elkaar.

Die man zei tegen ons beiden dat onze ouders hem moesten bellen. De ouders van mijn klasgenoot gaven geen gehoor aan die uitnodiging, want zij voedden hun zoon met het racisme over mijn vader. De jongen heeft me nooit meer beledigd. Ik zeg niet dat geweld een oplossing is. Maar als er niet geluisterd wordt naar de taal van woorden, dan zal zulke pijn leiden tot de fysieke taal van geweld. Als niemand naar woorden luistert, gaat het lichaam spreken. Ieder mens heeft een grens. Mijn grens was bereikt. Moet ik zo leven in dit land? Hoeveel gevechten moet ik elke dag aangaan?

In mijn eerste jaar op de middelbare school had ik zoveel last van racisme dat ik op een gegeven moment met mijn vader naar de politie ben gegaan. Ik ben daarna niet meer naar school gegaan, ik was toen net dertien jaar. Tot op heden ben ik niet hersteld van mijn gezondheidsproblemen die hierdoor veroorzaakt zijn.

Ik raakte geblokkeerd en brak. Ik had hier niet alleen last van op school of bij het beoefenen van mijn hobby of in sociale kringen. Thuis en in de familie- en vriendenkring van mijn moeder gebeurde precies hetzelfde. Ik ervaarde nooit steun van mijn moeder als ik moest *dealen* met dat racistische gedrag. Zij verstopte het altijd en deelde het niet met mijn vader. Mijn vader kwam er vaak pas achter als ik het hem vertelde, en dan ondernam hij actie. Bijvoorbeeld als ik niet naar school of de voetbaltraining wilde en er iets gebeurde.

Dan wilde hij met me praten en ontdekte pas dan wat er gebeurd was. Vaak leidde dat tot een serieus gesprek met mijn moeder. Mijn moeder zei dan dat ze niet wist wat ze ermee aan moest.

In de kringen van mijn moeder en haar familie spreken ze vrijuit racistische woorden wanneer mijn vader er niet bij is. Ze waren zich er niet van bewust dat ik dit allemaal hoorde. Het was gênant voor mij. Ik raakte erdoor in de war en geïrriteerd.

Het ging zelfs zo ver dat ik me schaamde voor mensen die op mij lijken. Ik wilde niet op hen lijken. Ik keek zelfs negatief naar mijn vader. Ik praatte ook negatief over hem vanwege zijn afkomst en huidskleur. Ik verkeerde veel in kringen van mijn moeder en daar hoorde ik dit vaak. Ik nam het over. Ik geloofde erin. Ik wilde geaccepteerd worden als één van hen. Zo drong het racisme mijn onderbewuste leven binnen. Ik schaamde me om met mijn vader naar voetbaltraining of een wedstrijd te gaan. Ik schaamde me als mijn vader me van school kwam halen. Kortom, ik schaamde me voor mijn identiteit en mijn erfenis. Mijn Afrikaanse bloed overheerste mijn Nederlandse bloed. Dit leidde tot zelfafwijzing.

Maar ik voel me thuis bij migranten met Afrikaans bloed. Ik voel me thuis bij mensen die er net zo uitzien als ik. Ik voel me dan rustig. In harmonie. Te lang heb ik in mijn hoofd geworsteld en mezelf aangepraat dat wij minderwaardig zijn. Het is een constante strijd.

Feesten en vieringen
Verjaardagen

Ik herinner me de verjaardagsfeesten die verschillende keren per jaar plaatsvonden. We nodigden familie, vrienden en buren uit om te komen eten en drinken en een leuke tijd te hebben. Onze huiskamer biedt plaats aan meer dan vijftig mensen. Bij mooi weer kunnen we meer dan honderd mensen een plek bieden. We hebben ruimte voor heel veel mensen. We konden zulke momenten van een feest goed gebruiken om fijne herinneringen op te bouwen. Dat hadden we als kinderen zo hard nodig. Zulke mooie herinneringen helpen om te volharden tijdens de moeilijke momenten in het leven. Ik vond in je eentje iets vieren onbevredigend.

We vierden onze verjaardagen met andere mensen, familieleden en vrienden van mijn moeder. Mijn vader nodigde ook mensen uit zijn familie en vriendenkring uit, zowel van Afrikaanse afkomst als van Nederlandse afkomst. Mijn moeder had geen vrienden of contacten van Afrikaanse afkomst in haar kring. Zij voelde zich niet op haar gemak in hun aanwezigheid. Wat vaak gebeurde als deze mensen bij elkaar kwamen, was dat zij apart gingen zitten. De mensen van mijn moeders kant, haar familie en haar vriendenkring, gingen bij elkaar zitten, in een soort gesloten kring. Dat maakte het bijna onmogelijk voor mensen van Afrikaanse afkomst van mijn vaders familie en vriendenkring om ertussen te komen zitten. Als ze ertussen zaten, werden ze niet bij de discussie betrokken. Na een paar van dit soort ervaringen probeerden ze niet eens meer ertussen te komen, maar gingen ze in een andere hoek apart zitten.

Zo raakte mijn vader verdeeld, en zat afwisselend een paar minuten bij elke groep. Ik keek met afschuw en teleurstelling toe. Op een feest verwacht ik dat mensen op zijn minst met elkaar praten, maar wat ik zag was dat ze zich niet met elkaar mengden. Ik zag dat er geen interactie of verbinding tussen hen was. Mijn vader voelde zich verantwoordelijk voor de gasten in zijn huis. Hij socialiseerde aan beide kanten. Ik zag hem naar deze groep gaan en naar die groep, en soms wist hij niet waar hij moest gaan zitten en ging hij er maar tussenin staan. Mijn moeder zat bij haar eigen groep en bediende alleen hen. Vaak gingen mensen uit mijn vaders groep eerder weg, en dan nam mijn vader plaats bij de witte gasten. In andere gevallen gingen de mensen van mijn moeders kant na het eten naar huis en bleven de mensen van mijn vaders kant. Mijn moeder kwam dan bij hen zitten tot ze weggingen.

Dit alles veroorzaakte veel irritatie in huis. Het leidde soms tot conflicten, vooral wanneer de kinderen opmerkten dat het geen vreugdevol feest was. Ons recht om feest te vieren op een manier die onze behoefte aan plezier bevredigt, werd niet vervuld. Mijn vader besloot geen Afrikanen meer uit te nodigen op familiefeestjes. Ook dat was geen oplossing.

Als kinderen maakten wij ons zorgen over die volwassenen die niet konden socialiseren op onze verjaardagsfeestjes. In plaats van opgewonden te zijn over ons verjaardagsfeest, werden we vervuld van bezorgdheid. Dit is hoe we ons onze verjaardagen herinneren. Alle pogingen die wij deden om hier verandering in te brengen zijn op niets uitgelopen. Als mijn vader de stoelen naast elkaar zette, kwam er toevallig iemand van mijn vaders kant tussen vrienden en familie van mijn moederskant te zitten. Maar met die persoon wilden ze niet praten, en na een poosje ging die persoon op een andere plek zitten met mensen om mee te praten. Zo zag je op den duur alle Afrikanen aan één kant bij elkaar zitten.

Wij, de kinderen, keken hier met droefheid naar. We waren er kapot van. We bespraken dit met onze ouders. Toen dit een soort traditie werd die zich elk jaar herhaalde, raakten we ontmoedigd. Onze pogingen om veranderingen aan te brengen en er een feestelijke viering van te maken, mislukten. Later, na nog zo'n pijnlijke ervaring, keek mijn oma mijn vader niet meer aan tijdens het eten aan tafel. Mijn moeder hield er daarna mee op.

Mijn vader stopte met het vieren van zijn verjaardag. Hij vierde thuis geen feestjes meer, maar huurde elders een zaal en nodigde dan zijn vrienden, Afrikanen en Nederlanders, uit in die neutrale plaats. Zo hoefde hij niet de sociale last te voelen van het gastheer zijn in zijn eigen huis, en mensen proberen samen te laten genieten. Een neutrale plaats leek beter te werken. Op zo'n plek wekte de vriendenkring van mijn moeder niet de indruk dat zij de eigenaar waren.

Wij, mijn broer, zus en ik, vonden de feestjes thuis oncomfortabel. Ik was het beu en besloot de dingen anders aan te pakken. Faith besloot haar verjaardagen niet langer te vieren. Zij was de eerste van ons die vond dat de verjaardagen thuis pijnlijk het racisme blootlegden. Exalted besloot zijn verjaardag nooit meer te vieren tenzij buitenshuis. Hij besprak dit met zijn peetvader en besloot zijn verjaardag in de kerk te vieren. Zijn peetvader was een priester in de parochie. De voorwaarde van Exalted was dat de hele kerkgemeenschap met hem mee zou vieren. Hij nodigde iedereen uit naar de kerk, familie en vrienden. Na de kerkdienst bleven de mensen daar eten en drinken en vierden zijn verjaardag, en daarna ging iedereen naar huis. Dit werkte beter, want de familie en vrienden die anders kliekjes met elkaar zouden vormen, konden dat niet doen in de kerk in het bijzijn van veel andere parochianen. Er was ook geen ruimte om apart te zitten in hun eigen groep.

Zo werd er niets meer thuis gevierd. Ik was toen zeven jaar oud. Racisme maakte elk feest in het gezin onmogelijk. Wij hebben hier een trauma aan overgehouden. Wij denken met een bittere nasmaak terug aan die feesten. Zelfs een begrafenis samen bijwonen of samen rouwen was onmogelijk.

Ik wil het ook nog hebben over andere feesten.

Sint Maarten

We vierden dit kinderfeest Sint Maarten jaarlijks op 11 november. 's Avonds, na het eten, gingen we de straat op en klopten bij mensen aan. Als ze opendeden dan zongen we, en kregen we wat snoep of fruit. Wij vierden het totdat mijn moeder op een keer viel en haar enkel bezeerde. Dit gebeurde op de ochtend van 11 november.

De dokter adviseerde haar om er niet mee te lopen. Ze zat in een rolstoel. Mijn vader zei dat we Sint Maarten niet konden vieren omdat hij de rolstoel niet kon duwen. Zijn gezondheid was niet goed genoeg om dat te doen. Onze slaapkamer was op de eerste verdieping van het huis. Onze woonkamer en de keuken waren beneden. Mijn vader moest op handen en voeten de trap op. Hij was met ziekteverlof en herstellende van een bijna-doodervaring. Zijn spieren waren kwetsbaar. Hij had een zware shock doorgemaakt. De medicijnen die hij nam voor zijn herstel hielpen niet. Enkele dagen tevoren was afgesproken dat hij niet mee zou doen met Sint Maarten. We zouden naar een vriend gaan om het te vieren.

Mijn grootouders en mijn moeder vonden toen dat er mensen naar ons huis moesten komen. Het was vol met mensen. Enkele vrienden van mijn moeder boden aan om de rolstoel te helpen duwen. Dit leidde tot ruzie. Dat mijn vader de rolstoel niet wilde duwen, zou tekenend zijn voor het karakter van Afrikaanse mannen die zich niets van hun vrouw aantrekken.

Ik zal je ook nog vertellen over andere feesten.

Sinterklaas

Wanneer de maand november naderde, begon de spanning. De feestdagen veranderden bij ons in angstige dagen. Ons gezin was altijd in dubbele spanning, omdat Sinterklaas vele dagen duurde, in tegenstelling tot Sint Maarten, dat maar één dag wordt gevierd. Sinterklaas is ook een feest over zwart en wit. Zwart wordt voorgesteld als dom en de slaaf van een witte heilige man. Wij zagen dat toen niet als een probleem.

Mijn vader bereidde ons voor op de intocht van Sinterklaas in Nederland. We gingen naar de plek waar hij met de boot arriveerde. We wachtten zoals alle andere kinderen en zongen de liedjes. We zwaaiden met onze handen. Daarna gingen we thuis verder. Elke woensdag- en vrijdagavond zetten we onze schoenen voor de open haard bij de schoorsteen. We legden er een wortel in voor het paard van Sinterklaas. We zongen onze liedjes en vroegen Sinterklaas om wat snoepgoed of een cadeautje in onze schoenen te doen. We bedankten hem en gingen naar bed. Vol spanning en verwachting wachtten wij de volgende dag af waardoor de nacht lang duurde. We wilden dat de dag gauw zou aanbreken, zodat we zouden zien wat er in de schoenen zat. Vroeg in de morgen renden we naar de schoenen om te ontdekken wat erin zat. We bedankten Sinterklaas nadat we ons ingepakte cadeau hadden geopend.

Op 5 december, het feest van Sint Nicolaas, nodigden we andere gezinnen uit. Twee keer hebben we Afrikaanse families uitgenodigd. Ze kwamen. Na het diner, dat deel uitmaakte van het feest, begonnen we het feest te vieren zoals we dat altijd deden. De handeling om de cadeaus te verzamelen en in grote zakken te verstoppen, vonden ze vreemd. Iemand sloop het huis uit met de zakken vol met cadeaus en riep een buurman om de zakken voor de deur te zetten, hard te kloppen, en snel weg te lopen zodat de kinderen hem niet zouden zien. De kinderen haastten zich naar de deur en haalden de zakken op.

We begonnen de cadeaus die in de zakken zaten uit te pakken. Er stonden namen op elk pakje. Eén voor één openden wij een cadeau, en lazen het gedicht of de brief bij elk geschenk. Na het openen van ons cadeau bedankten we Sinterklaas.

De Afrikaanse gezinnen waren geschokt dat hun kinderen niet de ouders maar Sinterklaas moesten bedanken voor de cadeaus die de ouders kochten voor hun kinderen. Afrikaanse families missen een paar deugden in het feest. Ouders worden gedwongen om te liegen. Het is niet transparant. Ze verbergen zich achter de naam van Sinterklaas. Ze beweren dat het cadeau van Sinterklaas komt en door Zwarte Piet wordt bezorgd.

Kinderen wordt geleerd wat liegen is. Sommige kinderen weten heel goed dat het cadeau van hun ouders komt. Volgens de regels moeten ze Sinterklaas bedanken. Zelf zijn ze zo opgevoed dat je degene moet bedanken die het cadeau heeft gegeven. Voor Afrikaanse families is het feest van Sinterklaas een feest waarin kinderen en ouders elkaar voorliegen. Zij kunnen het niet over hun hart krijgen hun kinderen te leren liegen, vooral in een familie waar liegen een serieus vergrijp is. Dit verstoort het geweten van de ouders.

Na het feest moesten onze gasten gaan biechten bij hun pastoor. Ze vroegen God om vergeving. Voor hen was dit een goddeloos feest.

Ze wilden er nooit meer aan deelnemen.

Kerstmis

Het Kerstfeest veroorzaakte zoveel spanningen en verdriet dat we het niet meer vierden. Een paar keer zaten twee dames urenlang te huilen tijdens het Kerstdiner. Zij besloten niet meer deel te nemen aan zo'n treurdiner. Ook was er een langdurige strijd tussen mijn ouders en grootouders over de vraag op welke dag het Kerstfeest met de familie gevierd zou worden. Mijn grootouders eisten 25 december op voor de hele familie. Mijn vader wilde 25 december kerst vieren met zijn eigen gezin, en dan 26 december met de rest van de familie. Beiden bleven bij hun standpunt. Dit leidde tot een intern conflict tussen mijn moeder en vader. Mijn moeder wilde trouw blijven aan haar ouders. Mijn vader wilde een nieuwe familie stichten met zijn eigen traditie en cultuur. Soms gingen we met Kerstmis op vakantie, naar een vakantiepark ver weg van mijn grootouders. Na Kerstmis kwamen we dan terug. Nou, dat loste de situatie niet op. De druk van mijn grootouders op mijn moeder werd ondraaglijk. Kerstmis werd een trieste herinnering. We stopten helemaal met het vieren ervan. Oud en Nieuw was net zo, maar dan weer wat anders.

Oudejaarsavond

Mijn grootouders wilden dat de hele familie samen Oudejaarsavond zou vieren. Soms moesten we een uur rijden, omdat de familie het persé samen moest doen. We reisden dan naar het familielid waar we het vierden, en na middernacht kwamen we weer thuis. Voor mijn vader was Oudejaarsavond simpelweg een overgang naar het nieuwe jaar. Hij wilde het bij ons thuis vieren, desnoods samen met de buren. Hij vond het niet leuk om in de eerste uren van het nieuwe jaar moe naar huis te rijden. Hij dronk geen alcohol, dat was gemakkelijk, maar mijn moeder dronk wel, en zij kon hem niet helpen rijden als hij moe was.

Dit leidde tot een conflict. De familie van mijn moeder beweerde dat mijn vader een Afrikaan was die niet wist hoe het in Nederland werkte. Hij werd verplicht te leren hoe het hoort. Desnoods moest hij gedwongen worden. Hij werd beschuldigd van dominantie.

Pasen

Onze Paasviering verliep hetzelfde als Kerstmis. Uiteindelijk stopten we er helemaal mee. Er was niets te vieren. Er was niets om naar uit te kijken. Er waren geen mooie herinneringen om op te bouwen. Ik verlangde naar mooie herinneringen om mee te dragen in moeilijke tijden, maar er waren er geen. Zo'n leven is moeilijk in woorden uit te drukken.

Koningsdag

Dit feest was iets gemakkelijker, omdat het op straat werd gevierd, niet thuis. We vierden het niet samen. Mijn vader ging naar de stad waar hij wilde en mijn moeder ging met haar vrienden naar de straatmarkt waar ze wilde.

Bevrijdingsdag

Mijn vader is geen liefhebber van grote feesten met popmuziek. Mijn moeder ging heel graag met anderen naar optredens. Wij bleven bij mijn vader.

We moeten dingen anders aanpakken. We zijn op onderzoek, hoe de dingen zo konden lopen in onze familie. We hopen dat je bij ons blijft om daarachter te komen. Ook hopen wij dat onze ouders de waarheid over de feitelijke gebeurtenissen willen vertellen.

DEEL 3

Tribunaal van wederzijdse afhankelijkheid

HET
TRIBUNAAL
VAN DIVERSITY

HOOFDSTUK 1

Esthetic

Wanneer ik binnenkom, zit iedereen al op zijn plek. Ik heb de aanwezigen nauwelijks gezien. Op het moment dat ik mijn plaats inneem, spreekt er een stem door de luidspreker. Een stem die ik herken als de stem van Diversity. Ik zit direct rechtop als was ik door een slang gebeten.

Diversity

Volgens onze familietraditie belegde mijn vader elke zondagmiddag een familiebijeenkomst. Na de kerkdienst en de lunch, voor het avondeten, hielden we onze familiebijeenkomst. In deze samenkomst reflecteerden we op de afgelopen week. We bespraken hoe het was gegaan en wat er was gebeurd. We praatten openlijk over alles. We zorgden ervoor dat iedereen gehoord werd. We zorgden ervoor dat we allemaal verantwoordelijk waren voor de uitkomsten van deze bijeenkomst. We maakten samen de planning en bespraken samen alle thema's. Als er dingen waren waarin we elkaar moesten aanvullen, dan deden we dat. Als er dingen waren waarvoor we sorry moesten zeggen, dan deden we dat. We bekeken ook onze agenda's voor de komende week en maakten plannen om de taken eerlijk te verdelen. Onze agenda's beïnvloedden elkaar. Hoewel we genoeg auto's hadden, waren beide ouders buiten kantooruren druk met hun maatschappelijke inzet. Onze levens waren wederzijds afhankelijk. We begrepen hoe het werkt. Als een van ons pijn had, beïnvloedde dat de gevoelens van iedereen in huis. Zo is het ook in onze samenleving, alleen voelen we het soms minder, behalve bij gebeurtenissen zoals met het MH17-vliegtuigongeluk. Toen voelde bijna de gehele samenleving de pijn.

Wat duidelijk is, is dat onze ouders niet goed met elkaar kunnen opschieten. Als eerstgeborene in de familie neem ik daarom de verantwoordelijkheid van mijn vader over. Ik roep hier nu de hele familie bij elkaar. Ik zal alle betrokkenen aan het woord laten, want ik raadpleegde mijn broer en zus hierover voordat ik deze zitting van het tribunaal bijeen riep. Dit is in overeenstemming met onze traditie van familiebijeenkomsten - onze familietraditie waarin wij weten welke regels en voorschriften tijdens dit heilige moment gelden. Je zult begrijpen dat dit een familiale benadering is. Wij hebben deze traditie opgebouwd als familie.

Als iemand kritiek of opmerkingen heeft over dit soort bijeenkomsten, dan zijn wij niet in zijn mening geïnteresseerd. De meningen die we tot nu toe hoorden, gaven ons nooit wat wij nodig hadden. Het systeem waarin we leefden voldeed niet aan onze behoeften. De mensen om ons heen voldeden niet aan onze behoeften.

Ons lichaam en bloed bestaan uit verscheidenheid. Wij zijn kinderen met verscheidenheid in ons binnenste. We hebben geprobeerd en gewerkt met het systeem van onze moeder. Het hielp ons niet. Het systeem heeft ons niet geaccepteerd. Het systeem is onrechtvaardig tegenover ons. Het straft ons voor een misdaad waar we niets van afwisten.

De methode die we vandaag gaan toepassen werkte thuis goed voor ons. We konden praten en plannen maken. We konden naar elkaar luisteren. Sinds mijn vader het huis heeft verlaten, zijn wij, de kinderen, niet meer met elkaar in gesprek. Het gezin communiceert niet goed. Wij, de kinderen, zijn bang voor elkaar. Ook onze ouders zijn bang voor elkaar. De methode die wij in dit tribunaal gaan toepassen is in lijn met de Afrikaanse cultuur, bij het aanhoren van familie- of gemeenschapszaken. We zullen het vermengen met Nederlandse of westerse elementen, maar onze Afrikaanse methode zal de kern vormen. Je zult dit later gaan begrijpen. Voor nu leggen we eerst de regels uit. We zullen de naam van elke persoon gebruiken. Een naam is essentieel, een titel niet. 'Vader' of 'moeder' is een titel. Titels worden gegeven binnen een relatie. We kunnen iemand vader of moeder noemen omdat we kinderen van hen zijn. In dit tribunaal moet iedereen bij zijn of haar naam worden genoemd, gewoon uit respect. Het is een manier om de naam te eren, en om de persoon te behouden.

Soms mag je ervan afwijken om retorische redenen, maar niet omdat je de naam in je mond niet wil hebben. Het is je vergeven wanneer je een naam niet noemt omdat iedereen weet over wie je hebt.

Wij, de kinderen, zijn hier om vragen te stellen en te luisteren naar onze ouders in deze familie aangelegenheid. Het is een tribunaal, maar geen familieproces dat uitmondt in veroordeling. Het is een hoorzitting over familiezaken. Het is een tribunaal voor openbare bekentenissen, een tribunaal van rechtvaardigheid en vrede. Al meer dan een decennium is het in onze familie gebruikelijk om te onderdrukken wat er in ons leeft. Deze cultuur hebben we geërfd. Maar we merken nu dat we kunnen kiezen om het raam te openen en frisse lucht binnen te laten. Om onze mond te openen en te vertellen wat er in ons leeft. In deze tijd van het coronavirus weten we hoe belangrijk frisse lucht is voor de gezondheid en om de verspreiding van het dodelijke onzichtbare virus te voorkomen. Dit tribunaal fungeert als zo'n raam voor ons, een raam om open te gooien en eindelijk te delen wat in ons aanwezig is. En wat al twee decennia lang als een onzichtbaar sluipmoordenaar onze familie doodt. Wij zijn in deze bijeenkomst om in te ademen en de benauwdheid en verstikking, veroorzaakt door de blijvende stress van onrechtvaardigheid, los te laten. Misschien kunnen onze longen zich dan ademend weer versterken. Het coronavirus leerde ons het belang van gezonde longen. Het leerde ons het gevaar van het inademen van met corona besmette lucht. In zo'n omgeving moeten we ons beschermen tegen het inademen van een dergelijk virus. Dat geldt ook voor het virus dat in onze familie heerst. Daarom moeten we een mondkapje dragen. Daarom hebben we een muur om ons heen gebouwd en praten wij niet over de dingen die er toedoen.

Maar wij zijn hier, omdat we het anders willen doen. We willen leren wat er gebeurd is, en hoe we onszelf en ons leven kunnen beschermen. Wij zijn immers 'professionals' geworden. Wij zijn ervaringsdeskundigen in hoe racisme werkt en wat het doet. Wij hebben nog geen vaccinatie uitgevonden. Wel willen we vragen dat iedereen die dit verhaal hoort of leest, meedenkt over een manier om de samenleving te beschermen.

Dit tribunaal is bedoeld om de vijand van ons gezin en het menselijke ras te ontmaskeren, en zijn macht te beëindigen. Deze vijand ervaren wij als een onzichtbaar monster in ziel, hart en beenmerg van ons gezin. Hij is als een kankerworm die het vitale leven van het gezin heeft aangevreten. Wij willen de aanwezigheid en het effect van racisme en het kwaad in ons gezin, voor alle gezinsleden tot nu verborgen, blootleggen. Openbaarmaking verzwakt de kracht van een dergelijke dehumaniserende zonde.

Zwart en wit werkten zelfs samen bij de uitvoering en instandhouding van deze onzichtbare sluipmoordenaar in de familie. Wanneer het slachtoffer compromissen sluit en in de slachtofferpositie blijft, omdat dat de geaccepteerde status quo is, moedig je racisme aan. Je gedraagt je ook racistisch, en je bent schuldig aan hetzelfde kwaad dat de mens en God devalueert. Wij noemen het bij de naam.

Onze familie is bang om te bespreken wat er in ons leeft. Wij willen dat zelfexpressie en vrijheid van meningsuiting opnieuw geboren worden in dit gezin dat vol angst leeft, en onder stress en zorgen gebukt gaat. Momenteel leven we in gevangenschap, veroorzaakt door schuld, wantrouwen, afwijzing, vijandigheid, scheiding, en elkaar vermijden. In plaats daarvan willen wij dat er levende vrede, amnestie en verbondenheid komt. Dat het gezin wederzijdse afhankelijkheid met elkaar zal ervaren. Het gezin is de primaire sociale omgeving van alle mensen, de plek waar jouw leven begint en gevormd wordt. Wij leven niet; wij zijn vol angst en zorgen. Wij willen ons geen zorgen meer maken, maar beginnen met écht leven.

We zijn hier op oplossing te brengen die heilzaam en genezend is voor kinderen en ouders. Maar ook om het verbond van racisme en kwaad in het gezin te verbreken. Deze scheiding tussen racisme en ons gezin zal verlossing brengen voor allen. De reis in dit tribunaal zal ons pijn doen, maar brengt een nieuw leven van vrijheid en vrede voort. Na onze lange lijdensweg, willen wij nu levensvreugde verwelkomen in ons leven. Wij willen in dit tribunaal een einde maken aan alle vormen van straf. Dit is een plek van genade en barmhartigheid. De enige deur naar binnen is liefde en begrip. We zullen licht werpen op al die donkere plekken in ons gezinsleven, die we voor het zonlicht verborgen hielden. Een zonnestraal overwint altijd de duisternis. Vanuit de nacht breekt het licht door om te schijnen. Er is nu behoefte aan licht in ons gezin. Daar roepen we om in de ochtend. We hebben de stem van het geweten en de verlossing nodig. We hebben een stem van mededogen nodig. We hebben een stem van moed nodig. Onze familie is verziekt en verzwakt. We zijn ziek en moe van dit kwaad. We willen deze slechtheid ontmaskeren en verwijderen, voor ons eigen welzijn en gezondheid. Ziekte zal plaatsmaken voor vitaliteit. Wij willen dit contrast zo snel mogelijk ervaren.

HOOFDSTUK 2

Wij respecteren en koesteren deugdzaamheid. Het is ons visitekaartje aan dit tribunaal. Wij zijn bekleed met de deugden van geloof, hoop, liefde, standvastigheid of moed, rechtvaardigheid, matigheid en voorzichtigheid.

Dit is een tribunaal van integriteit, door mensen georganiseerd, maar door God ingesteld. Wij allemaal zijn een klas vol met dienaren van vrede. Het is een tribunaal waarin we samenkomen om een glimp van goddelijke liefde en gerechtigheid te aanschouwen.

Wij hebben vertrouwen in dit tribunaal. Het geeft ons hoop op een toekomst die we zo hard nodig hebben. De beste vorm van naastenliefde voor ons gezin is: elkaar het geschenk van vergeving aanreiken en bekennen wat ons hart weet. Het is de hoogste vorm van liefde waar wij naar verlangen. Vooral in de huidige tijd. Als we naar de maatschappij kijken, zien we wat er over de hele wereld gebeurt. Wij zien de racistische moorden. We herinneren ons de oorlogen waarin genocide werd gepleegd, gelegitimeerd door racisme. Wij zien de groeiende strijd tegen racisme, vooral door kinderen. We vragen elk gezinslid: 'wat weet je?' 'Wat leeft er in jouw hart?' 'Hoe is het met ons gezin?' 'Hoe is het met onze gemeenschap?' Wij nodigen je uit om jezelf dezelfde vragen te stellen. Vraag ook: 'hoe is het met jouw politieke partij?' 'Hoe is het met jouw bedrijf?' 'Hoe is het met jouw werk?' 'Wat is jouw persoonlijke bijdrage?'

Moed is nodig om deze strijd aan te kunnen. Moed kan ons verder brengen in onze zoektocht om te leren begrijpen. In een dergelijk zoektocht ontdekt een mens dingen in zichzelf en in anderen. Matigheid moet worden toegepast om alle duistere plekken aan het licht te brengen. Licht zal helpen om beter te zien en naar het juiste pad te leiden. Matigheid helpt om recht te doen aan jezelf en aan anderen. Je moet kunnen nadenken en vooruitkijken. Dat vermogen is wat we nodig hebben om onszelf te leiden. Behoedzaamheid is van groot belang voor onze toekomst en onze samenleving. Wij kiezen voor het verstand; alleen dat is een keuze die leidt tot leven, tot duurzame vrede en duurzaam samenleven. In die keuze ontkomen we er echter niet aan de waarheid te ontdekken.

De waarheid is erg pijnlijk en moeilijk.

In mijn vaders familie moeten we bovenal de waarheid vertellen. Ook al leidt het tot gezichtsverlies. Ook al weet je dat de ander pijn zal voelen. Ook al veroorzaakt het schaamte. Ook al kost het jou je trots of moeite. Ook al confronteert het ons met schuld. Ook al leg je er gevoelens mee bloot die je eigenlijk wilt buitensluiten. Je moet de waarheid onder ogen zien. De waarheid smaakt bitter op de tong, maar is zoet en helend voor lichaam en geest. Wat heeft iemand die wil leven nog meer nodig? Een gereinigd geweten is een blijvend vaccin tegen onzekerheid en verwarring. Dit is hoe het altijd al werkte en altijd zal werken. Binnenkort zul je het ook ervaren.

De leugen is duurder dan de waarheid. Ze kost ons veel. De leugen verdeelt mensen die verenigd waren. Ze veroorzaakt eenzaamheid. Ze ontneemt vertrouwen. Ze schept afstand. Ze veroorzaakt boosaardigheid tegenover anderen om zichzelf te beschermen. De leugen leidt tot woede en agressie om verborgen te blijven. Het kan zo ver gaan dat ze een mens dwingt een ander mens te doden uit zelfbescherming. Degene die de waarheid kent wordt een vijand. Hij wordt behandeld als een vijand. Degene die probeert de leugen te beschermen, gaat achter zo iemand aan en probeert

hem te beschadigen. De leugenaar moet de waarheid opsporen om haar verborgen te kunnen houden. De leugenaar zet elk wapen of machtsmiddel in uit angst voor de waarheid. Het kan carrières of zelfs levens vernietigen. Leugens leiden tot oorlog. Tot angst. Tot stress. Tot een slechte gezondheid. Leugens veroorzaken slapeloze nachten. Ze maken de mens rusteloos. Ze houden hem gevangen in angst omdat hij nooit weet wanneer de waarheid zal uitkomen. Ze zuigen alle energie uit het leven en vernietigen alle vertrouwen. Een mens moet steeds meer liegen om eerdere leugens te blijven bedekken. Zo leiden leugens tot psychische gezondheidsproblemen. Ze maken iemand mentaal en spiritueel ziek. Ze versterken gevoelens van woede, frustratie, en geweld. Dit genereert zoveel energie dat het tot uitbarsting moet komen.
Racisme is een leugen! Racisme geef iedereen een vals beeld van een ander. Sommigen mensen voelen zich superieur en anderen voelen zich inferieur. Beide gevoelens zijn vals.

Rechtssysteem

Het rechtssysteem dat de westerse wereld van de Grieken heeft geleerd, werkte niet voor ons gezin. We zijn de afgelopen vijf jaar vaak bij de rechter geweest. Bij de rechtbank wilde de rechter bewijzen hebben om het voor haar gemakkelijker te maken tot een uitspraak te komen en daarmee de zaak af te ronden. In zo'n systeem zijn leugens welkom als ze de rechter helpen om de zaak te beslechten. De advocaten overleggen met elkaar en spreken af welke leugens ze zullen gebruiken. Dan wordt beslist wie zal verliezen en wie zal winnen. De rechter is niet per definitie op zoek naar waarheid. De publieke opinie speelt een belangrijke rol. De rechter houdt daarmee rekening. Het is een tribunaal waarin het debatteren centraal staat. Debat is niet bedoeld om de waarheid te achterhalen of leugens te verwerpen. Absolute waarheid die in het voordeel van het slachtoffer werkt, kan terzijde worden geschoven.

In het debat zijn argumenten essentieel. Het is een strijd met woorden om te winnen - de logische presentatie van leugens of waarheid is van belang. Logica is essentieel. De retorische redevoering kan de toehoorder beïnvloeden. Daarom zijn die rechtbanken met onze hoorzittingen een kakofonie. We gebruiken allerlei retorica om de ander te overtuigen zich te onderwerpen aan onze mening.

Welnu, zo gaan we het niet doen in dit tribunaal. Het is nutteloos om met behulp van filosofisch debat de waarheid te zoeken. Filosofisch denken is een voortdurend proces van de ander uitdagen, zonder te komen tot een noodzakelijk en bevredigend resultaat. Ik beschouw het als tijdverspilling en hersenspoeling. Wij geven er de voorkeur aan, zo'n tribunaal op basis van debat te vermijden. De Griekse filosofen waren het niet met elkaar eens. Zij probeerden de waarheid te achterhalen met hun hersenen. Zij zochten op de verkeerde plaats. De waarheid zit niet in de hersenen. De hersenen zijn niet het innerlijke oor dat de waarheid hoort van de spreker. Het hart is het innerlijke oor dat de stem van binnen hoort. De waarheid is in het hart.

HOOFDSTUK 3

Wij gaan hier ons geweten en ons geheugen gebruiken. We gaan ons hart vragen wat het weet, en ons hart vragen zich uit te spreken. Te spreken over de waarheid die we kennen. Dit gaat niet om argumenten. In dit tribunaal hechten we geen waarde aan retoriek. Debat is verboden. Wat iemand zegt, is wat het is. Wij zullen elkaars ervaringen niet afbreken. Wij waarderen de openheid als moedig. Het gaat hier niet om logica. Het leven is niet logisch. We willen de taal van het leven spreken. Zeggen wat er in ons leeft. De ratio heeft geen dominante plaats in dit spreken. Zij die willen analyseren kunnen logica toepassen, maar de zuivere waarheid krijgt de volledige ruimte. De zuivere waarheid verlicht dit tribunaal. Wij zijn ongeneeslijk besmet door de waarheid. De naakte waarheid is het fundament van de deugdzaamheid.

Wanneer je racisme ervaart in de mate waarin wij dat hebben meegemaakt, kun je tot een punt komen dat je moet kiezen om ermee te leven, of om eruit te stappen. Beide keuzes hebben wij gemaakt, maar de realiteit is dat beide niet voor ons werkten. We ontdekten dat we als vissen in het water waren die uit het ene water in het andere leefmilieu stapten om water te vinden. Toen we uit het ene racistische milieu stapten, ontdekten we dat het nieuwe milieu ook besmet was met racisme.

Misschien zijn er ook andere keuzes waar we niet aan hadden gedacht. Dit jaar zijn we er getuige van geweest hoe men omgaat met racisme tegen zwarte mensen. We zagen kinderen deze strijd op zich nemen, omdat hun ouders werden gestraft als ze voor de rechten van hun kinderen opkomen. Wij waren aanwezig in Diemen bij Amsterdam toen de burgemeester kinderen in het gemeentehuis ontving en naar hen luisterde. Hij beloofde en verzekerde hun aan hun kant te staan in de strijd tegen racisme. Wij voelden ons hierdoor bemoedigd. Wij hebben het recht ons uit te spreken en op te groeien in een samenleving waar onze rechten worden beschermd. Wij zijn hier voor rechtvaardigheid die gericht is op herstel, en niet op vergelding. Onze cultuur is gebouwd op een rechtvaardigheidsbeginsel door middel van vergelding. We hebben gezien welke leugens mensen vertellen uit angst voor vergelding. Wij eisen herstellende gerechtigheid op. Wij maken de keuze om openlijk te onderzoeken wat er in ons gezin is gebeurd. We willen dat het publiek luistert en er over nadenkt.

In de traditie van onze familiebijeenkomsten bestaat er geen straf als de waarheid wordt gesproken. Dit zorgt ervoor dat we ons veilig en thuis voelen bij elkaar. Het herstelt wat gebroken is. Het heelt de wond en herstelt de aangerichte schade. De waarheid mag niet bestraft worden, omdat zij bijdraagt aan verlossing. Nadat onze samenkomst is opgedragen aan de Levende God en met gebed is geopend, valt elke bekentenis die wordt gedaan onder een regeling van amnestie. Ik wil jullie verzekeren dat dit tribunaal iedereen amnestie garandeert. Die opheldering vooraf is nodig. Iedereen hier staat onder amnestie. Zij die het verslag zullen lezen of horen wat wij hier doen, zijn als door een natuurwet verplicht amnestie te verlenen. Iedereen die dit voorbeeld volgt, moet amnestie krijgen vanwege het menselijke recht op vrijwillige bekentenis. Het oordeel dat je geeft is het oordeel dat je krijgt. Dat is een natuurwet. Een persoon kan alleen oordelen als hij door onschuldigen wordt onderzocht, ondervraagd en gewogen, en onberispelijk vrij wordt bevonden van elke vorm van racisme en discriminatie. Dit zijn we aan elkaar verplicht.

Ieder volwassen mens, in de meeste samenlevingen, heeft zich schuldig gemaakt aan racisme. Racisme en discriminatie maken deel uit van onze opvoeding en vorming, zelfs in opleidingen en universiteiten. Allen zijn op de een of andere manier dader geweest. Ik maak hierin geen onderscheid tussen denken en handelen. Beide zijn één. Allen zijn slachtoffer van elkaars racisme. Maar op de een heeft het een groter impact dan op de andere. We konden en kunnen er niet aan ontsnappen. We zijn als vissen in het water: we kunnen niet ontkennen dat we in het water zitten. Zo kunnen we ook niet ontkennen dat we racistisch denken of handelen. Zelfs als we ons hier niet van bewust zijn, verandert dat niets. Wel is het zo dat discriminerende handelingen schadelijker zijn dan discriminerende gedachten. Dit heeft te maken met macht en posities, maar ook met de middelen om zulke handelingen uit te voeren.

Wanneer je voor dit tribunaal komt spreken of vertellen over jouw woorden of daden op het gebied van racisme, zal dit jouw groet zijn: 'Gegroet, ik veronderstel geen onderscheid te maken tussen anderen en mezelf. Ik word geacht het menselijk ras te dienen en God, mijn Schepper, tevreden te stellen met wat Hij liefheeft. Ik ben geschapen om mij door de liefde te laten leiden, liefde te delen, en liefde handen en voeten te geven in woorden of daden die zin geven aan het leven. Mijn geweten wordt geacht vrij te zijn van schuld en onrecht tegenover medemensen. Anderen liefhebben zoals ik mezelf liefheb is de maatstaf waaraan ik verondersteld word te voldoen.'

Ik wil nu Faith het woord geven. Zij moet haar mening geven over dit tribunaal. Ik ben de initiatiefnemer van het tribunaal, en baseer mij op de familiegewoontes die mijn vader ons leerde: een familiecultuur van ware gelovigen en waarheidsliefhebbers. Als kind vond ik het niet gemakkelijk om mee te doen. Als je snoepjes wil stelen en je dan herinnert dat je de waarheid moet vertellen, dan steel je niet. Wanneer die stem toch overwint en je overhaalt om het snoepje te stelen, breng je slapeloze nachten door om te bedenken hoe je de waarheid onder ogen moet zien op onze zondagse samenkomst. Onze familieleden vergeten niet om in herinnering te brengen wat er die week is gebeurd. Wel, ik zie het nu als mijn kans om iedereen op te roepen om te komen spreken. Nadat Faith heeft gesproken, zal Exalted verder aan het woord komen.

HOOFDSTUK 4

Esthetic

Wanneer Diversity klaar is met spreken, staat Faith op. Met brede schouders loopt ze naar de plek waar Diversity stond. Daar staat de microfoon. Ze is zonder enige twijfel een lange dame. Met haar lengte en brede borstkas steekt ze boven haar leeftijdsgenoten uit. Ze heeft dezelfde sportieve lichaamsbouw als Diversity. Alleen is zij langer. Met andere woorden, haar benen zijn lang, maar de bovenzijde van haar lichaam is gemiddeld. Ze heeft een rond gezicht en volle lippen. Haar ebbenhouten fluwelen huidskleur weerspiegelt op de een of andere manier haar haarkleur. Haar kleur lijkt op een mengeling van oranje, blond en zwart. Haar natuurlijke afro haar valt op haar brede schouders, en haar ronde gezicht glanst door haar stralende huid. Ik neem even de tijd om haar te bewonderen. Ze moet op maandag geschapen zijn, nadat God had uitgerust en met overvloedige energie en tijd weer aan het werk ging. Haar stem is als een druppelende regen in het stille tribunaal. Ze spreekt zangerig maar stilletjes. Maar haar woorden zijn kort en scherp. Ze is een samenbundeling van wijsheid en begrip. Zij heeft inhoud. Nadat ze de voorgeschreven begroetingen heeft uitgesproken, begint ze aan haar verhaal.

Faith

Diversity heeft de meeste dingen die ik wilde zeggen goed beschreven. Ik hoef hem niet te herhalen. Wij zijn allemaal getuige geweest van ons gezinsleven. Het laat zien dat wij allemaal collectief geworteld zijn in onze familie-ervaringen. Ik weet zeker dat onze ouders dit op hun manier gaan vertellen zoals wij dat op onze manier hebben gedaan.

Dit tribunaal dat wij hebben geëist en dat we nu uitvoeren, is ongewoon. Ik ben wel een tiener maar heb al veel gelezen. Ik ben er zeker van dat dit soort opstellingen zeer ongewoon zijn. Een ongewone situatie vraagt om ongewone actie. Kinderen die hun ouders ter verantwoording roepen om dingen uit te leggen is niet nieuw. Kinderen die vragen stellen aan hun ouders is niet nieuw. Wat hier nieuw is, is het onderwerp. Een onderwerp dat de wereld, vooral de beschaafde westerse wereld, al meer dan zeven decennia in gewetensnood brengt.

In de bibliotheek van mijn vader kwam ik boeken tegen die aantoonden hoe lang mensen verkeerd zijn voorgelicht in hun beeldvorming over mensen van Afrikaanse afkomst. Als kinderen willen we van onze ouders horen wat zij wisten. Maar ook willen we horen wat zij deden met wat zij wisten. Voor nu laat ik het hierbij. Onze Schepper geeft ons het recht om deze vragen te stellen. Het recht om te weten waar we vandaan komen, om te weten waar we heen gaan. Geen mens heeft ons dit recht gegeven. Daarom mag geen mens het van ons afnemen. We hebben het, en we gebruiken het. Ik weet zeker dat onze ouders begrijpen dat zij iets weten wat wij moeten weten, omdat het onze eigen biografie en onze familiegeschiedenis is. Daarom verwachten wij volledige openheid en maximale medewerking. Het gaat niet om hen, maar om ons, wiens leven nog moet beginnen. Het gaat om onze erfenis. Wij moeten kiezen wat we ermee doen. Onwetendheid is een te grote belasting. Daarom gaan we naar school. De regering van dit land en zelfs de Verenigde Naties eisen dat kinderen naar school gaan om te leren. Op dezelfde manier willen we niet onwetend blijven over onze familiegeschiedenis. Het zou een grote fout en boosaardigheid zijn om ons onwetend te houden over onze eigen geschiedenis.

We zijn hier om te leren en alles te horen wat onze ouders weten. Beiden begrijpen wat ik bedoel, want ze zijn hoog opgeleid. Ik doe een beroep op hen: trek de mantel van schaamte, verlegenheid en schuldgevoelens uit. In dit tribunaal is er geen plaats voor de angst en zorgen die je kunt voelen als je je kwetsbaar opstelt. Dit is de laatste kans op vrijheid en waarheid. Verschillende advocaten en rechters hebben het geprobeerd en hebben gefaald. We kunnen het ons niet veroorloven om nu hier opnieuw te falen. Dit moet gebeuren. We herkennen de waarheid als ze uitgesproken wordt. We nemen de leugens waar als ze verteld worden. Alles wat hier wordt verteld, wordt vergeven. Elke waarheid die opzettelijk wordt achtergehouden, zal zonder vergeving blijven.

Die leugen zal dan als straf dienen.

Esthetic

Faith eindigt haar verhaal, waarna Exalted aan de beurt komt. Hij is lang en mager. In tegenstelling tot de sportieve lichaamsbouw van Diversity en Faith, is Exalted atletisch gebouwd. Hij loopt soepeltjes als een kat. Zijn hielen raken de grond niet aan. Hij is gekleed in sportkleding en dito schoenen. Zijn haar is blonder dan Afro-zwart, het is als de herfst, in een prachtige mengeling van Europees steil haar en Afrikaans kroes haar. Zijn huidskleur is licht olijfkleurig en laat eigenlijk niets zien van zijn Afrikaanse bloedlijn.

Hij spreekt met een diepe bariton stem. Als je hem hoort spreken, voel je je ontspannen en veilig. In zijn spreken is geen spoor van veroordeling te bekennen. Zijn gezicht is kalm en uitnodigend. Zijn aura is als een mantel van vrede en licht. Zijn stem geeft rust en maakt dat je je ontspant. Je kunt alleen maar harmonie voelen. Zijn ogen hebben de neiging om door je lichaam, hart en ziel heen te kijken. Het lijkt alsof je je niet voor hem kunt verbergen. Hij is niet bedreigend maar vriendelijk uitnodigend. De indruk die hij je geeft, is dat hij om je geeft.

Exalted

Wij zijn in het tribunaal van vrede en gerechtigheid, dus gebruiken we termen, zoals genade, barmhartigheid, rechtvaardigheid, waarheid en leugen. Wij creëren hier in dit tribunaal de mogelijkheid van een hoorzitting, zonder oordeel en straf. Een veilige plaats voor vrije en vrijwillige bekentenissen, die vraagt om berouw, ontmoeting, vergeving en reiniging. Een plaats van levende vrede en ware liefde. Wetend dat wij allen tegelijkertijd zondaars, slachtoffers en daders zijn. Wetend dat we tekort zijn geschoten in onze roeping om elkaar lief te hebben en het licht voor elkaar te zijn. We leven een leven van pijn en gevangenschap, veroorzaakt door onze opvoeding en ons systeem van uitsluiting. We zijn tegelijkertijd begunstigden, daders en slachtoffers van ons economische systeem, onze culturele vorming, religieuze en spirituele overtuigingen, traditionele gewoontes, fysieke verschijning, verlangens, sociale constructies, en mentale opbouw. Wij zijn allen slachtoffers van onze politieke wereld en onze filosofische concepten. Ons valt niet te verwijten wat wij denken. Het is noodzakelijk te achterhalen waarom we op een bepaalde manier handelen, en uit te zoeken welke oorzaak hier verantwoordelijk voor is.

Wij zijn niet de scheppers van het verleden en het heden waarin wij leven. Wij zijn erfgenamen van een erfenis van onze voorouders, en hun wereldbeeld en wereldvorming. Elke generatie staat voor de keuze de wereld slechter te maken dan wij hem aantreffen, of hem beter te maken voor hen die na ons komen. Wij staan voor deze keus in deze huidige samenleving en deze huidige tijd. De geschiedenis zal oordelen over ons en onze daden. Wij kennen de situatie van onze wereld nu. Wij herhalen het verleden in het heden, en daarmee geven we het verleden door aan de toekomst. Dit is hoe wij de toekomst creëren voor onze kinderen en kleinkinderen. De geschiedenis heeft ons geleerd dat daden uit het verleden zich eeuwen later alsnog kunnen wreken. Wij moeten anders denken en doen, om te voorkomen dat lelijke dingen in de geschiedenis van de mensheid zich herhalen.

Daarom hebben wij het mensenrecht om vrijuit te spreken, zonder gevolgen voor ons leven, en zonder ons aansprakelijk te stellen voor wat wij denken en doen onder invloed van onze sociale opvoeding en systeem. Wij hebben het mensenrecht om ons geweten vrijuit te laten spreken. Daarvoor hebben wij geen politieke partij nodig. Dit is de vrijheid van meningsuiting die in ieder mens is ingebakken. Als we vrijuit spreken en elkaar horen, dan creëren we een nieuwe werkelijkheid waarin we nieuwe keuzes kunnen maken.

Wij zijn de bouwers én vernietigers van onze samenleving en onze wereld. Wij zijn de bouwers én vernietigers van de instituties die wij hebben. Wanneer onze structuur niet meer aan onze behoeften voldoet of een bedreiging voor ons leven is geworden, nemen wij maatregelen. De huidige situatie vraagt ons een nieuwe maatschappij op te bouwen op een fundament van vrijheid en genezing van wonden uit het verleden. Om een samenleving te kunnen bouwen waarin plek is voor verschillende mensen, moeten we elkaar ontmoeten. Dit kunnen we doen in een vrije en veilige omgeving met ruimte voor waarheid, vrijheid en menselijke verlossing. Het is een omgeving die vrij is van onrecht. Wij moeten beseffen dat racisme onrecht is, net zoals corruptie. Wij creëren dit tribunaal om elkaar te ontmoeten rondom het thema racisme binnen het gezin, omdat er tot op de dag van vandaag geen andere plek is waar mensen zich met deze kwestie bezighouden. De wereld heeft zo'n plek nodig. Elke familie heeft deze ruimte nodig. Elke maatschappij heeft zulke bijeenkomsten nodig. Families en mensen hebben het recht om zichzelf te bevrijden, door de ruimte te krijgen zichzelf uit te spreken.

Esthetic

Wat mij opvalt, is dat geen van de sprekers aantekeningen gebruikt. Ze spreken alsof ze alles uit het hoofd hebben geleerd. De woorden rollen uit hun mond alsof ze zich daarmee hadden volgestopt, maar ze zijn niet krampachtig.

Diversity

Nu Faith en Exalted, die onder mijn leiding dit tribunaal hebben geïnitieerd, en ikzelf, hebben gesproken, gaan we over tot de volgende stap.

DEEL 4

Biecht

HOOFDSTUK 1

Esthetic

De ruimte bij het tribunaal is bijna gevuld met aanwezigen die hiervoor zijn uitgenodigd, en volgens de COVID-19 regels op gepaste afstand van elkaar zitten. De ouders van Diversity, Faith en Exalted, te weten Chibueze en Aafke, zitten middenvoor, aan weerszijden van de kinderen.

Diversity wendt zich tot zijn vader en vraagt hem of hij zich goed voelt om aanwezig te zijn en vragen te beantwoorden. Chibueze knikt instemmend, maar nog niet tot volle tevredenheid van Diversity. Hij zegt: 'Er kijken mensen naar hun telefoon die graag jouw antwoord zouden willen horen. Niet iedereen kijkt naar jou. Wij nemen non-verbale communicatie niet aan in dit tribunaal. Wij hechten belang aan het gesproken woord. Non-verbale communicatie is giswerk en ieder kan er een eigen invulling aan geven, wat tot misverstanden kan leiden. Dit geldt voor iedereen: als je iets te zeggen hebt, spreek je gewoon uit en laat je stem horen.' Chibueze zegt: 'Ik voel me fit en sterk genoeg om hier te zijn, dank je wel voor het vragen.' Zijn gezicht vertoont geen uitdrukking. Zichtbaar tevreden reageert Diversity door te zeggen: 'Ook jij bedankt voor jouw dankbaarheid.' Vervolgens stelt hij dezelfde vraag aan zijn moeder. Ook zij antwoordt: 'Ik ben fit en gezond genoeg om aanwezig te zijn.' Ze lijkt bezorgd en gespannen. Diversity verzoekt de aanwezigen zich aan de regels en voorschriften van het tribunaal te houden, waarna hij hen, maar in het bijzonder zijn ouders, de volgende instructies voorhoudt.

Diversity

Als je een pauze wilt of een vraag hebt waarop je het antwoord niet weet, zeg het dan gewoon. Als je het antwoord weet, houd het dan niet achter. Het is een belediging voor de onzichtbare Toehoorder en voor de zichtbare toehoorders die hier aanwezig zijn. Zij kennen ons en begrijpen wat er in ons binnenste leeft. Zij weten wat in jouw geheugen is opgeslagen. Je geweten is je enige hooggeachte rechter hier. Je moet met ons delen wat in jouw geweten ligt opgesloten. Hoewel jij dit draagt, is het niet voor jou bestemd. Het is voor anderen bestemd. Wij kinderen waren er niet bij toen jullie twee begonnen. We kwamen en belandden in iets dat jullie hebben gecreëerd. Ik weet niet hoe ik ben uitgekozen om in deze familie geboren te worden. Was dat mijn eigen keuze of niet? Ik maak onderdeel uit van de erfenis die jullie dragen. Zowel de materiële als de geestelijke erfenis die jullie delen, maakt deel uit van mijn leven. Ik wil de mogelijkheid hebben om te kiezen voor de dingen die ik wil en voor de dingen die ik niet wil.

Vooral de laatste jaren dat jullie samen in één huis woonden, merkte ik dat jullie bang voor elkaar waren. In dit tribunaal moeten jullie dit met ons delen, de erfenamen van deze kwestie. Hetzelfde geldt voor dit land. Het land waarop ik loop en het water waarin ik zwem, waren er eerder dan ik. Ik maak er nu deel van uit. Ik wil weten wat ik van jullie heb geërfd, om zo beter te kunnen begrijpen wat er in mijn leven aan de hand is.

In dit tribunaal zal ik de meeste vragen stellen. Ik wil een antwoord van iedereen aan wie ik vragen stel. Ik wil weten waar we vandaan komen en wat onze familieachtergrond is. Mijn broers en zussen en ik moeten meer begrijpen over de biografie van onze familie. Wij zien hoe gemeen mensen met onze huidskleur worden behandeld door mensen met de huidskleur van onze moeder. Dit zijn externe kwesties met interne gevolgen.

Ik wil weten wat voor bloed er door mijn slagaders stroomt en welke andere erfenissen ik in mijn lichaam meedraag. Ik begrijp dat dingen gecodeerd zijn in het DNA. Mijn gevoelens beschreef ik al eerder. Maar ik weet niet hoe en waar zij vandaan komen. Wel ken ik het racisme dat ik heb ervaren en nog steeds ervaar. Ik weet dat het in mijn lichaam, geest en ziel zit. Maar de oorsprong en de vorm van die gevoelens en gedachten zijn mij vreemd. Ik ben er zeker van dat jullie antwoorden veel voor mij zullen verklaren. Ik moet mijzelf leren begrijpen en kennen. Dat moet ik weten om mijn leven in goede banen te leiden en mezelf te begrijpen.
Ik heb de behoefte om mezelf te leren kennen. Dat is voor mij het begin van wijsheid. Al mijn vragen zijn bedoeld om dit vast te leggen. Ik stel geen vraag om jullie te beschamen of jullie te irriteren. Mijn vragen zijn niet bedoeld om jullie te veroordelen of jullie van streek te maken. Ook al klinkt het als kritiek, dat is niet mijn bedoeling. Ik houd rekening met de culturele gevoeligheid die bij deze communicatie een rol kan spelen. Mijn vragen zijn misschien anders dan wat jullie gewend zijn. Dat kan ik begrijpen. Het kan zijn dat jullie nog nooit zo'n probleem hebben ervaren. Het kan zijn dat jullie er nooit aan terug hebben gedacht. Het doet er niet toe.

Ik wil mezelf kennen en zien hoe ik kan leven met wat ik van jullie, mijn familieleden, heb meegekregen. Het is het enige geschenk dat ik jullie de rest van mijn leven zal vragen. Ik moet mijn levenszaken zonder jullie zelfstandig kunnen regelen. Hoewel mijn focus in deze hoorzitting ligt op racisme in onze familie, heb ik toch enige familieachtergrond nodig. Zo worden mijn vragen volledig en chronologisch beantwoord. Jullie kunnen mij vertellen wanneer iets is gebeurd en waar het is gebeurd, door plaatsnamen te noemen, om zo de dingen duidelijker in kaart te brengen. Als er zaken zijn die jullie je niet kunnen herinneren, wees dan gewoon eerlijk en zeg het dan. Maar voor alle vragen die jullie wel kunnen beantwoorden vraag ik om een duidelijk en grondig antwoord.

Iedereen krijgt de nodige ruimte en tijd om te reageren op wat er gezegd wordt of om te delen wat hij weet. Jouw antwoord is jouw eigen verhaal. Ik had het woord 'eigen verdediging' kunnen gebruiken, maar niemand wordt beschuldigd, dus is verdedigen niet nodig. Iedereen heeft het recht om gehoord te worden en zijn volledige mening te uiten. Ik zal allen die betrokken zijn bij dit tribunaal oproepen, en ieder krijgt de kans om zijn of haar verhaal te doen, zodat het publiek het kan horen.

Mijn eerste vraag gaat over jullie jeugd en opvoeding. Ik wil daarover in kennis gesteld worden. Jullie mogen alles vertellen wat jullie willen. Houd in gedachten wat jullie voor mij noodzakelijk achten om te weten. Jullie hoeven mijn vragen niet chronologisch te beantwoorden met gedetailleerde informatie over plaatsen, namen, data, enzovoort. Jullie hoeven je gevoelens, emoties en behoeften niet buiten te sluiten. Wees vrij in jullie meningsuiting en filter niets weg dat om welke reden dan ook noodzakelijk zou kunnen zijn. Onthoud dat niemand schuldig is. Met deze vraag wil ik onze identiteit leren kennen, en waar we vandaan komen. Dit zal ons helpen om meer over onze onzichtbare en verborgen inhoud of talent te leren. Wij zijn een zaadje in een familielijn. Een zaadje moet weten of het van een boom is, een struik, een peulvrucht, of misschien van gras. We vinden het essentieel om te weten waar we bij kunnen horen. Om het kort te houden: jullie hebben informatie die wij niet kunnen krijgen als jullie het ons niet vertellen. Vertel ons daarom wat jullie heeft gevormd. Het kan ons helpen bij het beantwoorden van vragen over ons eigen leven. Wij willen niet afhankelijk zijn van mensen die beweren ons beter te kennen dan wijzelf.

Mijn vragen zijn eerst voor mijn vader, en daarna voor mijn moeder:

Hoe groot was de familie waar je vandaan komt?
Welke positie had je binnen de familie?
Hoe was de sfeer thuis?
Hoe was het huwelijk van je ouders?
Hoe was je opvoeding?
Hoe werden problemen en conflicten binnen het gezin aangepakt?
Waren er belangrijke gebeurtenissen in jouw jeugd?

HOOFDSTUK 2

Chibueze

Ik kom uit een gezin van twaalf kinderen, waarvan acht jongens en vier meisjes van dezelfde vader en moeder. Ik ben het negende kind van mijn ouders. Mijn vader was een rooms-katholieke lekentheoloog die geloofde in het huwelijk tussen één man en één vrouw. Hij verwierp polygamie. Zijn vader had één vrouw. Dat was zijn moeder. Zijn moeder baarde twee kinderen, een jongen en een meisje. Zijn vader, mijn grootvader, had andere vrouwen waarmee hij geen relatie had, maar die hij aan zijn broers gaf om mee te trouwen. Hij was een genezer en had een goede positie binnen de gemeenschap. Sommige mensen die hij van hun ziekte genas, bijvoorbeeld van lepra, konden hem niet betalen. Onder hen waren er mannen die hem vroegen om een van hun dochters te nemen en die aan een van zijn broers te geven, zodat ze een veelbelovende toekomst zou hebben. In sommige gevallen accepteerde hij het. Zo werden de dochters van deze mannen de echtgenoten van de broers van mijn grootvader.

Weten jullie het nog, Diversity, Faith en Exalted? Toen jullie in 2013 de *compound* in Afrika bezochten, hadden we ongeveer achttien huizen op ons terrein, dat omringd was door een muur, met drie poorten om de compound te betreden en te verlaten. Jullie herinneren je vast dat mijn vaders huis in het midden stond, omringd door andere huizen. Zijn huis was het enige huis zonder achtertuin. Het had een ingang aan de voorkant, en waar de achtertuin zou moeten liggen, bevond zich nog een ingang. Mensen konden via beide kanten binnenkomen zonder te kloppen. De deuren stonden zelfs 's nachts open. Het was als een huis op een heuvel. Mijn vader kocht de grond en nodigde mijn ooms – neven van mijn vader - uit om te komen en zich er samen met hem als één familie te vestigen.

Ik herinner me dat jullie meer genoten van de compound daar op het platteland, dan van de grote steden waar we verbleven. Er waren veel kinderen waar jullie elke dag mee speelden. Zij waren allemaal familie. Jullie kwamen twee weken lang niet buiten de compound. Jullie maakten pannenkoeken voor hen om samen op te eten. Nou, je kunt je voorstellen, dat was dus ook de manier waarop we aten toen ik klein was. Net als mijn grootvader had gedaan, zorgde mijn vader ook voor zijn neven en hun kinderen. Bij het ontbijt en avondeten aten we met ongeveer zesentwintig kinderen. Dat waren de kinderen van mijn ooms. Mijn vader en moeder zorgden voor hen. Bij het middageten waren we met nog meer.

De sfeer thuis was vredig en liefdevol. Ik heb nooit stressvolle situaties of angst ervaren. Zelfs jullie merkten hoeveel we om elkaar ga even. Toen jullie daar waren, zagen jullie hoe een van mijn zussen voor ons allemaal zorgde, qua eten en drinken, tot de dag waarop wij naar huis terugkeerden. Ik heb niet één dag hoeven te koken, terwijl jullie moeder slechts één dag kookte. Dat was de eerste keer in dertien jaar dat drie weken lang niemand van ons hoefde te koken. Wat voor eten jullie ook lustten, alles werd van tevoren geregeld. Jullie konden eten en drinken wanneer jullie maar wilden. Zij betaalden ervoor. De speciale politiemacht, de mobiele politie die jullie allemaal bescherming bood tijdens ons bezoek werd geregeld en verzorgd door mijn broers.

Toen we als gezin daar waren, hadden we vijf chauffeurs. In de *compound* hadden we er twee, een andere in een van de grote steden, en nog twee anderen waarvan de vierde in een andere stad en de vijfde chauffeur die ons in de hoofdstad van het land rondreed. Ik had dit zelf niet geregeld. Het waren mijn broers die ervoor zorgden dat wij ons konden verplaatsen wanneer dat nodig was.

De twaalf kinderen van mijn ouders hadden zelden onderling ruzie. Als we al een conflict of misverstand hadden, zorgde mijn vader ervoor dat we voor het vallen van de avond tot een vergelijk kwamen. Later ontdekte ik dat dit een Bijbelse instructie was die God aan Kaïn had gegeven. Kaïn hield zich er niet aan en doodde Abel uiteindelijk. De ruzie geen kans geven om de nacht in te gaan zonder het dezelfde dag nog bij te leggen - dat was de wet in huis, en die was niet eens echt nodig. Mijn moeder zorgde ervoor dat meningsverschillen tijdig werden bijgelegd.

We aten drie keer per dag van hetzelfde dienblad en uit dezelfde kommetjes. We aten zonder bestek, dus met onze handen nadat we ze hadden gewassen. We wachtten tot iedereen die mee zou eten aanwezig was. We hadden geen eettafel, het eten werd op de vloer klaargezet. We konden op de grond zitten, of op onze knieën om dichter bij het eten te zijn.

De oudere kinderen met grotere handen konden meer van het eten nemen dan de jongere met kleinere handen. Onder ons waren er die snel konden eten en zij die langzamer aten. Sommigen van ons konden erg heet eten goed verdragen en anderen juist niet. En toch zaten wij allemaal bij elkaar en aten tegelijkertijd.

Zij die zeer hongerig waren en zij die dat niet waren, deelden dezelfde maaltijd. Zij die konden eten als een leeuw en een aanzienlijk deel van het voedsel namen, en zij die aten als vogels, slechts een beetje van het voedsel pikkend, waren daar tegelijkertijd aan het eten. Zij die gulzig aten en zij die dat niet deden, deelden op dezelfde manier. We zagen erop toe dat iedereen genoeg kreeg. Niemand at bewust sneller om meer te eten dan een ander die minder snel at. Wij wisten wie langzaam at, wie een grote hand had en wie een kleine. Degene die langzaam at, kreeg zijn of haar deel om op te eten. Op een bepaald tijdstip stopte iedereen met eten, en dat gebeurde in goed overleg. We kenden elkaar en waren sociaal in het delen van ons eten. We hielden rekening met elkaar. We bedrogen elkaar nooit. We zorgden voor elkaar, probeerden ieders behoefte te kennen en beschermden de zwakkeren tegen de sterksten. Degene die sterker was gebruikte zijn kracht om de kwetsbaren te beschermen. Dat is hoe hij zijn gerespecteerde plek verdiende. Wanneer hij die misbruikte om de zwakkeren aan te vallen, zou de gemeenschap hem confronteren en hem zijn kracht ontnemen. Zo leefden wij in de familie.

Mijn moeder en mijn vader hadden ook nooit ruzie. Mijn moeder vertelde ons over de enige keer toen ze ooit ruzie met mijn vader had. Dat vond plaats lang voordat wij waren geboren. Ze was vreselijk boos geworden, omdat ze dacht dat mijn vader iets had gedaan wat ze niet van hem verwachtte, en ze confronteerde hem daarmee. Terwijl zij zich daarover beklaagde bleef mijn vader zwijgen, ging zitten, vouwde zijn handen over zijn buik, en legde zijn beide benen op de salontafel. Door zijn ogenschijnlijke nonchalante houding werd mijn moeder nog bozer. Ze dacht dat hij niet goed bij zijn hoofd was. Ze ging naar buiten en kwam even later terug naar binnen met een emmer koud water. Vader keek haar aan en bleef stoïcijns zitten, waarop zij het koude water over hem goot. Zonder zich te verroeren zei hij: 'Na de donder komt de regen.' Moeder had het gevoel alsof er ijskoud water over haar heen was gekomen. Zij voelde zich verkild door zijn vermogen zijn emoties te beheersen, en schaamde zich dat zij daartoe zelf niet in staat was. Ze dacht: 'wat als ik een scherp voorwerp zou pakken om hem te verwonden, en ik daarna hetzelfde pijnlijke gevoel zou krijgen?' Diezelfde dag besloot ze nooit meer ruzie met hem te maken.

Sinds die dag is er volgens mijn moeder ook nooit meer ruzie tussen mijn ouders geweest. Naderhand bleek de reden van haar boosheid ongegrond. Haar boosheid was veroorzaakt door iemand die tweedracht en onbegrip in ons gezin wilde zaaien. Zij keerde toen haar boosheid naar die persoon. Dit verhaal heeft mijn moeder ons meerdere keren verteld, waarmee ze wilde aangeven hoe conflicten uit ons huis werden verdreven. Elke bedreiging van buitenaf werd eerst door mijn moeder aangepakt. Daarna, als het echt bedreigend werd, kwam mijn vader in actie. Hij wilde er zeker van zijn dat het de onruststoker menens was, voordat hij tegen hem maatregelen trof.

Hij gaf die persoon zo de tijd om bewijs tegen zichzelf op te bouwen. Mijn moeder probeerde om alle mogelijke problemen al vanaf het begin te voorkomen. Ze wist dat mijn vader niet op zoek was naar problemen. Hij begon nooit zelf een conflict. Maar hij liep ook nooit weg voor conflicten of confrontaties. Zijn naam, die ook jouw achternaam is, betekent 'ik ben rechtvaardig'. Hij zei dat het een roeping is om je naam hoog te houden. Je kunt alleen rechtvaardig blijven als je datgene nalaat te doen waaraan je schuldgevoelens kunt overhouden, of waarvan je schuldig wordt bevonden. Je moet recht doen aan je naam. Die opvoeding heeft ons geleerd om rechtvaardigheid te koesteren en na te streven. Een conflict kan alleen escaleren wanneer iemand het blijft aanwakkeren. Diegene moet de waarheid onder ogen zien waaraan hij zich schuldig maakt. Leugens houden geen stand in het aangezicht van de realiteit.

Wij de kinderen hadden zelden ruzie of conflicten onderling. Wanneer ik naar mijn vader ging vanwege een klacht over een broer of zus, dan eiste hij dat degene over wie ik klaagde ook meekwam. Ik moest de klacht openlijk aan hem of haar voorleggen, anders zou mijn vader er niets mee doen. Wanneer er een klacht of geroddel was over iemand die afwezig was, dan vroeg hij of iemand anders voor de afwezige kon pleiten. Als niemand de afwezige wilde steunen, dan mocht die persoon niet besproken worden. Dit was een basisregel, om iemands goede naam niet te beschadigen en om haat zaaien in huis te voorkomen. Hij eiste altijd dat iedereen de waarheid sprak, zelfs ten koste van alles voor jezelf. De waarheid kan niet worden gecompromitteerd, geïntimideerd, gemanipuleerd, overheerst of gecorrumpeerd. Zij moet standhouden, zelfs als het pijn doet, omdat zij de genezer en verlosser is van langdurige en onzichtbare pijn en leed. Leugens zijn precies het tegenovergestelde.

Mijn vader leefde deze filosofie na, daar stond hij om bekend. Bij bepaalde kwesties waarvan de oudsten niet wilden dat de waarheid werd gesproken, werd hem vriendelijk gevraagd om niet aanwezig te zijn. Wanneer het om een zaak van leven en dood ging, woonde hij die bij en sprak de waarheid, zelfs als dat hem zijn leven zou kosten. Uiteindelijk is hij op hoge leeftijd voor de waarheid gestorven. Hij sprak de waarheid tijdens de oorlog in het land. Criminelen wilden de toevoer van voedsel omleiden en het voedsel verkopen voor eigen gewin, maar mijn vader verzette zich ertegen en verhinderde het. Ze probeerden hem toen te vermoorden, maar dat mislukte. Moeder werd toen zijn gewapende lijfwacht.

Mijn moeder wist dat als hij zou sterven, haar kinderen en zijzelf de nodige bescherming zouden ontberen. Toen de dreiging afnam na een openbare hoorzitting, beëindigde mijn moeder de gewapende beveiliging. De misdadigers die faalden vanwege de waarheid die mijn vader sprak, achtervolgden hem echter en gaven niet op, totdat het hen bijna veertig jaar later uiteindelijk toch lukte. Hij stierf op tweeënzeventigjarige leeftijd door toedoen van mensen die hem vervolgden, omdat hij tijdens de burgeroorlog in het land de waarheid had verteld, ter bescherming van de toevoer van voedsel voor mensen die stierven van honger.

Het huwelijk van mijn ouders was liefdevol en vreedzaam. Het was gebaseerd op een verzoening tussen twee dorpen die elkaar bestreden. Vader zag mijn moeder op school en wilde met haar trouwen. Volgens de traditie van hun tijd hoorde hij mijn moeder niet te benaderen voordat hij de ouders had ontmoet. Hij ging naar het huis van haar ouders, maar zij weigerden hem te ontvangen. Hij kwam niet verder dan de poort. Vader was vastbesloten om met mijn moeder te trouwen. Hij kende de geschiedenis van de vijandschap tussen de twee dorpen niet. Beide dorpen hadden een historisch conflict waardoor de bewoners elkaar als vijanden beschouwden.

Huwelijken tussen mensen uit beide dorpen waren verboden. Mijn vaders' vader zocht bij andere meisjes een geschikte kandidaat voor mijn vader uit om mee te trouwen. Vader wees ze allemaal af. Uiteindelijk besloot zijn vader om alleen met mijn moeders' vader te praten. Dit leidde tot verzoening tussen beide dorpen, waarna mijn ouders met elkaar trouwden. Vanaf hun huwelijk heerste er vrede in beide dorpen.

In hun huwelijk waren mijn vader en moeder complementair aan elkaar. Vader was leraar, en directeur van een school in mijn land in Afrika. Die school had verschillende filialen in de hele provincie. Hij was ook politiek leider en leider van zijn volk. Hij was een bekende en vertrouwde leider in zijn provincie en in het hele land. Hij werd ook wel de enige onomkoopbare man genoemd. Dit werd vaak genoemd tijdens zijn begrafenis. Hij stierf op dezelfde dag dat Aafkes grootmoeder van moederskant overleed.

Mijn vader beschermde zijn gezin tegen bedreigingen van buitenaf. Hij was verantwoordelijk voor de huisvesting van het gezin, zoals het bouwen van de huizen waarin wij woonden. Hij was verantwoordelijk voor financiële zaken, zoals het betalen van het schoolgeld, het kopen van kleding en schoenen, en leefgeld voor buitenshuis, bijvoorbeeld toen we naar kostschool gingen, wat in die tijd gebruikelijk was. Het belangrijkste was dat hij verantwoordelijk was voor de geestelijke vorming van de kinderen, zoals de academische vorming, en vorming in tradities, cultuur en geloof.

Mijn moeder was huisvrouw en landbouwster: zij verbouwde granen, peulvruchten, yam, maniok en kool. Ze plantte veel fruitbomen zoals een palmboom, kokospalmen, sinaasappelbomen, mangobomen, avocadoperenbomen, perenbomen, broodvruchtbomen, cacaobomen, ananasboomgaarden, colabomen, en allerlei andere handelsgewassen. Ze had ook enkele geiten en kippen. Simpel gezegd: zij voorzag in de basisvoedselbehoeften van het gezin. Alles wat met voedsel en de keuken te maken had, viel volledig onder haar verantwoordelijkheid. Zij beheerde de fysieke verzorging van het lichaam. Ze was een hardwerkende vrouw. Mijn moeder en mijn vader waren samen verantwoordelijk voor de lichamelijke en morele opvoeding van de kinderen. Ze waren nooit in conflict met elkaar over hun morele normen. Ze waren complementair en onverdeeld in kwesties van moraal en ethiek, hoewel ze het misschien op een verschillende manier aanpakten. Vader kon geduldiger zijn dan moeder.

Het was echt heerlijk, vooral voor mij als negende kind, die niet tegen de gebruikelijke botsingen tussen ouders en oudste kinderen opliep. Terugkijkend op het huwelijk van mijn ouders, is het belangrijk ook nog op te merken dat zij vanwege het werk van mijn vader gescheiden van elkaar leefden. Moeder woonde op een vaste plek voor de landbouw en om stabiliteit aan de kinderen te bieden, en vader woonde in een dienstwoning voor zijn werk. Hij was parlementslid, burgemeester, leider van een politieke partij, geestelijk leider en schooldirecteur. Hij woonde in een regeringshuis voor al dat werk en wisselde van plaats zoals ambtenaren doen als ze van de ene staat naar de andere reizen. In het weekend zagen ze elkaar vaker.

Wij gingen naar een kostschool tijdens onze middelbare schoolleeftijd. Voor mij begon dat op mijn veertiende. Ik had een uitstekende relatie met mijn ouders. Ik had een speciale band met mijn vader, die me 'broer' noemde. Ik hoefde niets voor hem te verbergen. Hij wilde de hiërarchie van een vader die boven een kind staat, doorbreken. Hij wilde dat we hem zoals een leeftijdsgenoot in ons leven zouden opnemen. Op die manier kon hij deel uitmaken van de cultuur en het leven van onze generatie. Er was geen intergenerationele kloof tussen hem en ons. Als onderwijzer had hij altijd contact met kinderen, en kon hij onze wereld begrijpen. Hierdoor kon hij ons beter begeleiden en deel uitmaken van ons leven. Omdat hij ons 'broer' en 'vriend' noemde, was er een ongelooflijk open sfeer tussen hem en ons. Er was geen geheim tussen ons binnen het gezin, behalve als het om volwassen zaken ging waar wij als kinderen niet mee belast mochten worden. Hij zorgde ook goed voor ons.

We hadden op natuurlijke wijze respect en liefde voor hem, en niet vanuit hiërarchie of verplichting. Er was dus geen angst in ons gezin, want iedereen moest koste wat het kost de waarheid vertellen en je werd er nooit voor gestraft. Ook met mijn moeder had ik een goede en open verstandhouding. Als broers en zussen zorgen we voor elkaar, zoals we hebben geleerd in de opvoeding van onze ouders.

In mijn kindertijd maakten wij regelmatig feesten en vieringen mee, zowel onze traditionele feesten als christelijke religieuze feesten. Verder waren er de normale feesten rondom geboorte en overlijden van mensen, en bij ziekte en herstel.

Toen ik klaar was met school, kwam ik in Nederland studeren omdat er hier vakken werden gegeven die ik in mijn land niet kon volgen. Na mijn studie in Nederland wilde ik terug naar mijn land van herkomst. Tijdens mijn studie was het nodig om hier te kunnen werken, en daarom vroeg ik een werkvergunning aan. Ik vond een baan, terwijl ik nog bezig was om mijn scriptie voor mijn tweede studie af te ronden. En toen trouwde ik met Aafke.

HOOFDSTUK 3

Diversity

Aafke, ik nodig je uit om de vragen die ik stelde te beantwoorden.

Aafke

Ik kom uit een gezin van drie kinderen. Hoewel mijn moeder tien zwangerschappen had, kreeg ze zeven miskramen, en bracht ze drie kinderen ter wereld. Dat zijn twee jongens en een meisje – ik namelijk. Mijn moeder kwam ook uit een gezin van drie kinderen, en zij was ook het enige meisje. Mijn vader kwam uit een gezin van dertien kinderen, en dat waren allemaal jongens. Mijn vader was wiskundeleraar op de middelbare school. Mijn moeder had ook verschillende banen. Ze werkte bijvoorbeeld als receptioniste en in haar eigen privébedrijf als pedicure.

Mijn moeder werd niet geaccepteerd door de familie van haar man. Mijn vader werd door zijn familie geconfronteerd met de keuze om ofwel uit zijn familie met dertien jongens te worden gezet en met haar te trouwen, ofwel haar te verlaten en deel van de familie te blijven uitmaken. Vader besloot voor mijn moeder te kiezen. Hij werd verstoten uit zijn familie. Toch probeerde hij contact te houden met zijn familie.

Mijn moeder was de drijvende kracht in huis. Ze regelde veel en had de leiding. Dat is echt een mooie eigenschap, maar er was weinig ruimte voor kwetsbaarheid, voor mijn gevoelens. Zowel in het gezin van mijn moeder als in dat van mijn vader vonden veel verhuizingen plaats. Vader had geen contact meer met zijn broers, vooral door allerlei conflicten in de laatste jaren van hun moeder. Deze financiële conflicten, in combinatie met zijn keuze om te trouwen met mijn moeder, bouwden een muur die ons uiteindelijk volledig en voorgoed van zijn familie scheidde. Wij, de kinderen, hadden nooit contact met de familie van mijn vader. Dit bleef zo tot aan zijn dood en begrafenis. Mijn moeder nodigde de familie zelfs niet uit voor ziekenbezoek. En hij was al vele jaren ziek voordat hij stierf.

Mijn moeder had een strenge, gelovige moeder, die bang was voor alles wat ze niet goed deed. Ze had een enorme angst voor de dood vanwege de Dag des Oordeels. Ze vreesde dat ze het niet goed deed in haar leven, en dat ze dat op de Dag des Oordeels onder ogen zou moeten zien. Vervelende of nare dingen die gebeurd waren mochten daarom niet openbaar worden gemaakt. Het moest worden verborgen en bedekt, tegen elke prijs. Tot aan haar dood, alweer twintig jaar geleden, was zij van mening dat de vuile was niet buiten gehangen mocht worden. Schandelijke dingen mochten niet bekend worden gemaakt.

Er waren te veel conflicten tussen mijn ouders. In de keuken werden borden naar elkaar gegooid. Om de vrede te behouden werd mijn moeder de baas in het gezin. Dat kwam doordat mijn vader zijn baan verloor in het vijfde jaar van hun huwelijk. Hij kon de stress thuis en de onrust van de leerlingen niet aan. Zijn leven leek op school onder continue dreiging door leerlingen die het hem moeilijk maakten. Op een dag moest hij zich urenlang op het schooltoilet verstoppen, omdat een leerling met een groot mes op zoek naar hem was. Deze stress maakte hem ziek, en dit leidde tot het vroegtijdig verlies van zijn werk. De rest van zijn leven kreeg hij een bijstandsuitkering. De buren plaagden hem enorm dat hij een uitkering kreeg. Daarom verhuisden ze steeds vaker, om ervoor te zorgen dat de nieuwe buren dit niet wisten. Vaak ontdekten ze het na enkele maanden toch, omdat hij overdag thuisbleef terwijl leeftijdsgenoten naar hun werk gingen. Dit beïnvloedde zijn volwassenheid en vaderschap. Hij voelde zich een mislukkeling. Daardoor verloor hij de kracht om het hoofd van het gezin te zijn. Hij had geen kracht meer om voor die positie te vechten. Hij accepteerde de status quo en werd huisman, terwijl mijn moeder vaak weg was voor haar werk. Hij was 72 jaar oud toen hij stierf.

Mijn vader was een zeer sociaal bewogen mens. Hij wilde iets moois doen voor de wereld, en was soms zacht. Maar hij kon mijn ontwikkeling als meisje niet volgen, en mijn moeder was vaak weg om te werken. Soms bleef ze een hele week weg voor werk, en kwam pas in het weekend dan naar huis. Soms moest ze op zondagavond al vertrekken, om er zeker van te zijn dat ze op tijd op haar werk was. Dat gaf een hoop problemen. Ik werd als meisje in veel dingen niet begeleid.

We verhuisden van het Groningse dorp waar ik ben geboren, naar een dorp in Zuid-Holland waar ik opgroeide. Mijn vader kwam uit een naburige stad in de buurt van Rotterdam. Mijn moeder kwam ook uit die buurt. Na de geboorte van hun kinderen gingen ze dus terug naar het westen, waar ze vandaan kwamen. Mijn moeder beschouwde het als haar plicht dat ze thuis de baas was, en ze verwachtte hetzelfde van mij als haar dochter. Mijn vader was daar tegen. Hij vond dat wat in zijn eigen huwelijk was gebeurd, namelijk uitstoting uit de familie en de crisis die daarmee gepaard ging, niet in ons huwelijk mocht gebeuren.

In onze familie praatten we nooit over problemen. We hielden onze mond dicht. Er was geen ruimte voor emoties en gevoelens. Ik had een paar vriendinnen en studeerde sociale wetenschappen aan de universiteit. Dat hield ook in dat ik onderzoek deed in een ander Europees land.

Mijn ouders waren beiden gereformeerd. Wat godsdienstigheid betreft, leerde ik verhalen uit de Bijbel. Ook werd er thuis voor en na het eten gezamenlijk gebeden. Toen we jong waren gingen we als kinderen naar de kindernevendienst in onze kerk. Later stopten mijn broers en ik daarmee, maar onze ouders bleven naar de kerk gaan. Mijn vader zong altijd in het kerkkoor. Mijn moeder was diaken in de Gereformeerde Kerk.

HOOFDSTUK 4

Diversity

Bedankt voor jullie openheid. Mijn volgende vraag is: hoe hebben jullie elkaar leren kennen?

Chibueze

Ik ontmoette Aafke bij een vriend van mij, Kunle genaamd, die in Utrecht woonde. Zijn vrouw, Elske, was een vriendin van Aafke vanaf de middelbare school. Aafke woonde en werkte toen in Apeldoorn. Ze bleek protestants te zijn. Ik woonde in Rotterdam, en ik ben rooms-katholiek. Ons werd toen gezegd dat dit problemen zou geven bij een eventueel huwelijk. Hoe ernstig dat was, ontdekte ik pas kort na ons huwelijk. Hoewel ik tijdens mijn studie had gelezen over de moeizame relatie tussen protestanten en katholieken in de kerkgeschiedenis van Nederland, dacht ik dat het een probleem was van eeuwen geleden. Ik was mij er niet van bewust dat een dergelijk probleem tegenwoordig ook voorkomt. Laat ik dit aspect nu even achterwege laten. Op een dag zul je het begrijpen. Wat je moet beseffen is dat deze geschiedenis realiteit is.

Ik ontmoette Aafke begin september 2000. In het begin was dit een ongelooflijke ervaring, omdat ik niet op zoek was naar een relatie of een echtgenote. Ze was uitgenodigd op het feest van Kunle, en ik ook. Het feest eindigde laat in de nacht. We konden niet meer terugreizen.

De ochtend nadat we elkaar hadden ontmoet, kwam ik uit mijn kamer, kleedde me aan voor het ontbijt en voor de terugreis naar Rotterdam. Ik zag Elske en je moeder bij het raam staan. Ik vroeg haar of ze het niet koud had, want het had gevroren. Ik was bezorgd dat ze kou zou vatten. Na het ontbijt vroeg ik haar of ze het leuk vond om in contact te blijven. Ze vroeg om mijn telefoonnummer. Ik gaf het aan haar en vroeg ook om haar nummer, maar dat wou ze mij niet geven. Wel beloofde ze dat ze me zou bellen. Na het ontbijt nam ik afscheid en vertrok.

Binnen een week na deze ontmoeting belde ze mij op. Onze tweede ontmoeting vond plaats bij mij thuis in Rotterdam. Ik ging met haar wandelen in het Kralingse Bos, en we dronken wat aan het Schouwburgplein.

Ons gesprek bij deze tweede ontmoeting was meteen diepgaand en serieus. Zij was alleen geïnteresseerd in een toegewijde relatie. Ik op mijn beurt stond niet open voor een relatie die geen huwelijk inhield. Kunle en Elske belden mij dagelijks met positieve verhalen over Aafke, en moedigden mij aan om een relatie met haar te beginnen. Ik hoorde van hen hoe serieus ze was en hoe graag ze een relatie met mij wilde.

Deze tijd verdiepte mijn inzicht in het leven. Ik was blij met wat ik hoorde over haar manier van leven en haar visie op het leven. Het sloot naadloos aan op de mijne. Ik hield van haar. Ik gaf haar een ketting waaraan drie stenen van verschillende kleuren aan zaten. Ze symboliseerden mijn belofte aan haar. Deze beloften waren liefde, vreugde en vrede. Ze vertelde mij dat haar partners uit eerdere relaties haar binnen een paar maanden nadat de relatie was begonnen in de steek lieten. Sommigen van hen blokkeerden hun telefoonnummer voor haar. Anderen verhuisden naar een andere locatie om er zeker van te zijn dat ze hen niet meer kon traceren. Ik vond haar visie op het leven verenigbaar met de mijne. Ik stelde me open voor een relatie en besloot met haar te trouwen. Via de telefoon maakte ik dit bekend aan mijn familie. De eerste vraag die mijn moeder mij stelde was of haar familie mij accepteerde. Ik gaf haar een antwoord dat ik achteraf betwijfelde.

Haar tweede vraag was of ze van me hield. Mijn antwoord was dat ze dat deed. Ik had er geen moeite mee dit aan mijn familie te vertellen en haar in mijn familie te laten opnemen. Zo werd Aafke geboren als lid van mijn familie. Inmiddels ben ik er heel zeker van dat mijn antwoorden op beide vragen onjuist waren. Dat is een pijnlijke waarheid. Ik zag toen de verborgen gewoontes niet van haar achtergrond, waarin dingen verre van transparant zijn.

Ontmoeting met ouders

Aafke vond het moeilijk om het nieuws over onze relatie te delen met haar ouders. Ik zei tegen haar: 'Als je geen goede relatie met je ouders hebt, kan onze relatie niet doorgaan.' Ze was boos dat ik deze eis stelde. Een paar maanden later spraken we opnieuw over haar relatie met haar ouders, en liet ik haar weten hoe belangrijk familie voor mij is. Vooral een vreedzaam gezinsleven vind ik belangrijk. Ik heb een sterke band met mijn ouders en broers en zussen. Zij zag dat ook.

Ik liet haar weten dat als haar ouders niet wilden dat ze met mij ging trouwen, mijn relatie met haar niet door kon gaan. Ik wilde niet de oorzaak zijn van een ongezonde relatie tussen haar en haar ouders. Ik was me zeer bewust van de beeldvorming van Nederlanders over Afrikanen. Ik had bestudeerd hoe beide mensen elkaar zien en welke beelden ze van elkaar hebben.

We bedachten samen dat we eerst de mensen die een rol speelden in Aafkes leven zouden ontmoeten, en die de relatie zouden steunen. Met hun steun konden we dan vervolgens naar diegenen gaan die moeite hadden met onze relatie. Als de nood aan de man zou zijn, zouden de eersten ons dan kunnen helpen. Over sommige mensen maakte Aafke zich niet echt zorgen. Voorzichtig ging ze met haar oudste broer Onno praten. Ze vertelde hem dat ze een Afrikaanse vriend had. Ze bracht een nacht bij hem door om haar hele verhaal te vertellen en zijn steun te krijgen. Het was ook een grote reis om in één dag af te leggen. Van Apeldoorn naar Eindhoven voor één avondje bezoek, ook nog in de winter, met het openbaar vervoer heen en terug, was niet aan te raden.

Ik heb altijd van haar begrepen dat Onno en zijn vrouw Adama haar die avond hebben gesteund. Zij besprak het ook met haar broer Paul. Ik weet dat Paul en zijn vrouw Mina haar geholpen hebben. Een paar andere vriendinnen van haar die niet ver van haar ouders wonen steunden haar ook.

We waren al drie maanden samen toen Aafke haar ouders over mij vertelde. Ze maakte een afspraak met haar ouders om mij te ontmoeten. Toen ik binnenkwam, werd ik met een glimlach ontvangen door haar ouders Bond en Linda in Zoetermeer. Aafke ging met haar moeder naar de keuken om koffie en thee te zetten. Ik zat in de woonkamer met haar vader te praten. De ontmoeting voelde alsof ik de man al uitzonderlijk lang kende. En het leek ook alsof hij mij kende, want ik voelde me heel erg op mijn gemak bij hem. Het klikte meteen tussen ons. Het voelde alsof we maatjes waren. We spraken over de zin van het leven. We spraken over zijn visie op het leven en mijn visie op het leven. Onderwerpen over het sociale leven en morele kwesties kwamen aan de orde. Kortom, het gesprek was meteen intiem en open. Ik had meteen de indruk dat ik hem had leren kennen.

Ik voelde me erg thuis, en ik mocht hem heel graag. Dat was toen wederzijds. De koffie en de thee lieten lang op zich wachten, maar dat vond ik niet erg, want we hadden een uitstekend gesprek.

Toen Aafke en haar moeder met koffie en thee uit de keuken kwamen, gingen we wat drinken. We zaten op de bank in de huiskamer die aan de achtertuin grensde. Onze koffie en thee werden op de bruine salontafel in het midden gezet. Mijn theebeker had een andere kleur dan die van de anderen. Pas vele jaren later begreep ik de cultuur en de boodschap die in dat kopje gecodeerd zat. Ik had geen inburgeringscursus gedaan. Ik was toen niet in staat om die boodschap te decoderen. Ik miste de kennis.

Het was een zonnige winterdag. Naast de bank waar ik zat, stond een bijzettafeltje waar je boeken of kranten op kon leggen. Op die tafel lagen drie boeken op elkaar gestapeld. Ik kon de titels zien maar besteedde er geen aandacht aan.

Na de koffie en thee nam Linda de boeken mee en nodigde me uit om aan de eettafel in de woonkamer te gaan zitten. Deze stond dicht bij het raam aan de kant van de voortuin. Aafke bleef bij haar vader zitten. Toen legde Linda de drie boeken op de eettafel. Ik herkende een van de boeken, omdat ik bijna tien jaar eerder een verfilming ervan had gezien. Het boek zelf, met als titel *Not without my daughter*, had ik nooit gelezen. De Amerikaanse dramafilm uit 1991, met gelijknamige titel was hierop gebaseerd. Het toonde de ontsnapping van een Amerikaanse staatsburger, Betty Mahmoody, en haar dochter aan haar man in Iran. Het had niets met Afrika te maken en ik had geen idee welke boodschap Linda me probeerde duidelijk te maken. Hoewel ik geen verband kon ontdekken tussen dit boek en Afrika, denk ik dat in Linda's ogen het wel paste bij wat er in Afrika kon gebeuren en wat Afrikanen deden. Het tweede boek ging over besnijdenis in Afrika. Het derde boek ging over vrouwenmishandeling door mannen in Afrika.

Linda legde deze drie romans apart tussen ons op tafel. Ze vertelde me dat ze had gehoord dat ik een Afrikaan was. Ze had nog nooit contact gehad met een Afrikaan en was naar de bibliotheek gegaan om iets te lezen te vinden. Ze had deze boeken gevonden.

Nog vol van het positieve gesprek met Bond kort daarvoor, kwam het niet bij mij op om verder aandacht te besteden aan deze drie boeken. Vervolgens begon Linda vragen te stellen over mijn visie op jongensbesnijdenis. Ik liet haar weten dat dit bij ons normaal is. Het was een gesprek waarvan ik me buitengewoon weinig kan herinneren, maar het duurde wel minstens een uur. Uiteindelijk gaf Linda de drie boeken aan Aafke, waarna we vertrokken. Ik hechtte weinig betekenis aan de boeken en Linda's boodschap dat Aafke ze moest meenemen en lezen. Aafke gehoorzaamde haar moeder en nam de boeken mee. Ik ging terug naar mijn huis in Rotterdam en Aafke ging naar haar huis in Apeldoorn.

HOOFDSTUK 5

Linda strijdbaar

Een paar dagen later belden Elske en Kunle mij. Ze vertelden dat Linda de ouders van Elske had ontmoet en bij hen had aangedrongen de relatie van hun dochter met Kunle te stoppen. Ze dacht dat dit de gemakkelijkste manier zou zijn om de relatie tussen Aafke en mij te doen beëindigen. Ze maakte duidelijk dat ze geen Afrikaan in de bloedlijn van haar familie wenste. Het werd zo erg dat Elske en haar ouders verantwoordelijk werden gehouden voor het introduceren van Afrikanen in Linda's familie. Om die vergissing recht te zetten, moesten zij zich inspannen om een eind te maken aan de relatie tussen Elske en Kunle. Dat zou Linda dan weer kunnen gebruiken om Aafkes relatie met mij te beëindigen.

Bond, Linda's man, weigerde haar te steunen in haar poging de relatie tussen Kunle en Elske te doen stoppen. Zij vertelde Bond dat nadat hij zou sterven, zij haar enige dochter Aafke terug zou nemen. Alle andere steun die ze zocht bij mensen die dichter bij Aafke stonden, leverde niets op, omdat zij eerder hun steun voor de relatie hadden uitgesproken. Aafke gaf niet toe aan de wil van haar moeder.

Na een paar weken ontmoette ik Aafke opnieuw. Kort daarvoor vertrouwden Elske en Kunle mij toe dat Aafke gepoogd had mij in een kwaad daglicht bij hen te plaatsen. Ik was immers de peetvader van hun enige zoon. Elske en Kunle waren zeer ontstemd en werden kwaad op Aafke vanwege de leugens die zij over mij had verteld. Dit gegeven, in combinatie met de druk die Linda via de ouders van Elske op hen uitoefende, zorgde niet alleen voor de nodige stress, maar bracht ook met zich mee dat Elske en Kunle op hun beurt op ons begonnen in te praten om toch maar uit elkaar te gaan. Dat was heel pijnlijk. Ze voelden zich schuldig dat ze mij aan een relatie hadden geholpen met zo'n schoonmoeder en -familie. Kunle beweerde dat Aafke niet anders dan haar moeder kon zijn. Hij zei dat naarmate zij ouder werd, ze meer het karakter van haar moeder zou tonen. Kunle was bezorgd of de kinderen en ik zo'n leven wel aankonden. Hij maakte zich ernstig zorgen over de mate van afrofobie in de familie van Aafke en de impact ervan op onze vriendschap.

Kunle vertelde me verder dat er een familiegeheim was met betrekking tot Aafkes drankprobleem. Als studente aan de universiteit kon ze soms niet thuiskomen na het verlaten van de bar en sliep ze op straat. Een jaar voordat ik haar ontmoette, was Aafke gestopt met drinken en vijftig kilo afgevallen. Kunle was ervan overtuigd dat Aafke slechts vakantie had genomen van de alcohol, en dat als ze moeilijke tijden doormaakte, ze weer zou gaan drinken. Elske en Afke zijn jeugdvriendinnen. Ze kennen elkaar vanaf de basisschool. Elske bevestigde het verhaal van Kunle. Afke liet mij weten dat het verhaal, inderdaad haar verleden was. Ze dronk toen uit gezelligheid en kon soms te veel drinken.

Rond diezelfde tijd begon Aafke zich te bemoeien met de relatie tussen Elske en haar man Kunle. Ze vertelde Elske dat haar man Kunle, Elske en haar kind mishandelde, en adviseerde haar om de relatie met Kunle te stoppen. Aafke baseerde haar mening op een incident bij Elske en Kunle thuis. Het ging om een bezoek van Afrikanen bij hen thuis. Kort daarvoor was de zus van Kunle in haar thuisland overleden. Mensen kwamen bij hen thuis om hem te condoleren. Zoals gebruikelijk in Kunles cultuur, bleven de mensen van 's morgens tot na het avondeten. Elske was erg moe, maar kon niet uitrusten. Elske belde Aafke toen de mensen nog bij haar thuis waren. Aafke raadde Elske aan om de bezoekers weg te sturen.

Dat heeft ze tegen de wil van Kunle gedaan. Kunle was verdrietig en teleurgesteld.

Elske hield niets geheim voor Kunle en vertelde hem dat Aafke het condoleance bezoek beschouwde als een vorm van mishandeling van haar en hun kind. Aafke vroeg mij om haar te helpen de relatie tussen Elske en Kunle te verbreken. Ik weigerde dit, want ik wist hoe gelukkig en toegewijd Elske en Kunle waren in hun relatie, en wilde daarom geen echtscheiding veroorzaken bij een getrouwd stel.

Op een dag gingen Kunle en ik naar een feest in een Afrikaanse kerk in Rotterdam. We namen Aafke en Elske en haar baby mee. Het leek me een goede kans om Aafke meer kennis te laten maken met Afrikaanse feesten en mensen. Aafke had geen contact met Afrikanen behalve met Kunle en mij. Na de kerkdienst, voordat het feest kon beginnen, wilde Aafke weg. Elske wist hoe de maaltijd zou zijn, en wilde de feestvreugde van haar man niet bederven. Ze besloot met Aafke mee te gaan naar mijn huis in Rotterdam.

Na het feest zou Kunle haar en de baby dan bij mij thuis komen ophalen. Ik gaf hun mijn huissleutel, en ze vertrokken. Na een paar uur belde Aafke mij en vroeg of ik naar huis kon komen. Ik ging naar hen toe en zorgde voor hen.

Zoals gewoonlijk eindigde het feest pas 's avonds laat. Toen Kunle mijn huis binnenkwam, groette Elske hem niet. Hij berispte haar voor zulk gedrag. Aafke verdedigde Elske. Kunle had op het feest wat alcohol gedronken. Hij had een opvliegend karakter en stotterde. Aafke en Kunle kregen ruzie. Kunle trilde van woede over alles wat Aafke en haar moeder hadden gedaan, en wilde weten wat Aafke tegen Elske had gezegd waardoor ze hem niet begroette. Elske probeerde te voorkomen dat ze ruzie maakten in het bijzijn van de slapende baby.

Er waren nog andere mensen in de kamer, onder andere een priester uit Duitsland die bij mij logeerde. Hij was die ochtend voorgegaan in de kerkdienst en zat met mij in de woonkamer. Kunle ging naar Elske, die met de slapende baby in haar armen naast Aafke zat. Hij vroeg Elske nogmaals waarom zij hem niet had begroet toen hij binnenkwam. Aafke antwoordde Kunle en toen sloeg hij haar op haar wang. Ik stond op om tussenbeide te komen. Kunle gooide een salontafel naar mij, die mijn been raakte. Ik begon te bloeden. Ik wees hem naar de deur en eiste dat hij mijn huis zou verlaten voordat ik mijn zelfbeheersing zou verliezen. De priester stond te trillen. Kunle verliet onmiddellijk de kamer. Hij vroeg mij of hij zijn vrouw en baby mocht halen. Elske wilde niet met hem mee. Ik eiste dat ze wel met hem moest gaan, want het was laat in de avond. Ze mocht niet alleen met de baby zo laat in de avond naar huis reizen. Ze begreep t mijn standpunt. Ik wist dat ze en haar baby veilig waren bij Kunle. Elske wist het ook, maar was solidair met mij en Aafke. Ik kalmeerde Aafke, gaf haar eerste hulp en bracht haar naar een aparte kamer. Elske was hysterisch en raakte van slag. Kunle stond buiten op straat te wachten op Elske en hun baby.

Ik ging naar Elske en haar baby. Ik hielp haar inpakken en kalmeren voordat zij Kunle volgden. Aafke had nog veel pijn en was aan hyperventileren. Kunle bleek met een dikke ring aan zijn vinger haar gezicht open te hebben gehaald.

Door deze gebeurtenissen werden Kunle en Elske boos op Aafke en verbraken alle contact met haar. Ze boden hun excuses aan mij ann, maar niet aan Aafke. Ze zetten mij ook onder druk om het uit te maken met Aafke, en zeiden dat ze een relatie met mij niet waardig was. Ze eisten dat ik de relatie zou stoppen, maar dat deed ik niet. In plaats daarvan beëindigde ik mijn relatie met Kunle en Elske.

Toen de druk van de familie te groot werd, realiseerden Kunle en Elske zich dat het een kwestie van tijd was voordat hun huwelijk kapot zou gaan. De druk maakte het onmogelijk voor Kunle om zich te concentreren op zijn bedrijf. De stress werd ondraaglijk voor Elske, het beïnvloedde haar gezondheid en werk, en was niet goed voor hun baby. Bezoek aan haar ouders werd een last voor hen. Ze kon haar ouders niet verbieden hun kleinkind te zien, maar ze kon hen ook niet vertellen wat ze doormaakte; de druk van Linda en andere contacten om een scheiding tussen Kunle en Elske af te dwingen werd steeds groter.

Het begon subtiel en werd alsmaar agressiever.

Kunle en Elske begonnen na te denken over Linda en haar rol als hoofd in haar gezin. De destructieve energie van Linda en haar negatieve vooringenomenheid tegen hun huwelijk, wekte haat tegen haar bij Kunle en Elske. De loyaliteit van Aafke aan Linda maakte dat Kunle tot de conclusie kwam dat dit een familiedynamiek was. Kunle besprak met mij deze familiedynamiek die Aafke van haar moeder had geërfd. Hij was erg bezorgd om deze dynamiek in mijn toekomstige leven. Hij voorzag dat Aafke deze dynamiek ook in haar eigen gezin zou toepassen. Deze gesprekken vonden maanden voor de incident in mijn woning plaats. Kunle had opgekropt woede tegen Aafke. Dit wist ik wel, maar ik had niet verwacht dat hij zich op een geweldadige manier tegen Aafke en mij zou uitten.

Op een gegeven moment besloten Elske en Kunle om te emigreren naar een land waar die druk kleiner zou zijn. Ze vertrokken naar het Verenigd Koninkrijk. Kunle is daar pastor in de rooms-katholieke kerk geworden, en Elske werkt er nu nog in de gezondheidszorg net zoals ze in Nederland al deed.

Door al deze ervaringen moest ik in mijn relatie met Linda steeds meer op eieren lopen. Mijn contacten met Linda werden extreem stressvol. Zij wilde mij ten koste van alles weg hebben uit haar gezin, of dat nu levend of dood zou zijn. Haar voorkeur ging uit naar de dood in plaats van het leven. Waarom dit zo is kan ze beter zelf uitleggen, aangezien ze ook in dit tribunaal aanwezig is om haar kant van het verhaal te vertellen. Met Bond had ik een goede relatie, hij was als een vriend. We hadden geen woorden nodig om elkaar te begrijpen. Ik had zelfs begrip voor hem toen hij later, uit loyaliteit aan Linda, ervoor koos om mee te doen aan de verbale aanval tegen mij.

Voor Aafke en mij was dit alles niet gemakkelijk. We hadden veel discussies. Elk gesprek leidde tot lange discussies en mondde soms uit in ruzie. Soms resulteerde het erin dat we het niet met elkaar eens konden worden, en daar bleef het dan bij. We waren overeengekomen om voor onze relatie te vechten zodat we bij elkaar konden blijven, maar we hadden dus eigenlijk al vanaf het begin van onze relatie veel ruzies en conflicten. Ze wilde dat ik me volledig onderwierp aan haar wil, en dat was voor mij persoonlijk een onmogelijke eis. Alle vormen van manipulatie en macht die zij kende, heeft ze ingezet. De macht werd versterkt door de volledige steun die ze van haar familie kreeg.

Volgens Aafke was de enige manier voor ons om vreedzaam samen te zijn, door zelf de baas in huis te zijn. Ze kwam uit een bloedlijn van vrouwen die thuis de broek aan hadden. Ik wilde gelijkheid en een positieve relatie. Dit eindigde allemaal in een soort stille oorlog. We moesten elke dag een manier vinden om te zorgen dat we 's avonds goed eindigden, want we hadden afgesproken nooit woede of negativiteit mee de nacht in te nemen. Dat lukte niet altijd.

Ik had geen steun van mensen om mij heen. Mijn familie gaf me de vrijheid om te kiezen, en hebben mij gesteund tot op de dag van vandaag. Alle andere moeilijke kwesties in de relatie, zoals openlijk racisme, waren een eenzame ervaring. We schaamden ons te veel om het met mensen te delen.

We verborgen het voor iedereen, speelden mooi weer en hielden de schone schijn op.

Toen onze verkering begon werkte ik aan mijn scriptie, om mijn diploma te behalen. Mijn hbo-opleiding had ik in drie jaar afgerond in plaats van de vier jaar die daarvoor stond. Mijn universitaire opleiding van vier jaar rondde ik in twee jaar af. Ik stond op het punt mijn masterscriptie af te ronden toen ik Aafke ontmoette. Door alle stress van het begin van onze relatie heeft het me uiteindelijk zeven jaar gekost om mijn scriptie af te maken en mijn diploma te behalen. Jullie, onze drie kinderen, waren allemaal aanwezig bij mijn diploma-uitreiking. Mijn plan om promotieonderzoek te doen werd door de stress die deze familiestrijd veroorzaakte op de lange baan geschoven.

De spanning gaf mij gezondheidsproblemen en beschadigde de relatie met mijn vrienden. Ik besteedde al mijn energie aan onze relatie, en toch was het niet genoeg. Het was een aanslag op mijn gezondheid, ik kreeg een ziek en pijnlijk lichaam, maar ook dat was nog niet genoeg. Ik was op verschillende punten met mijn leven bezig met overleven. Maar daar kom ik later op terug.

Wel wil ik van deze gelegenheid gebruik maken om meer over Bond te vertellen. Hij was zich namelijk bewust van het conflict, en vond het vervelend. Op een dag belde hij me op en zei tegen mij, dat wat hij had meegemaakt met zijn familie, zich niet mocht herhalen in zijn gezin. Hij wilde niet dat zijn gezin verdeeld raakte of dat iemand uit de familie verstoten zou worden.

In 2012 ontstond er verdeeldheid tussen Bond en zijn kinderen. Ik herinner me dat hij toen ziek werd. Ik schreef hem een brief. Hoewel ik geen contact met hem had, had ik tot in de puntjes opgeschreven hoe ik dacht dat hij zich voelde. Hij zei toen tegen mij: 'Chibueze, toen ik jouw brief las knapte ik onmiddellijk op. Eindelijk heb ik iemand die me begrijpt, die weet wie ik ben en die zo dicht bij me staat. Zoiets heb ik nog nooit meegemaakt.' In mijn brief kon hij zijn eigen eenzaamheid, isolement, fysieke pijn, emotionele pijn, en verdriet lezen. Hij bedankte me daarvoor. Rond deze tijd overtuigde hij Linda om naar Drenthe te verhuizen, weg uit Zoetermeer. Ik denk dat Bond heel goed besefte dat Aafke en ik meer ruimte nodig hadden, zonder de dagelijkse bemoeienis van Linda. Maar er werd niet over gesproken.

Toen hij me in 2014 voor het laatst ontmoette, benadrukte hij die woorden. Ik kende hem goed, omdat hij mij zijn diepste angsten had toevertrouwd tijdens een dagje op het strand van het Henschotermeer. Dit was een handige ontmoetingsplaats halverwege mijn en zijn huis. Hij wilde met me praten over wat er aan de hand was in zijn leven en wat hij zag in zijn familie. Hij was toen al ziek en wist dat hij binnen enkele maanden of jaren zou sterven. Zijn gezondheid was broos, en hij kon het zich niet veroorloven om naar de zee te rijden. Het Henschotermeer was een mooie omgeving. Toen Linda en Aafke het water in gingen om met de kinderen te zwemmen, begon hij te praten. We gingen onder een boom zitten, waar we genoten van de schaduw en een beetje privacy. Hij vertelde me hoe verschrikkelijk het was om uit de familie verstoten en verbannen te worden. Hij vertelde mij wat zijn verstoting uit de familie had betekend voor zijn leven. Hij zei dat dit het laatste was wat hij voor zijn eigen gezin wilde. Ik nodigde zijn kinderen uit en deelde deze angst van hun vader met hen. Ik vroeg hun ze het serieus te nemen.

Ik zal het hier even bij laten, nu is Aafke aan de beurt.

HOOFDSTUK 6

Aafke

Ik ontmoette jullie vader, Chibueze, in 2000. Ik was toen nog geen 25 jaar. Ik noem mijn leeftijd met een reden: ik was toen namelijk nog onwetend over de invloed die onze leefgewoonten, traditie en cultuur hebben op familiedynamieken.

Chibueze en ik hadden al een serieuze relatie binnen de eerste maand nadat we elkaar voor het eerst hadden ontmoet. Daar was ik blij mee, want ik wilde een serieuze relatie. Mijn vriendin Elske had me verteld over haar positieve ervaring met haar Afrikaanse echtgenoot. Ik ging naar het feest dat Elske en haar man organiseerden. Ze hadden genoeg kamers voor mensen die niet naar huis konden om te slapen, en ik heb daar toen overnacht. De volgende ochtend sprak ik met Chibueze en kreeg zijn telefoonnummer.

Binnen vijf dagen belde ik hem, en we ontmoetten elkaar opnieuw. We gingen uit, en na afloop ging ik weer naar huis. Tijdens die tweede ontmoeting spraken we al over een serieuze relatie. Chibueze was duidelijk over wat hij wilde en wat hij niet wilde. Ik voorzag aanvankelijk niet veel problemen vanwege onze verschillende afkomst, hij als Afrikaan en ik een Nederlander. Pas later ontdekte ik hoe mijn moeder over Afrikanen dacht. Ik wilde

mijn relatie niet opgeven alleen vanwege haar mening, maar mijn eigen leven leiden. Het was daarom een enorme uitdaging voor mij om mijn moeder te vertellen dat mijn toekomstige echtgenoot een Afrikaanse man was. Ik weet dat dit het meest verontrustende nieuws was dat ik mijn familie kon brengen. Ik slaagde erin mijn broers ervan te overtuigen mij te steunen in deze relatie.
Omdat ik wist dat mijn moeder hierover contact met mijn vriendinnen zou opnemen, overtuigde ik eerst ook hen om mij te steunen.

Toen ik het mijn ouders vertelde, was mijn moeder niet blij. Als ik niet haar enige dochter zou zijn geweest, weet ik niet wat ze me zou hebben aangedaan. Het was de eerste keer dat ik zo'n teleurgestelde blik in haar ogen zag. Ze zei dat ik beter verdiende dan een Afrikaanse man. Ze deelde allerlei waanideeën over Afrikanen. Volgens haar zou hij me ontvoeren naar Afrika, of mij mishandelen en onze kinderen ontvoeren. Of hij zou me vermoorden, omdat ze vond dat Afrikanen van nature gewelddadig zijn. Ze zei ook dat ze een schoonzoon verdiende die niet van de laagste menselijke soort is. Ze maakte duidelijk dat ze geen Afrikaanse kleinkinderen wilde en ook geen Afrikanen in de bloedlijn van haar familie duldde. Ze wilde niet dat haar familie zich zou verbinden met Afrikanen. Ze zei dat de familie van mijn vader er niets van mocht weten. Zijn familie zou hem in woede vervloeken, omdat hij een Afrikaan toeliet in de familie. Ze dacht dat zij van alles zouden doen om deze Afrikaan kwijt te raken. Het was duidelijk: ik hoefde geen enkele steun van haar te verwachten.

Ik was niet teleurgesteld in mijn moeder. Ik dacht dat ze er wel overheen zou komen als ze Chibueze ontmoette en meer over hem te weten kwam. Ik realiseerde me niet hoe diep haar gevoelens van afkeer tegenover Afrikanen zaten. Ik was wel verbaasd dat ze reageerde alsof ze me wilde vermoorden. Haar teleurstelling in mij vond ik ondraaglijk. Toen ik haar mening over Afrikanen hoorde, vroeg ik me af of zij wel echt mijn moeder was. In mijn eigen beleving stond ik open voor de wereld en alle mensen. Ik kon me niet voorstellen dat ik negen maanden in haar buik had gezeten. Omdat ik zijn enige dochter ben, steunde mijn vader mij, samen met mijn broers en vriendinnen. Mijn moeder confronteerde Chibueze met negatieve verhalen over het Midden-Oosten en Afrika. Het maakte haar niet uit waar deze negatieve verhalen vandaan kwamen, in haar ogen waren het allemaal Afrikaanse verhalen. De verhalen waarmee ze hem confronteerde gingen over geweld tegen vrouwen, polygamie, ontvoering van kinderen, kinderoffers, besnijdenis van vrouwen, enzovoorts. Mijn vriend Chibueze moest zweren dat hij niet bij zulke zaken betrokken was en niet betrokken zou raken.

Toen het haar niet lukte onze relatie te verbreken en ze de steun van mijn vader niet kreeg, wendde mijn moeder zich tot de ouders van mijn vriendin Elske. Ze zette hen onder druk om zich in te spannen voor het laten beëindigen van de relatie van hun dochter met een Afrikaanse man, om vervolgens ook mijn relatie met Chibueze te doen beëindigen. Ze wilde dat de ouders hun dochter zouden bevrijden van die Afrikaanse man en zo de schande van de familie zouden beëindigen.

Toen de ouders hun dochter en schoonzoon Kunle vertelden wat er aan de hand was, emigreerden Elske en haar echtgenoot met hun kinderen naar het Verenigd Koninkrijk. De ervaring met racisme in Nederland was voor hen een verschrikkelijk drama. Mijn moeders laatste poging was mislukt. Op dit punt stond er enorme druk op Chibueze en mij om onze relatie te verbreken.

Ik dacht serieus na hoe ik haar kon stoppen om wat rust te krijgen, maar ze bleef elke dag naar mijn huis komen. Ze woonde op loopafstand van ons huis. Ik dacht na over hoe ik haar zover kon krijgen om het te laten rusten. Als ik zwanger zou worden, zou ze het misschien wel opgeven. Mijn vader was flexibeler, omdat hij zelf ook afgewezen was toen hij met mijn moeder trouwde.

Hij haatte het om mensen in de steek te laten. Bovendien werkte hij met kwetsbare mensen en kende hij ook zijn persoonlijke kwetsbaarheid. Hij was niet hardvochtig in de omgang met mensen. Het was duidelijk dat mijn moeder nooit zijn steun zou krijgen tegen Chibueze in de familie. Geleidelijk raakte hij ook gehecht aan Chibueze. Ze waren als vrienden voor elkaar.

Toen mijn moeder geen steun kreeg van mijn vader, zei ze botweg tegen hem dat nadat hij zou sterven, ze mij zou terughalen. Terwijl dit speelde, in het tweede jaar van mijn relatie, werd ik opzettelijk zwanger in de hoop zo een einde aan de discussie te maken. Ik wilde mijn moeder laten weten dat ik echt van plan was om met die Afrikaan te trouwen.

Ik was bang om mijn zwangerschap aan mijn ouders en de familie te vertellen. Daarom vertelde ik het aan niemand, alleen mijn vriend Chibueze en ik wisten ervan. Pas na vier maanden van mijn zwangerschap liet ik mijn ouders hiervan weten. Ik wilde het niet eerder aan hen onthullen, om te voorkomen dat ik gedwongen zou worden het kind te aborteren. Ik wist dat mijn vriend abortus nooit zou toestaan, omdat hij een toegewijd christen is. Hij bekleedde een officiële functie in de kerk.

Toen mijn moeder van de zwangerschap hoorde, verklaarde zij duidelijk dat er geen Afrikaans bloed in haar familiebloedlijn zou worden geaccepteerd. Mijn moeder was in die tijd diaken in de protestantse kerk. Zij bekleedde daar een belangrijke positie, en de dominee kwam wel eens bij ons thuis. Mijn vader was ook bekend in die kerk omdat hij in het koor zong. De zwangerschap was een klap in haar gezicht. Ze confronteerde me met de vraag waarom ik geen voorbehoedsmiddelen had gebruikt toen ik seks had met mijn toekomstige echtgenoot. Ze confronteerde ook mijn vriend met de vraag waarom we geen bescherming gebruikten tijdens de seks. We waren voorbereid op deze vragen.

Ik beweerde dat ik wel voorbehoedsmiddelen had gebruikt, maar dat het niet had gewerkt. Ik hield haar voor dat sommige voorbehoedsmiddelen niet op Afrikanen zijn getest. Chibueze zei dat hij in Afrika geen enkele vorm van seksuele voorlichting had gekregen. Dat was voor haar begrijpelijk, omdat ze vond dat Afrikaanse mensen heel natuurlijk zijn en geen seksuele opvoeding krijgen. Wij wisten dat zij zo'n verhaal zou geloven, omdat het paste in haar beeld van Afrikanen. Hoe dan ook, dit antwoord loste onze problemen niet op. Het leidde tot veel wantrouwen en bemoeizucht, alsof we kinderen waren die begeleiding nodig hadden. Ze ging zich alleen maar meer met ons bemoeien. Allereerst wilde ze dat we gingen trouwen. Het huwelijk werd gepland en voltrokken in twee weken, zowel in het buitenland als in Nederland. We moesten alles snel doen.

Onze verkering duurde van september 2000 tot ongeveer juli 2002. Toen ik zwanger raakte, moest onze verkering omgezet worden in een huwelijk. We zijn begin 2003 getrouwd voor de wet en voor de kerk. De voorbereidingen voor de bruiloft waren extreem stressvol. We konden namelijk niet in Nederland trouwen. In die periode voerde de Nederlandse regering een ontmoedigingsbeleid voor buitenlanders die met Nederlandse partners wilden trouwen en vice versa. Wij wilden dit beleid aanvechten bij het Hooggerechtshof van de Europese Unie, maar we hadden te weinig tijd, en hebben ons toen aangesloten bij andere groepen die bezig waren de wet aan te vechten. Door het huwelijk van koningin Maxima en koning Willem Alexander in 2002 zagen Nederlanders met internationale partners hoe gemakkelijk koningin Maxima de Nederlandse nationaliteit kreeg. Zij eisten dat hun buitenlandse partners ook gelijk behandeld zouden worden. Zo sloegen deze groepen de handen ineen.

Uiteindelijk besloten wij in Schotland te trouwen, omdat het daar gemakkelijker en sneller ging. We zijn toen in het Verenigd Koninkrijk voor de wet getrouwd, en een week later vierden we het kerkelijk huwelijk in Nederland. Het huwelijk moest nog voor de geboorte van ons eerste kind plaatsvinden. Wettelijk gezien was dit nodig om het kind in het gemeenteregister erkend te krijgen door zijn vader. Mijn werk en alle negativiteit van mijn familie en kennissen maakten deze periode erg zwaar. Het was een stressvolle periode, die maar niet ophield. Na ons huwelijk won de groep Nederlanders met internationale partners uiteindelijk de rechtszaak tegen de Nederlandse regering.

Het Europese Hooggerechtshof noemde het Nederlandse beleid discriminerend, en oordeelde dat het onmiddellijk moest worden afgeschaft. Het rigoureuze proces van verificatie en legalisatie werd afgeschaft.

Mijn moeder was niet de enige die moeite had met onze relatie. Ook van vele andere kanten kregen we een regen van waarschuwingen en afkeuring over ons heen. Sommigen zeiden: 'Jullie krijgen zwarten als kinderen' en: 'Afrikanen zijn niet te vertrouwen.' Veel collega's op mijn werk hebben tranen gelaten toen ze hoorden dat ik met een Afrikaan ging trouwen. Ze vroegen me of ik geen Nederlander kon vinden. Toen wij plannen maakten om samen een huis te kopen en een levensverzekering te nemen, was mijn broer Paul bang dat de Afrikanen me zouden vermoorden voor het geld. Men vertelde me dat het gevaarlijk is om zulke dingen te doen met een Afrikaan, omdat ik hem dan meer reden gaf om mij te doden zodat hij van het geld kon profiteren. Paul is zeer goed in cijfers en weet veel over financiën. Het is namelijk zijn beroep. Bij elke investering die we samen wilden doen, kregen we ongevraagd dit soort opinies te horen. Het bleef niet bij opinies, maar ze wilden het zelf regelen zodat Chibueze minder kans had om kwaad te doen en te profiteren.

Want dat hij kwaad zou doen, stond voor mijn familie vast. Het gaf Chibueze en mij veel stress. Mijn broer was geen voorstander van ons huwelijk, hoewel hij onze relatie aanvankelijk steunde.

Chibueze en ik kwamen overeen dat ik onze financiële administratie zou doen. Welke moeite we ook deden om het wantrouwen over onze relatie te verminderen en de negatieve praatjes de wereld uit te helpen, het hielp de zaak niet vooruit. Wij hadden veel energie gestoken om tegenstanders tot rede te brengen, maar het hielp niet. Ik besloot tijdens het huwelijk rooms-katholiek te worden om hetzelfde geloof in het gezin te delen en onze kinderen in dat geloof op te voeden. Dit werd niet verwelkomd in mijn protestantse familie. Het was al pijnlijk voor hen dat ze me verloren aan een Afrikaanse man, en nu verloren ze me ook nog eens aan de rooms-katholieke kerk. Het was een ondraaglijk dubbel verlies.

Ons huwelijk heeft veel doorstaan. We hebben zelf allebei veel meegemaakt, en ons gezin heeft een zware en moeilijke tijd achter de rug. Er waren veel familieleden met chronische en ernstige ziekten zonder precieze oorzaak. Zelf hadden we pijnlijke ervaringen met instellingen, bijvoorbeeld toen we wilden trouwen, en toen we bij de bank een hypotheek voor ons huis wilden krijgen. Dat kwam niet door een gebrek aan inkomen. We vroegen een hypotheek aan van ongeveer de helft van het bedrag waarvoor we in aanmerking kwamen, en we kregen snel akkoord. Toch vertrouwde de bank Chibueze als Afrikaan niet. Toen de bank akkoord ging met de hypotheek en één rekening opende voor ons tweeën, gaven ze mij een bankpas met de mogelijkheid om geld en krediet op te nemen als ik dat wilde. Ik mocht met mijn bankpas duizenden euro's rood staan. De bankpas van Chibueze kon slechts een klein bedrag opnemen en hij mocht geen krediet op zijn kaart hebben. Hij mocht niet eens een paar centen rood staan. Het was duidelijk pijnlijk dat dit onderscheid gemaakt werd in de gezamenlijke bankrekening.

Het was ook duidelijk dat Chibueze twee keer zoveel verdiende als ik. Hij was de kostwinner van de familie. We moesten bij de bank protesteren voordat het gelijk werd getrokken.

Een paar maanden later draaide de bank dat toch terug, en schakelde weer over op de ongelijke behandeling. Chibueze en ik lieten het maar zitten.

Op alle gebieden werden we geconfronteerd met vooroordelen over Chibueze. Wanneer over hem werd gesproken, werd hij niet bij naam genoemd. In plaats daarvan hadden ze het over 'die Afrikaanse man'. Op werk hadden mijn collega's een stereotype beeld over Afrikanen dat echt niet van toepassing was op Chibueze. We verloren veel vrienden aan beide kanten. Slechts een minderheid van onze vrienden steunde ons.

Deze ervaringen maakten het niet gemakkelijk voor ons. Ik vroeg me af waarom ze ons niet met rust lieten. Er gebeurde veel in onze families. In het eerste jaar van de relatie waren er veel sterfgevallen in beide families. Vijf mensen stierven in mijn familie, en vijf in de familie van Chibueze, onder wie zijn vader en zus. Het was niet gemakkelijk. Toen zijn vader stierf, ging Chibueze hem begraven. Mensen vertelden mij dat alle Afrikanen met Afrikanen trouwen, en daarna een Nederlander als tweede vrouw nemen. Mij werd aangeraden om uit te zoeken of hij getrouwd was. Ik ging met hem mee naar zijn land voor de begrafenis van zijn zus, om uit te zoeken of hij getrouwd was. Ik ontdekte dat hij niet getrouwd was. Ik ontdekte ook dat alle vooroordelen en stereotypen over hem niets met hem te maken hadden.

Zo deden we veel slechte ervaringen op met mensen en instellingen die vooroordelen hadden over onze relatie. Deze ervaringen hebben ook jullie kinderen allemaal zwaar geraakt.

Je begrijpt dat dit uiteindelijk in een crisis moest uitmonden. Wij hebben met verschillende relatiecrisissen te maken gehad. We hebben lange tijd niet met elkaar kunnen of mogen praten. Meestal duurde het enkele dagen of weken, maar het kon ook maanden duren. Soms sliepen we zes maanden niet in dezelfde kamer. Zulke periodes zijn in ons huwelijk drie keer voorgekomen.

Al die praatjes over ons, plantten negatieve gedachten in ons hoofd. Ik begon hem te verdenken van kwade bedoelingen. Er was veel onbegrip en wantrouwen. Alles wat ik van mijn familie hoorde, begon mijn gedachten bezig te houden. Het was als een gif dat langzaam mijn gedachten overnam. Ik kon niet meer vrij denken. Het creëerde een onstabiele basis voor onze relatie. We konden niet samen bouwen en samen een stevig fundament leggen. Het lukte niet om het onderlinge vertrouwen te krijgen dat essentieel is om samen een relatie op te bouwen met toekomstperspectief. Mijn verdenkingen tegen Chibueze zorgden ervoor dat ook hij mij begon te verdenken. Hij zag niet in waarom ik hem niet zou willen vermoorden voordat hij mij kon vermoorden voor de levensverzekering. Vooral toen we ons tweede huis kochten dat vier keer zo duur was als het eerste. De levensverzekering was daardoor ook vijf keer zo hoog als voor ons eerste huis. Chibueze begon zich toen af te vragen waarvoor zo'n hoge verzekering nodig was. Hij had het huis niet gekozen, dat had mijn moeder gedaan.

Chibueze had net een onbekende ziekte overleefd waar hij drie jaar lang aan geleden had, en die hem tot twee keer toe bijna het leven kostte. Hij werd meerdere keren met spoed opgenomen in het ziekenhuis. In die tijd was het 'ziekenhuis in, ziekenhuis uit'. Het huis werd gekocht terwijl wij tweeën in het ziekenhuis lagen. Mijn moeder ging naar de makelaar en koos het huis, en wij kochten het. De makelaar belde ons om te zeggen dat ons bod op het huis geaccepteerd was.

Na de aankoop van dit huis begonnen die vreemde en langdurige gezondheidsproblemen zelfs bij onze kinderen. De negatieve beelden werden erger. Ons vertrouwen in elkaar was volledig weg. Mijn familie heeft hier op een bepaalde manier een doorslaggevende rol in gehad, waar ik me eerst niet bewust van was. Misschien heb ik bewust de situatie en invloed niet erkend. Het kwam ook deels door mijn persoonlijke ontwikkelpunten. Ik was jong toen onze relatie begon en ik wist niet wat stereotypes inhielden en hoe ze doorwerkten. Daarom moest ik nog enkele stappen in mijn persoonlijke ontwikkeling zetten. Ik protesteerde tegen de beeldvorming die veel mensen over Afrikanen hebben.

Toen ik naar Afrika reisde was dat de eerste keer in mijn leven dat ik zover reisde. Zoals ik net vertelde ging ik, omdat ik wilde uitzoeken of Chibueze daar een vrouw had. Ik bracht er elk uur door met hem en zijn familie. Ik kreeg twee persoonlijke chauffeurs om me te brengen waar ik maar heen wilde. We gingen naar de lokale markt. Ik werd behandeld als een koningin. Ik had een kok die voor mij kookte wat ik wilde eten. Niet dat ze een slavin was, ze had een succesvolle zaak, maar verkoos om bij ons te zijn en voor ons eten en drinken te zorgen, tot we terugkeerden naar Nederland. De keuken was gevuld met verschillende soorten bereid voedsel, en ik mocht pakken wat en wanneer ik maar wilde. Tropische vruchten zoals mango, pawpaw sinaasappel, banaan, avocado, kokosnoot, cacao, peer, guave, shawachop, ananas, tamarinde, broodvrucht, cashew, en een heleboel andere vruchten werden elke dag vers geplukt en voor mij op de eettafel klaargelegd. Groenten werden vers uit de tuin gehaald om te koken of zo te eten. Ik was daar echt iemand, ik werd hooggeacht. Ik werd zo goed verzorgd zoals nog nooit iemand in mijn hele leven dat voor mij had gedaan. Later, wanneer mijn familie en omgeving Chibueze weer zo gemeen behandelden, dacht ik aan de tegenovergestelde manier waarop ik door zijn familie in Afrika, Amerika en Europa werd behandeld. Ik voelde me schuldig voor zulk onmenselijk gedrag.

Mijn persoonlijke worsteling met de manier waarop mijn familie over Afrikanen denkt versus mijn eigen ervaring van de realiteit, was uiterst frustrerend. Ik wist wat Chibueze van zijn familie gewend was. Een warme familie die voor elkaar zorgt, zelfs ten koste van zichzelf. Mijn familie behandelt hem gemeen en dringt hem pijnlijke en bittere ervaringen op, zodat hij de familie zal verlaten, als hij het er al levend vanaf brengt. Daarom waren ze zo veeleisend richting mij en Chibueze, om bewust zulke pijn te veroorzaken.

Ik probeerde mijn familie tevreden te stellen. Ik hield rekening met hoe zij vonden dat dingen gedaan moesten worden, net zoals ik het in mijn opvoeding had meegekregen. Dus als mijn ouders vonden dat ik een verjaardag of Sinterklaas op een bepaalde manier moest vieren, dan probeerde ik daaraan gehoor te geven. Zelfs als het ten koste ging van wat goed of gezond was voor mijn gezin en mijzelf. Dat gaf veel spanning in mezelf, want soms had ik het gevoel dat ik door de één te behagen, de ander - namelijk mezelf, mijn kinderen en mijn echtgenoot - weer tekortdeed. Die spanning leidde soms tot heftige conflicten rond bijvoorbeeld verjaardagen. Dat liep zo hoog op dat ik ze uiteindelijk zelfs helemaal niet meer kon vieren. Daardoor hebben we vele jaren geen verjaardagen gevierd.

Dit is één voorbeeld, maar ik kan er vele andere noemen. Het uiteindelijke resultaat was dat Chibueze te veel onder de spanningen leed, en zelf verantwoordelijkheid ging nemen. Dat leidde tot veel misverstanden in mijn familie. Zijn acties waren voor hen een bevestiging dat Afrikanen onverantwoordelijk zijn. Dit werd geprojecteerd in allerlei stereotypen, zoals dat Afrikanen onbeleefd, agressief en asociaal zijn. Het werd Chibueze en mij duidelijk gemaakt dat hij uit mijn leven moest verdwijnen. Dat moest, dood of levend. Maar mijn familie bepaalde dit en mijn moeder leidde het offensief. Ik voelde het onderhuids en in allerlei gesprekken.

Nadat hij een paar keer levensbedreigende gezondheidsproblemen had overleefd, voelde ik me zo schuldig dat ik besloot het contact met mijn familie te verbreken. Meer dan zes maanden lang had ik geen contact met mijn ouders.

Maar Chibueze vond dat niet goed. Hij bood aan om te bemiddelen tussen mijn familie en mij.

We brachten jou, Diversity, samen met Faith en Exalted naar Chibuezes broer Kingdom, en gingen daarna naar mijn ouders om te praten. We namen onze lunch mee, want ik was bang dat ze ons daar misschien niets te eten of drinken zouden geven. Ik wist hoezeer ze ernaar verlangden om Chibueze uit onze familie weg te krijgen. Chibueze is van nature een mediator. Niet alleen heeft hij er een natuurlijke aanleg voor, maar hij heeft er ook voor gestudeerd. Hij begeleidde ons gesprek om te bekennen wat er gebeurd was. Bij deze ontmoeting werd niet over de oorzaak van het conflict gesproken. Het ging meer over Chibuezes positie in de familie. We spraken ook over de gevolgen van hun gedrag, maar niet over de reden. Mijn ouders en ik sloten vrede. Daarna ging ik naar het toilet, en liet hen met Chibueze alleen in de woonkamer achter. Wat er toen gebeurde, was wel het laatste wat ik van mijn leven had verwacht.

Esthetic

Aafkes voorhoofd is nat van zweet en ze snakt naar adem. Ze reikt naar een glas water op het bijzettafeltje. Haar hand trilt. Ze is stil en staart in de richting van haar moeder, Linda. Vanuit mijn positie kijk ik ook naar haar moeder. Ik beheer de registratielijst van alle aanwezigen. Ze hebben allemaal hun handtekening gezet voor integriteit en geheimhouding. Omdat ik het verslag moet maken, heb ik de positie van elke persoon op mijn papier gemarkeerd. Dit contact tussen Aafke en Linda die elkaar aanstaren is veelzeggend. Het lijkt alsof Aafke op het punt staat om een groot familiegeheim, waarin haar moeder een beslissende rol heeft, te vertellen, wat ze heel moeilijk vindt, maar wat ze ook niet meer voor zichzelf wil houden. Ze is duidelijk of heel moe of erg emotioneel.
Diversity staat op en kijkt haar rechtstreeks aan. Zijn gezicht toont medelijden. Met tranen in haar ogen en een frêle en zwakke stem zegt Aafke: 'Ik wil hier nu even stoppen en een pauze nemen. Ik ben te emotioneel en moe. Ik ga straks verder want ik ben nog niet klaar.'

Diversity

Dat is volledig acceptabel en akkoord. Zoals aan het begin is afgesproken mag je de tijd nemen om jouw verhaal te doen. We hebben geen haast. Zelfs als je vandaag niet verder kunt spreken, blijf dan wel tot het einde. Je kunt een andere dag verder gaan. We nemen alle tijd en alle dagen die we nodig hebben. Nu kunnen we met een ander verder gaan.

Chibueze, kun jij verder gaan met mijn volgende vraag? Je bent bekend met de problemen die zich afspelen tussen gemengde koppels van Afrikaanse en Europese afkomst in relatie met racisme. Waarom ben je getrouwd en heb je ons in deze strijd gebracht die ik een 'bloedlijn-oorlog' wil noemen? Waarom luisterde je niet naar de bezwaren die mensen uitten, en beëindigde je de verkering niet? In plaats daarvan ben je getrouwd. Dezelfde vraag geldt ook voor Aafke, ik wil dat jullie beiden hierop antwoorden. Zijn jullie naar elkaar toegegroeid in de tijd voor de bruiloft? Was er tijd om je voor te bereiden op het huwelijk?

HOOFDSTUK 7

Chibueze

We moesten samen beslissingen nemen. We moesten beslissen waar we samen zouden gaan wonen. Ik wilde ergens tussen Rotterdam en Den Haag gaan wonen, omdat die twee multiculturele steden mijn werkgebieden zouden worden. Ik wilde werken in een multiculturele stad, want al sinds 1996 besefte ik dat ik een rol te spelen had in de uitdagingen van een multiculturele samenleving. Daartegen had Aafke geen bezwaar, we waren het hierover eens. Ik wilde mijn kinderen niet opvoeden in een stad als Rotterdam. Ik wilde in een dorp wonen, dicht bij de stad en niet te ver van een vliegveld. Ik houd van reizen. Als ik dan terugkwam, kon ik een taxi nemen vanaf Rotterdam Airport en naar huis gaan. Daarom gingen we in Zoetermeer wonen, waar jij nu nog steeds woont. Een dorp dicht bij een internationaal vliegveld en niet ver van Rotterdam en Den Haag. Deze steden waren voor ons beiden een soort back to the roots, want wij hebben vanuit onze jeugd en studietijd een gedeelde geschiedenis met ze. We woonden dan dicht bij oude vrienden en familierelaties. Ook mijn schoonouders woonden op loopafstand van ons huis.

Het was dan ook geen moeilijke beslissing om voor deze stad te kiezen. We zochten een huis en kochten het. Daarna zochten we werk dicht bij ons huis. Dat verliep allemaal goed, maar niet zonder een worsteling met elkaar en met het ingewikkelde overheidssysteem.

We gingen ervan uit dat we kinderen zouden krijgen, en dat één ouder dichter bij huis zou werken, zodat de kinderen steeds dicht bij een ouder zouden zijn. Als het dan dringend nodig was, kon de ouder snel naar school of de crèche. Mijn werk zou geconcentreerd zijn in Rotterdam, Haarlem, Den Haag, of Amsterdam. Ik zou niet werken in mijn woonplaats, omdat het daar niet multicultureel genoeg was.

Dit was allemaal niet moeilijk. We bespraken wel dingen samen, zoals het kopen van een huis. Niet dat we onafhankelijk waren, in feite werden we beïnvloed door de familie van Aafke. Vanaf het begin leek het alleen alsof Aafkes wensen uitgevoerd moesten worden en niets anders. De familie had een sterke mening over elke beslissing die we namen. Ik was het al heel snel eens met Aafke, toen zij me voorstelde om ons door liefde te laten leiden en vrede te hebben. Zelfs het laatste huis waar we samen woonden was een keuze van haar familie.

Vanaf het begin van onze relatie hadden jullie moeder en ik het erg druk samen. We hadden het druk met vrienden, familie, werk, kennissen, het zoeken van een huis, het kopen van een auto, het halen van een rijbewijs, studie, en mensen die tegen onze relatie waren. Ook zij waren immers onze geliefden. Lastige kwesties zoals discussies met vrienden, kennissen, en collega's op het werk namen we mee in ons privéleven. De leugens en roddels en de schokkende beelden over mij als Afrikaan en haar als Europeaan vergden veel van onze energie en tijd. Het leven zoals we dat hadden geleid voordat we een relatie met elkaar kregen moest ook worden voortgezet. Het was zo druk dat we niet meer konden voldoen aan ons verlangen om onze vriendenkringen samen te brengen. Dat bracht spanningen met zich mee, en uiteindelijk besloten we dat ieder dan maar zijn eigen vriendenkring moest behouden. De stress om mijn vrienden Aafke te laten accepteren, en Aafkes vrienden mij te laten verwelkomen, was te veel.

Mijn eigen familie is ver weg in Afrika en op andere continenten. Omdat ik familie noodzakelijk vind, besteedden we elke week veel tijd aan Aafkes familie. Er waren een paar familieweekenden per jaar. Elke verjaardag was een grote aangelegenheid voor de familie, vrienden en kennissen, en het waren er een paar per jaar. De feestdagen brachten we door bij Aafkes familie of bij een vriendin van haar die alleen was. Zo hebben we een van de Kerstdagen doorgebracht in Beverwijk bij de vader van haar vriendin Joanne die eenzaam was na zijn scheiding. We hebben hem een verrassingskerstfeest gegeven. We moesten dit voorbereiden, en huurden een zaal die we versierden.

Een andere Kerst hebben we doorgebracht met mensen die eenzaam waren en niemand hadden om Kerst mee te vieren. We organiseerden Kerstmis in een kerkzaal, kookten, deden alle voorbereidingen en versierden de hal, en serveerden hen de maaltijd. Nadat we met deze mensen een kerstlunch hadden gevierd, gingen we daarna nog eten bij de familie van Aafke.

We planden de vakanties naar dezelfde bestemming als waar haar ouders op vakantie waren, zodat we elkaar konden opzoeken. Dat kon soms in Zuid-Frankrijk zijn, of ergens in Nederland. Als we een weekend vakantie hadden, zetten we onze tent op naast de caravan van Aafkes ouders in een vakantiepark. Zij waren vaak op vakantie met hun caravan. Soms gingen ze een paar maanden weg, en verwachtten ze dat we hen kwamen bezoeken en een paar dagen bij hen bleven. Dat deden we dan ook.

Zoals ik al zei woonden ze op loopafstand van ons. Dagelijks kwamen ze langs om een kop koffie te drinken, soms zelfs een paar keer per dag. Toen Aafkes ouders eerder stopten met werken, kwamen ze vaker op bezoek. Wanneer zij ruzie met elkaar hadden bijvoorbeeld, ging Bond meestal weg en kwam bij ons voor ontspanning of gezelligheid. Of als één van hen ziek was en niet naar buiten kon, kwam de ander tijd bij ons doorbrengen. Ze hoefden geen afspraak te maken voor hun bezoek. Ze hadden zelfs de sleutel van ons huis en konden komen en gaan wanneer ze wilden. Tijdens hun bezoek hielden zij vast aan hun manier van doen.

Een voorbeeld van hun manier van doen is dat wanneer ze bij ons thuis zijn, ze van ons verwachten dat we met hen koffie en thee drinken en kletsen tot ze weer weg gaan. Als ik thuis aan het werken of schoonmaken ben, moet ik abrupt stoppen en als gastheer optreden. Hun bezoek was vaak onverwacht en ongelegen voor ons. Ze zeiden altijd: 'we komen een kopje koffie drinken, en dan zijn we zo weer weg.' Omdat ik meestal thuis werkte en studeerde, was dat lastig voor mij. Maar als ik hen niet begroette, kwamen ze me in mijn werkkamer vragen om bij hen te komen zitten. Als ik aangaf er even geen tijd voor te hebben, maakten ze er een drama van. Ik werd dan asociaal, onaardig en respectloos genoemd. En als ik gehoor gaf aan hun verzoek, verwachtten ze dat ik in hun gezelschap bleef totdat ze naar huis terugkeerden. Dat kon soms wel uren duren. Als ze tegen etenstijd bleven, nodigden we ze uit om mee te eten, en zo ging het alsmaar door. In sommige gevallen bleven ze de hele dag.

Ik kan niet zeggen dat er groei in onze relatie zat. Het was een zeer turbulente periode met veel sterfgevallen in mijn familie en de familie van jullie moeder. Wij hadden veel pijnlijke ervaringen en gebeurtenissen. Wij hadden weinig tijd om te rouwen of bezinnen op alles wat wij meemaakten. Ik noem een voorbeeld. Vijf mensen stierven in mijn familie in die periode, waaronder mijn vader, en hetzelfde gebeurde in Aafkes familie, maar niet met haar vader. Bond stierf later. Dat leidde tot wat jullie hebben meegemaakt. Jullie waren aanwezig bij de begrafenis van jullie grootvader Bond, en hielpen bij het dragen van de kist. Daar kunnen jullie over meepraten. Jullie wisten nog niet waarom ik niet aanwezig was bij zijn begrafenis. Jullie begrepen toen ook niet waarom mijn broer mijn familie en mij moest vertegenwoordigen. Dat hebben we tot nu toe geheim voor jullie gehouden. Ik zal er nog op terugkomen, maar laat me eerst verder gaan met jouw vraag over naar elkaar toegroeien in de relatie.

Er was in die tijd veel wantrouwen tegen mij. De negatieve perceptie en de vooroordelen over Afrikanen waren hardnekkig. Ik was de manifestatie van al die stereotyperingen van Afrikanen, en zij vormden een muur die verhinderde dat we naar elkaar toe konden groeien. We hoopten dat met de tijd alles goed zou komen. Onze samenkomst in dit tribunaal toont aan dat we de ernst van de situatie hebben onderschat. Het was alsof ik een onvergeeflijke misdaad had begaan waar de doodstraf op staat.

Dat klinkt misschien overdreven, maar we zullen later zien of het werkelijk zo ernstig was.

Aafke en haar familie moesten mij nog leren kennen en vertrouwen. De verschillen tussen ons brachten ons ook niet dichter bij elkaar. We verlangden naar harmonie omdat de stress voor ons beiden ondraaglijk was. Aafke en ik kozen voor de relatie. We dachten dat we alle moeilijkheden die op ons pad kwamen wel konden overwinnen. Ons huwelijksmotto was 'liefde overwint alles', ondanks alle vertroebelingen en turbulentie van toen. In die tijd was ik me er ook niet van bewust dat mijn Afrikaanse afkomst daar zoveel invloed op had.

We hielden ons vast aan onze eigen levensprincipes. We geloofden dat liefde de grootste kracht op aarde was in menselijke relaties. Later zou ik ontdekken dat er een andere kracht is die sterker kan zijn dan liefde. Soms waren er gesprekken en ervaringen die ons de hoop gaven dat we betere tijden konden verwachten.
Ik was een dierbaar familielid geworden van Aafkes oudste broer Onno en zijn echtgenote, Adama. Ook zij was blij met mijn betrokkenheid bij de familie. Ik werd de peetvader van hun oudste zoon. Onno bleef me zeggen dat ik de rol van vader van zijn kinderen zou overnemen als hij zou sterven. Dat zegt iets over hoeveel vertrouwen ze in mij hadden. Achteraf gezien zou het bij deze korte opleving van vertrouwen en acceptatie blijven.

Want er waren ook ambivalente gedragsveranderingen in hun houding ten opzichte van mij. Ik begreep dat niet, en de verwarring vrat aan mij. Daarom kan ik jullie verwarring begrijpen, mijn kinderen. Ik wist niet wat er aan de hand was. Alleen wanneer ik op mijn strepen ging staan, kreeg ik de waarheid te horen, maar meestal was ik alleen maar aan het gissen om erachter te komen wat er aan de hand was. In Aafkes cultuur is het moeilijk om uit te vinden wat men echt denkt. Het is niet normaal om te laten zien wat er in het hart leeft. Als het iets negatiefs of slechts is, wordt het stiekem gedaan. Het wordt vaak bedekt, zodat niemand erachter kan komen. Maar mijn houding was gebaseerd op vertrouwen.

Aafke

De familieweekenden verliepen nooit zonder conflicten. Mijn moeder was nooit tevreden. Ik moest altijd haar teleurstelling incasseren. Ze klaagde tegen mij en verwachtte mijn volledige loyaliteit. Een weekendje weg was niet speciaal genoeg. Mijn broer had niet genoeg aandacht gegeven, of een verjaardag of ander feest werd anders gevierd dan zij wilde. Dit leidde tot conflicten tussen haar en mij, en soms tussen haar en alle kinderen. Bij alle familieconflicten speelde Chibueze een bemiddelende rol of wilde hij die spelen door mijn broers en mij te adviseren. Maar dat werd hem niet altijd in dank afgenomen. Toen Chibueze mij eens vergezelde in een gesprek hierover, nadat we een lange tijd geen contact meer hadden met mijn familie, werden hem allerlei verwijten gemaakt. Terwijl hij alleen maar probeerde verzoening tot stand te brengen, en mij wilde steunen daarin. Toen het gezin bijna uit elkaar viel, was hij degene die iedereen weer bij elkaar bracht. En toch kreeg hij allerlei verwijten en vooroordelen, als het zwarte schaap van het gezin.

Men was bang dat Chibueze mij zou ontvoeren en de kinderen later ook, vooral in het begin van onze relatie. Mijn moeder gaf me het boek *Not without my daughter*. Toen ik begin 2002 naar Afrika ging, ben ik niet ontvoerd. Toen ik in 2013 met de kinderen en Chibueze naar Afrika ging, kreeg ik op de ochtend van vertrek veel sms'jes van mijn moeder met het bevel onze paspoorten niet aan Chibueze te geven. Toen ze merkte dat ze de reis niet kon tegenhouden, gaf ze me haar laatste vaarwel. Mijn moeder zei dat wat haar het meest pijn deed, was dat ze mijn dode lichaam niet zou kunnen zien. Ze was er volledig van overtuigd dat Chibueze mij zou vermoorden in Afrika, en de kinderen daar zou houden. Er was geen enkele ruimte voor twijfel over de correctheid van haar theorieën over waarom en hoe Chibueze dit zou doen.
Afrikanen hebben hun normale gedrag, waar ze niets aan kunnen doen. Mijn broers waren op hun hoede. Ik regelde hulp via de overheidsinstelling waar ik werkte. Na overleg met de burgemeester gaf mijn leidinggevende me toestemming om met mijn werktelefoon vanuit Afrika te bellen op kosten van mijn werk. De provider van de telefoonmaatschappij kreeg de opdracht het mogelijk te maken dat ik mijn telefoon kon gebruiken in dat land,

en altijd en overal kon bellen. Ik had extra batterijen om ervan zeker te zijn dat ik altijd bereikbaar was.

Er werd contact opgenomen met de ambassadeur om hem te laten weten dat ik in het land was en dat mijn leven in gevaar kon zijn. Mocht er iets gebeuren, dan moesten zij snel handelen om ervoor te zorgen dat ik in leven bleef en dat het leven van de kinderen veilig werd gesteld. Terwijl ik daar was, had mijn broer minstens vier keer per dag contact met mij. Mijn moeder had minstens vijftien keer per dag contact met mij. Mijn werk en alle andere mensen die waren aangesteld om mijn bewegingen te controleren, deden dat volgens afspraak. Ironisch genoeg deed mijn schoonfamilie alles wat ze kon om ons gezin veilig terug te krijgen. Dus het tegenovergestelde was waar: ik liep geen gevaar maar werd juist goed behandeld. Maar zelfs toen ik mijn familie daarover vertelde, bleven zij vasthouden aan hun beeld van Chibueze.

Er was afrofobie in mijn familielijn en ik probeerde ermee te breken. Toen ik merkte dat deze afrofobie ook op mijn werk en allerlei sociale vlakken speelde, vond ik het niet gemakkelijk om er mee om te gaan. De angst voor Afrikanen was intens. Vanaf het begin heeft angst een belangrijke rol gespeeld in mijn relatie met Chibueze. Ik zag dat absoluut niet aankomen, zeker de eerste jaren niet. Pas tijdens alle moeilijke gesprekken in 2014 werd het mij duidelijk, toen mijn ouders het in hun emotionele uitbarsting niet voor zich konden houden. Mijn moeder sprak het zonder omhaal van woorden uit. Ze wilde geen Afrikaan in haar familiegeschiedenis en geen Afrikaans bloed in haar familielijn. Die dag wist ik pas zeker dat ze echt meende wat ze al die jaren had gezegd, sinds ik haar de eerste keer had verteld over mijn Afrikaanse vriend. Ik wist niet wat ik moest doen. Het Afrikaanse bloed zat intussen al in de familie.

Ze waren bang dat Chibueze me bij hen zou weghalen, en daarom durfden ze hem nooit eerlijk te vertellen wat ze ervan vonden. Volgens hen kwam dit door een situatie van een oude schoolvriendin van mij, Elske, die met haar man Kunle naar Engeland is geëmigreerd en geen contact meer lijkt te hebben met haar ouders. Chibueze sprak in het begin over hen. Het vooroordeel is aanwezig, maar is des te pijnlijker omdat Chibueze familie en familierelaties zo belangrijk vindt en mij steeds in de goede richting stuurde om een goede relatie met mijn familie te hebben. De bemiddeling die hij deed om mijn relatie met mijn ouders te herstellen was geslaagd: ik was dolblij en mijn ouders ook.

Op een gegeven moment ging ik thuis bij mijn ouders naar het toilet. Toen ik naar buiten kwam, waren ze Chibueze verbaal aan het aanvallen. Ze beschuldigden hem van dingen die hij niet had gedaan. Ik was sprakeloos. Chibueze was de boodschapper die, ook al bracht hij slecht nieuws, niet mocht worden neergeschoten. Hij had de familie weer samengebracht, en nu werd hij aangevallen. Ik wist niet wat ik moest doen. Als ik Chibueze zou verdedigen tegen de leugens en valse beschuldigingen, dan zou mijn moeder ongelooflijk boos op me worden. Ze verwachtte dat ik altijd en tegen elke prijs loyaal aan haar was. Ik liet Chibueze in de steek door hem niet te steunen tijdens de aanval van mijn ouders. In principe kwam de aanval van mijn moeder, maar mijn vader moest op dat moment loyaal aan haar blijven. Ik moest ook loyaal aan haar blijven. De zware woede jegens hem was al opgewekt, dat wist ik. Ik wist niet wat ik moest doen. Ik zweeg en ging zitten.

Wel, toen verdedigde Chibueze zichzelf. Hij weet goed wat te zeggen als hij tegen de muur gedrukt wordt. Hij reageerde op al hun verwijten en beschuldigingen en weerlegde ze.

Zoals ik zojuist vertelde voordat ik even pauze nam, waren we die dag uitgenodigd om na de bemiddeling te blijven lunchen. We hadden onze lunch al klaargemaakt. Ons plan was om onze kinderen bij Kingdom op te halen en rechtstreeks naar België te rijden, waar we voor drie weken een zomerhuisje hadden geboekt.

Mijn moeder ging alleen naar de keuken en maakte de lunch in een paar minuten klaar. Ze bracht het naar ons in de woonkamer.

Toen we de lunch aangeboden kregen die mijn moeder voor ons had klaargemaakt, besloten Chibueze en ik met hen mee te eten als teken van bevestiging dat we vrede hadden gesloten. Men zegt wel dat eten verenigt. Samen eten en drinken is ook een symbool om afspraken te bevestigen. Het brood voor Chibueze was speciaal voor hem klaargemaakt. Mijn moeder wist wat hij at en wat hij niet at. Het was duidelijk welk brood voor Chibueze, Bond, Linda, en mij was. Ieder kreeg zijn eigen brood zonder de kans om te kiezen. Chibueze aanvaardde het. We aten het op en stapten even later in onze auto om weg te rijden. Toen Chibueze achter het stuur ging zitten, klaagde hij dat hij last had van de lunch. Mijn hart zonk. Ik wist dat er iets gebeurd was waar ik al bang voor was geweest, omdat ik betrokken was geweest bij het gesprek over het zuiveren van de Afrikaanse bloedlijn in onze familie. Maar ik had nooit gedacht dat het realiteit zou worden. Chibueze klaagde ook dat ik hem niet had gesteund toen mijn ouders hem verbaal aanvielen. Ik erkende dat en gaf als reden dat ik compassie voor hen had.

Ik had me net weer met hen verzoend. 'Ik wilde hen niet boos maken door je te steunen,' zei ik tegen Chibueze.

Minder dan een uur na het eten zwollen Chibuezes ogen op. Zijn longen zaten vol slijm, en zijn mond ook. Hij kon nauwelijks zien of goed ademen en kreeg zware hoofdpijn. Hij was niet in staat om naar de vakantiebestemming over de grens te rijden. De rest van de drie weken vakantie was hij ziek. Hij werd behandeld in het vakantiehuisje, terwijl de kinderen en ik naar het zwembad gingen en andere leuke dingen deden. Ik twijfelde er niet aan dat het brood dat hij van mijn moeder kreeg en had opgegeten goed was bedoeld. Ik was wel bang dat op een dag iets met Chibueze zal gebeuren. Ik kon me niet voorstellen dat zij Chibueze slecht voedsel in hun huis zou geven. Ongetwijfeld had hij een uitstekend bemiddelingsgesprek gevoerd in mijn familie, dat de relatie tussen mijn ouders en mij had hersteld. Het werd het laatste bezoek dat Chibueze aan het huis van mijn ouders bracht.

Deze gebeurtenis bracht een grote verandering. Chibueze wilde weten waarom mijn moeder hem dood wilde hebben. Chibueze betrok zijn familie in Afrika hierbij. Zijn gemeenschap stuurde zijn moeder, Nneoma, naar Nederland. Mijn moeder wilde mij volledig aan haar kant trekken in al haar pogingen om Chibueze uit de familie te verstoten. Ze probeerde een beroep te doen op mijn schuldgevoelens. Ik moest medeverantwoordelijk zijn en stoppen haar te bevechten.

Dit beroep op schaamte is altijd onderdeel van mijn opvoeding geweest. Er was een constant beroep op schuldgevoel. Over hoe de dingen zouden moeten zijn. Aan welke verwachtingen ik zou moeten voldoen. Als mijn ouders verdrietig waren was dat mijn of onze schuld. Ik was altijd degene die fout zat als ik een misverstand had met mijn ouders.

Een duidelijk voorbeeld hiervan is toen jij, Diversity, als baby in de kerk werd gedoopt . We maakten doopkleding voor jou, maar mijn moeder wilde dat je gedoopt zou worden met de doopkleding die zij gebruikt had om ons te dopen. Chibueze weigerde zich daaraan te houden. Ze hing de kleren wekenlang op in ons huis om er voor de doopdag nog eens over na te denken en ze toch te gebruiken. Bij de doop hebben we ze niet gebruikt. Ze was niet blij, en daarna nam ze de doopkleding weg.

Er zijn eindeloos veel voorbeelden van zulke dingen. Ze begon voortdurend een beroep te doen op mijn schuldgevoelens. Ze zei wat ik hoorde te doen. Ze eiste dat ik de telefoon opnam als ze belde. Samengevat, het Bijbelse gebod 'eer je vader en je moeder' betekende in haar ogen dat ik haar moest steunen en Chibueze de schuld moest geven van alle problemen. Terwijl die problemen ook door mij werden veroorzaakt.

Als ik op zaterdag met jou, Diversity, naar voetbal ging, hoorde ik het stemmetje al: 'Aafke moet alles alleen doen. Stel je voor, zo'n luie Afrikaanse man die zijn vrouwen laat werken en onder de boom gaat zitten om te drinken en te eten en te kletsen. Zo'n dierlijke manier van doen: de vrouwtjesleeuwen gaan jagen en nemen hun vangst mee naar huis, en dan eet het mannetje eerst!'

Dit beroep op schuldgevoel werkte tot op bepaalde hoogte. Ik begon mee te doen aan de stereotype praatjes over Chibueze. Ik werd loyaal richting mijn moeder en anderen bij wie ik had geprobeerd om hun negatieve beeld over Afrikanen te bestrijden. Dit beroep op schuldgevoel zorgde ervoor dat ik me langzaam distantieerde van mijn relatie met Chibueze. Ik begon te geloven dat het verkeerd was om een relatie met een Afrikaan te hebben.

Doordat ik hierin meeging, werden onze samenkomsten meer ontspannen, vooral als we ons favoriete onderwerp bespraken, namelijk het veroordelen van Afrikanen. Hierdoor ging ik me weer een beetje thuis voelen bij mijn moeder en bij anderen met dit soort praatjes. Ik realiseerde me dat het in mij aanwezig was, en dat ik het alleen hoefde aan te wakkeren. Ik voelde me er verbazingwekkend comfortabel bij.

Al het negatieve werd verondersteld de schuld te zijn van Chibueze. Het omlaaghalen van Chibueze deed mijn ego stijgen, en versterkte mijn intentie om hem te domineren. Chibueze kreeg een hoop verwijten. Bijvoorbeeld toen hij een keer erg druk was met zijn werk in zijn werkkamer, en mijn ouders op bezoek kwamen. Ik had hem dit niet verteld, en hij was geen gedag komen zeggen. Mijn moeder zou zulk gedrag 'onbeschaafde Afrikaanse cultuur' noemen. Als hij de telefoon niet opnam, was dat omdat 'wilde Afrikanen niet weten wat het doel van een telefoongesprek is, zij gebruiken trommels om met elkaar te praten.' Als hij zijn verjaardag niet vierde, wat hij zelden deed, was dat onbeschaafd. Omdat hij een Afrikaan was, werd beweerd dat zijn asociale gedrag te maken had met gebrek aan beschaving. Mijn moeder zei dat als zij belde en Chibueze de telefoon niet opnam, hij haar huis niet meer binnen mocht komen. Ze wist dat Chibueze nooit de huistelefoon opnam. Hij had drie verschillende mobiele telefoons: één voor zijn werk, een andere voor privé, en nog een andere voor internationale gesprekken met familie en vrienden in het buitenland. Met zulke uitspraken wilde ze Chibueze duidelijk maken dat hij niet meer welkom was in haar huis. In deze periode kon ze haar haat niet meer verbergen. Chibueze accepteerde het en ging niet meer naar haar huis.

Toen jullie vader niet meer welkom was in het huis van mijn ouders, hadden jullie het hier moeilijk mee. Jullie besloten ook niet meer naar mijn ouders te gaan. Dat was een openbaring voor mij. Pas toen jullie mij er op wezen, zag ik heel duidelijk dat de strijd van Chibueze zwaar was.

Ik wist niet hoe ik mijn ouders moest vertellen dat mijn kinderen niet meer bij hen wilden komen, omdat ze hadden gezien hoe hun vader werd behandeld in de familie.

Diversity, jij was toen tien jaar oud. Het was verbijsterend. Ik besefte toen welke zware hypotheek die enorme angst voor Afrikanen op onze relatie had gelegd. Ik gaf mijn ouders de schuld van dit alles. Ik voelde me door mijn ouders gemanipuleerd in de hele kwestie. Ik wilde hen hiermee confronteren, want nu waren de kinderen erbij betrokken geraakt. Ik wist niet hoe ik moest uitleggen dat de kinderen de familie boycotten. Ik was bang dat mijn kinderen vermoord zouden worden. Want wat Chibueze overkwam, die dag dat hij het brood van mijn moeder at, had me geleerd dat tegen Afrikanen alles mogelijk was, zolang het in het geheim gebeurde. Er zijn altijd mogelijkheden om zulke dingen in de doofpot te stoppen. Ik zocht de steun van mijn broers om mijn ouders te confronteren, maar zij weigerden mij te steunen. Mijn verbanning uit de familie lag al daarin besloten.

De moeder van Chibueze uit Afrika was toen al meer dan een jaar in Nederland in de hoop met mijn ouders te spreken. Ze wilde een antwoord op de vraag, wat de misdaad was die Chibueze tegen de familie had gepleegd, en waarom hij werd behandeld alsof hij geen mens was. Dit was de vraag die de gemeenschap waar Chibueze vandaan komt via zijn moeder wilde stellen.

Mijn moeder zei dat dit een primitieve Afrikaanse methode is. Ze vond het een onbeschaafde methode en weigerde om naar haar te luisteren. Chibuezes moeder wilde niet in ons huis verblijven, omdat haar familie er niet op vertrouwde dat ze daar veilig was. Ze wilde de pijn van Chibueze ook niet dagelijks onder ogen zien. Ze verbleef daarom elders. Omdat ze Amerikaans staatsburger is, moest ze elke keer de grens over om haar verblijf met weer drie maanden te verlengen. Dit deed zij vier keer, onder andere door op bedevaart te gaan naar Israël en naar Italië. Voor de laatste verlenging ging zij naar het Verenigd Koninkrijk, en daarna waren alle pogingen om met mijn ouders te spreken mislukt.

We voerden dat jaar veel gesprekken met ons vijven - mijn twee broers, mijn ouders en ik. We kwamen niet veel verder. Uiteindelijk wilden mijn ouders de rust terug laten keren. Omdat mijn vader steeds zieker werd, koos ik ervoor om hetzelfde te doen. Die avond gaven ze aan dat ze graag met Chibueze wilden praten.

Een maand later, in december 2014, deed Exalted Eerste Communie op zijn verjaardag. Hij had ook zijn grootouders uitgenodigd. Exalteds peetvader was de pastoor die de dienst leidde en Exalted was de misdienaar. We brachten eten en drinken naar de kerk en na de mis werden alle parochianen uitgenodigd om te eten en te drinken. De moeder van Chibueze en zijn andere familieleden waren ook bij deze mis aanwezig. Dat was de eerste keer dat mijn ouders en Nneoma elkaar ontmoetten ondanks dat zij al langer dan een jaar in Nederland was, wachtend op een gesprek met hen. Mijn vader sprak die dag Chibueze aan en reikte hem de hand.

Mijn moeder kon dat volgens eigen zeggen niet doen. Dit maakte Chibueze duidelijk dat hij nog steeds niet welkom was. De hand uitsteken naar Nneoma, de moeder van Chibueze, vond mijn moeder ook moeilijk.

Chibueze had na een gesprek met mijn broer Onno aanvankelijk aangegeven dat hij een gesprek wilde, maar werd toen vergezeld door een aantal van zijn familieleden. Onno en ik vonden dat een te zware opgave voor mijn vader, die op dat moment al relatief zwak was. Chibueze had veel intimiderende gesprekken met mijn ouders gehad, waarbij ik hem niet ondersteunde. Hij was klaar ermee, daarom wilde hij per se zijn familie bij het gesprek met mijn familie.

Chibueze had ook aangegeven dat mijn moeder hem per se weg wilde hebben, goedschiks of kwaadschiks. Door dit alles, en de situatie rond de Eerste Communie, was er een enorme kloof tussen ons tweeën ontstaan. Het gesprek tussen de familie van Chibueze en mijn familie is er nooit van gekomen. Dit bracht de pijnlijke waarheid aan het licht.

Er was al eerder zo'n moment geweest. Toen mijn vader ernstig ziek werd, leek het slechts een kwestie van weken voordat hij zou sterven. Chibueze vroeg of hij met zijn broer op bezoek mocht komen, want in die tijd was het verbod op bezoek aan mijn ouderlijk huis al geldig. Toen mijn moeder de vraag stelde waarom Chibueze hun huis wilde betreden, en voorwaarden stelde zoals dat ze hem zelfs bij de voordeur nog de toegang tot haar woning mocht weigeren en dat hij alleen moest komen, reageerde Chibueze met te zeggen dat hij niets in haar huis te zoeken had. Hij wilde enkel voldoen aan de opdracht van het evangelie om de zieken te bezoeken. Chibueze trok zich terug en bracht ook zijn familie op de hoogte dat hij nog steeds niet welkom was. Hij vond het onzin dat hij anderhalf uur zou moeten reizen en dat vervolgens op de drempel werd besloten of hij wel binnen mocht of niet. Hij maakte het duidelijk dat als hij mijn vader niet mocht bezoeken om hem te troosten en bemoedigen, hij niet naar de begrafenis zou gaan om mijn moeder te troosten.

Om het kort te houden, want ik weet dat je misschien nog meer vragen hebt: dit is een deel van de redenen waarom Chibueze niet aanwezig was bij de begrafenis van mijn vader. Als je ziet hoe de onderlinge verhoudingen toen waren, betekende het overlijden van mijn vader ook de dood van een mogelijke verzoening tussen Chibuezes familie en onze familie. Maar er gebeurde nog iets gruwelijkers, weer een andere strijd op leven en dood. Ik moet even pauzeren voordat ik daarover kan praten.

DEEL 5
Andere betrokkenen

HOOFDSTUK 1

Diversity

Onno, de broer van Aafke, is hier ook. Mag ik jou uitnodigen om naar voren te komen en te spreken? Ik heb een paar vragen voor je. Vertel ons wat je weet en welke rol je hebt gespeeld.

Ik herinner me dat ik met je vrouw Adama en jullie twee kinderen in het bos liep. Aafke, Faith, en Exalted waren er ook. We kregen de opdracht om te gaan spelen. Jij en Chibueze liepen apart van ons. Ik begrijp dat jullie over familiezaken aan het praten waren. We speelden urenlang, wachtend tot jullie twee klaar waren met jullie gesprek. Het duurde zo lang en we vroegen ons af waar jullie het over hadden. Niemand vertelde het ons. Een andere keer ging het precies zoals de vorige, maar toen liepen we langs de plas bij het trainingscomplex van mijn voetbalclub. We moesten uren lopen. Daarna zijn jullie niet meer in ons huis op bezoek geweest. Alles begon vreemd te worden. Ik weet zeker dat je iets belangrijks te zeggen hebt in dit hele gebeuren.

Ik begrijp dat je tijdens de scheiding de verantwoordelijkheid op je nam om rechtszaken tegen Chibueze aan te spannen en te sponsoren. Ik weet dat je veel geld had gereserveerd voor deze rechtszaken, om ervoor te zorgen dat Chibueze zou lijden, en het liefst zou sterven van de stress. Ik heb begrepen dat de familie van Chibueze jou heeft gebeld om het conflict te komen bijleggen, zodat

Chibueze en Aafke beiden alleen verder konden gaan. Zij hebben je toen ook geïnformeerd over de enorme, levensbedreigende haat die Aafke jegens Chibueze koesterde. Zij meldden jou dat zij zich zorgen maakten over Chibueze's leven. Je vertelde hun dat Aafke van Chibueze hield en zijn leven niet zou beschadigen. Je vertelde Chibueze's familie dat je naar de rechter ging om ervoor te zorgen dat Chibueze zijn kinderen niet meer zou zien. Of eigenlijk, dat wij kinderen onze vader niet meer konden zien. Je beweerde dat Chibueze gek was en een gevaar voor het leven van zijn kinderen vormde. Ik wil weten wat er gebeurd is waardoor jij besloot om zo'n ingrijpende rol te spelen.

Onno

Diversity, dank je voor deze gelegenheid. Ik vond het moeilijk om te komen. De waarheid is hard, maar als je haar eenmaal hebt uitsproken voelt het goed aan en lucht het op. Ik begrijp heel goed dat je dit allemaal wil weten. Ik zal je zeker vertellen wat ik weet. Ik zal me concentreren op dingen die nog niet verteld zijn. Ik herkende veel van de dingen die al gezegd zijn en waar ik bij betrokken was. Ik wil er een paar benoemen en aangeven wat mijn rol was.

In november 2000 kwam mijn zus naar me toe en vertelde me over haar ontmoeting met Chibueze. Het was de eerste keer dat ik haar zo gelukkig, en tegelijkertijd zo bezorgd over een nieuwe relatie zag. Al haar vorige relaties waren in een drama geëindigd. Sommige duurden maar een paar weken. Maar deze keer was ze gelukkig en zei ze dat ze van hem hield. Ik geloofde haar. Ze was bezorgd omdat ze mijn steun nodig had om onze ouders, vooral onze moeder, te vertellen over haar goede nieuws, dat onze moeder als triest nieuws zou beschouwen. Ik noem onze moeder omdat zij degene is die beslissingen neemt in familiezaken. Zo ging het in haar familie: de vrouwen deelden de lakens uit. Als zij ja zegt, moet mijn vader wijken. Als zij nee zegt, en mijn vader verzet zich, dan kun je rampen en ruzie verwachten. Dat is wat jij nu in jouw familie meemaakt, alleen is jouw strijd nog heftiger omdat je vader Afrikaan is. Ik gaf mijn zus mijn steun. We maakten samen een plan om onze ouders in te lichten, en zo deden we het.

Diversity

We hebben enkele delen van het verhaal gehoord. Hoe heb jij mijn vader in jouw familie ervaren? Mijn vader, Chibueze, vertelde me in augustus 2015 dat jouw vrouw Adama en jij het enige familielid waren dat hem steunde in de familie. Maar enkele weken later vertelde Aafke, mijn moeder, ons dat jij haar belde en haar vertelde dat ze uit de familie was geëxcommuniceerd omdat ze weigerde zich te ontdoen van de Afrikaanse bloedlijn in de familie.

De volgende maand, september om precies te zijn, at mijn vader nadat hij terugkwam van zijn werk vis die Aafke in de oven gebakken had. Hij had al meer dan een half jaar geen voedsel meer gegeten wat door Aafke werd bereid. Hij sliep ook al die tijd achter gesloten deuren in zijn werkkamer met huisbibliotheek. Die dag was de viering van de datum van hun eerste ontmoeting. Mijn moeder had een stuk vis voor hem in de oven achtergelaten. Toen hij 's avonds rond acht uur van zijn werk terugkwam, vertelde onze moeder hem over de vis. Vanwege de symbolische feestdag at hij de vis op. Binnen een uur werd hij ziek en braakte bloed van 10 uur 's avonds tot 5 uur 's morgens. Zijn ogen werden bloeddoorlopen en hij ontwikkelde een heleboel gezondheidsproblemen. Hij moest vele dagen medische apparatuur op zijn lichaam dragen die continu metingen verrichtte om uit te vinden wat er aan de hand was. Tijdens die metingen maakte het apparaat een hoop lawaai. We hoorden het allemaal, zelfs als we in verschillende kamers sliepen. Zijn zicht was beschadigd, en hij begon een bril te gebruiken om te lezen en te rijden. Hij kreeg structureel medicatie hiervoor. Kortom, hij was als iemand die opstond uit de dood. Dit heb ik zelf gezien, daarom wilden we dat ze zouden scheiden.

Chibueze, kun je naar voren komen. Ik wil jou en Onno samen wat vragen stellen. Ik wil een antwoord als ik één van jullie confronteer met mijn probleem.

Ik wil weten wat er aan de hand is in deze familielijn. Jullie tweeën hebben ons iets belangrijks te vertellen.

Chibueze

Ik ben je reactie niet vergeten, Onno. Ik heb het gedeeld met mijn familie in Afrika. Toen ik hoorde over jouw bericht aan Aafke, vertelde ik mijn familie wat Aafke had gezegd. Mijn familie herinnerde mij eraan dat het onduidelijk was wat echt de waarheid van de hele kwestie was. Ze zeiden dat ik het eerst door jou moest laten bevestigen, Onno. Jouw antwoord aan mij was dat wat Aafke had gezegd over jouw bedreiging haar te verstoten niet klopte. Na deze uitwisseling heb ik die vis gegeten waar Diversity het net over had. Diversity, je zei ook dat het pijnlijk was om te zien dat ik al maandenlang geen eten had gegeten dat door je moeder was gekookt, en dat toen ik die vis weer at, het zo mis ging. Aafke zei ook dat het haar pijn deed dat dit zo is gegaan. Dat ik ziek werd door haar eten. Vanaf die dag tot ik uit huis ging een paar maanden daarna, ging ik zeer voorzichtig om met mijn eten in huis.

Verder laat ik het voor nu hierbij. Onno moet nog spreken.

Onno

Ik wil verder op je vraag ingaan, Diversity. Vanaf het begin van de relatie tot het einde ben ik erbij betrokken geweest. Samen met Kingdom, de broer van Chibueze, was ik getuige op het huwelijk van Chibueze en Aafke. Dit betekende ook dat wanneer er een probleem was, de broer van Chibueze en ik samen moesten komen om Aafke en Chibueze aan te horen en te steunen. Dat was waarom het gesprek plaatsvond, zoals je terecht opmerkte. Kingdom, de broer van Chibueze, belde mij om het probleem op te lossen. Je hebt terecht bij je inleiding op je vraag aan mij, mijn reacties genoteerd. Ik zal je er later meer over vertellen. Want zoals ik aangaf, ik heb dit zelf gezien en ervaren.

Laat ik beginnen met jouw vorige vraag, hoe ik je vader in de familie heb ervaren. Om eerlijk te zijn was ik vaak jaloers op hem. Hij kwam het gezin binnen en toonde een moed die ik niet had. Hij was degene die mijn ouders en ons als hun kinderen confronteerde met de taboes in onze familie, die leed en pijn veroorzaakten. Als er een conflict was, was hij degene die een standpunt innam om vrede te stichten. Hij stond op en trok een grens tussen wat wel en wat niet moest gebeuren, zeker als hij er zelf bij betrokken was. Zijn morele standaard maakte dat ik mij beschaamd en verlegen voelde.

Mijn vader keek tegen hem op. Als Chibueze's standpunt me tot gewetensnood dwong, maakte dat me weleens kwaad. Ik reorganiseer bedrijven en als ik mensen werkeloos maak, denk ik niet aan de kinderen van de mensen die ik naar huis stuur. Dit is waarmee ik mijn inkomen verdiende. Zo verdiende ik miljoenen. Chibueze's aanwezigheid prikkelde mijn geweten om na te denken over de pijn die ik anderen hiermee aandeed. Zo bleek Chibueze een spelbreker te zijn in de familie. Als we bijvoorbeeld wel eens een familieweekend hadden, dan was die vaak vol spanning en stress. Wij hadden geen behoefte aan een moraalridder in de familie. Wij hebben in onze opvoeding niet geleerd om empathisch te zijn of over gevoelige kwesties te praten. We zeggen ook niet wat we echt denken. Wat in ons hoofd zit, houden wij voor onszelf. Er is geen ruimte voor emoties en gevoelens.

Mijn vrouw Adama werd ook niet goed behandeld door mijn familie. Ze was rooms-katholiek, en toonde haar geweten en menselijkheid. Ik accepteerde dat ze niet goed behandeld werd, en dwong haar het ook te accepteren, als onderdeel van haar liefde voor mij. Ik kon mij niet inleven in haar gevoelens en pijnen. Uiteindelijk had ze een psycholoog nodig om haar geestelijk welzijn te behouden.

Chibueze weigerde om de behandeling die hij kreeg te accepteren. Hij zei dat als ik Adama zo behandelde, ik niet echt van haar hield. Ik besefte dat dat waar was. Dat maakte het er niet beter op. Ik herinner me dat Chibueze alle kinderen bij zich riep om bij hem thuis de familieproblemen te bespreken waar iedereen onder leed. Die avond wilde hij met de biologische kinderen spreken. Dat zijn ik, mijn broer Paul en je moeder Aafke. Hij maakte duidelijk dat we de aangetrouwde familieleden moeten uitleggen hoe we in onze familie met elkaar omgaan. Als de familiecultuur ons niet beviel, dan moesten we samen afspreken om die te veranderen, en iedereen daarover informeren.

We hebben de gewoonte om te roddelen over mensen die op dat moment niet aanwezig zijn. We stonden toen op het punt om te roddelen over mijn vrouw Adama, zoals we dat wel vaker deden. Chibueze nam het voor haar op. Ik kon dat niet vergeten. Ik schaamde me. Hij steunde de afwezige altijd, omdat die persoon geen kans had om zich te verdedigen als er achter zijn rug over hem wordt gesproken. Ik heb zulk gedrag van hem geleerd. Ik voelde schaamte die avond, omdat hij me de ogen had geopend wat wij in onze familie doen. Toen ik die avond naar huis ging en mijn vrouw vertelde hoe Chibueze haar had verdedigd, was ze blij dat ze eindelijk een verdediger had.Hij was de vredestichter en wilde een eenheid bouwen. Maar ik wist niet hoe ik hem kon steunen, want dat zou betekenen dat ik niet loyaal was aan de anderen, die gewend waren om achter de rug van mensen die afwezig zijn over hen te roddelen. Bovendien was het soms ook best irritant hoe Chibueze het voor iedereen opnam.

Hij adviseerde mij over mijn belangrijke rol in de familie. Hij vond dat ik als eerstgeborene. van nature leiderschap heb over mijn broer en zus. Als mijn ouders ouder zouden worden en wij kinderen eigen gezinnen zouden hebben, moest ik daarom een leidende rol op me nemen. Mijn ouders hadden hun deel van het werk gedaan door ons op de wereld te zetten en op te voeden, en wij zouden door mijn ouders worden achtergelaten na hun dood. Wij moesten de familieband met elkaar voortzetten. De familietraditie en cultuur waar iedereen last van had, ook aangetrouwde familieleden, moest onder de loep genomen worden. Daarover zou ik de leiding moeten nemen.

Toen ik Chibueze voor het eerst had ontmoet, stonden Adama en ik achter hem. Hij had een goede invloed op de familie. Hij werd de peetvader van ons eerste kind. Als peetvader was hij een steunpilaar voor onze zoon en adviseerde hij hem in zijn ontwikkeling. Iemand zo'n verantwoordelijkheid geven betekent veel. Het betekent dat we hem vertrouwden en respect voor hem hadden. Hij deed het heel goed. Maar toen Aafke en ik de rechtszaken tegen hem begonnen, en hij de schadelijke impact hiervan op jullie drieën zag, gaf hij die verantwoordelijkheid op. Hij schreef naar Adama om uit te leggen waarom hij niet langer de peetvader van onze zoon kon zijn. Toch bleven Aafke en ik vastbesloten om hem en zijn kinderen kapot te maken. Chibueze vond dat niet rechtvaardig. Ik moet zeggen dat Adama van mij is gescheiden nadat ze getuige was van onze familieplannen tegen Chibueze, en de schade hiervan zag bij jou, je broer en zus en jullie vader.

Laat ik het zo zeggen: hoe meer Chibueze eenheid en vrede in de familie probeerde te bewerkstelligen, des te meer hij werd gehaat. Dat kwam omdat hij iets had wat wij niet hadden. Hij behoorde onder ons te staan en van ons te leren hoe het hoort, maar in realiteit leerden wij van hem. De pogingen om hem als Afrikaan te onderwerpen aan mijn familie, werkten niet. Adama sprak goed over hem, en mijn vader sprak ook goed over hem. Alle beschuldigingen die we tegen hem uitten bewezen het tegendeel. Eigenlijk zouden wij hem onze excuses moeten aanbieden, maar we vinden onszelf te superieur om dat te doen.

Hij is toch Afrikaan en zwart, en we zullen hem altijd blijven beschouwen als een arme en zwakke Afrikaan.

Hij weigert zich aan te passen en te assimileren. Hij heeft kritiek op ons en denkt dat hij het beter weet. Dat is toch arrogant. Hij is ook dominant en vrouwonvriendelijk: hij luistert niet naar zijn vrouw maar wil altijd zijn eigen zin krijgen.

Ik wilde hem een toontje lager laten zingen toen dat Aafke niet lukte, maar had geen succes. Die lange wandelingen waar je het over had, waren gesprekken die we thuis niet konden voeren. Ik vertelde hem wat er was besproken op onze familiebijeenkomsten. Ik was door de familie gevraagd om hem te informeren dat er bij ons geen plek voor hem was. Aafke kon hem dat niet vertellen op een manier die hij zou begrijpen. Aafke zei altijd tegen hem dat het mijn moeder was die zo dacht. Chibueze dacht dat Aafke aan zijn kant stond. Hij bleef vechten om in het leven van Aafke en zijn kinderen te blijven. Dat is de reden van het eetincident.

Toen mijn familie mij stuurde om de boodschap van zijn vertrek uit onze familie aan hem over te brengen en hiervoor een afspraak met mijn ouders te maken, liepen we uren te praten. We spraken openlijk over de afrofobie in de familie. We spraken over de haat tegen hem. We spraken over de doodsbedreiging als hij niet zou scheiden en uit het leven van Aafke zou stappen, zodat Linda Aafke terug kon krijgen. We hadden een lang gesprek die dag. De boodschap van ons familiegesprek was duidelijk: Chibueze moest uit het leven van Aafke en dat van de kinderen vertrekken. We wilden niet dat hij een slechte invloed op de kinderen zou hebben. We zochten naar manieren om Chibueze uit jullie opvoeding te verwijderen. Hij was misschien menselijk en gewetensvol, maar zijn Afrikaanse gewoontes moesten jullie niet overnemen.

Linda zou Chibueze's positie in de familie overnemen. Als mijn vader Bond zou komen te overlijden, dan zou mijn moeder bij Aafke intrekken. Ons plan was dat mijn moeder de erfenis van mijn vader zou inbrengen, en Aafke de erfenis van jullie vader. Jullie, de kinderen, zouden dan bij Aafke en Linda wonen.

Als hij een echtscheiding zou weigeren, dan zou de dood jullie vader en moeder van elkaar scheiden. Dit was het besluit van de familie, op verzoek van Aafke en Linda. We besloten daartoe een jaar voordat mijn vader stierf. We spraken af dat niet Aafke dit nieuws aan Chibueze zou vertellen, maar dat ik contact met hem zou opnemen en met hem zou spreken hierover. Dat is de reden waarom we die wandelingen maakten. We ontmoetten elkaar, praatten, en gingen terug naar huis. Na twee keer met hem gesproken te hebben, hebben we de zaak opgelost. Jullie hebben ervaren dat het precies ging zoals gepland. Alleen is Chibueze er nog steeds, dat ging niet volgens plan. Zijn aanwezigheid maakt dit tribunaal mogelijk; anders had je deze vragen niet kunnen stellen.

Ik heb Kingdom hier niet bij betrokken. Op de bruiloft hadden we afgesproken dat Kingdom en ik dit soort problemen zouden bespreken, maar ik wilde geen ingewikkelde discussies over moraal, geen andere getuigen van hoe we met Chibueze omgingen. We planden dat als hij levend uit het huwelijk zou komen, we zouden beweren dat hij gek en verward was, zodat niemand hem zou geloven. We zouden zijn woorden tegen hem gebruiken. Misschien begrijp je nu de reden van de rechtszaken en de beschuldigingen van waanzin en gevaar. Wij wilden niet dat jullie contact met hem hadden, zodat hij dit niet aan jullie zou vertellen.

Er ontstond een probleem toen de scheiding niet doorging voordat mijn vader, Bond, was overleden. Linda moest meer druk gaan uitoefenen, en dat veroorzaakte nog meer stress in onze familie en in jouw gezin. Drie weken na de dood van Bond deden jullie ouders een poging om te scheiden, en raadpleegden een bemiddelingsbureau. Maar Aafke trok zich terug uit het proces. Je herinnert je vast nog wel dat ze jou vertelde dat er geen echtscheiding zou komen? Dat was in augustus 2015. Mijn moeder Linda reed naar jullie huis, maar jullie vader weigerde haar de toegang. Dat is waarom Chibueze een maand later ziek werd van die vis uit de oven die hij gegeten had.

Die boodschap was heel duidelijk. De tijd van onderhandelen was voorbij. Er moest actie worden ondernomen. Jij riep ons naar dit tribunaal omdat hij nog leeft. Anders was er niets geweest om over te praten. Chibueze liet ons zien wat we niet wilden zien, en hij liet ons dingen anders doen, zoals dit tribunaal nu. Wij doen dit soort dingen niet. We vertellen de waarheid niet uit onszelf zoals we nu doen. Waarom zou je de waarheid vertellen als je daar alleen maar narigheid van krijg? Wat jij doet is Afrikaans.

Wij hebben een ander systeem om conflicten op te lossen: de rechtbank, met advocaten en rechters. Je ontvangt een vonnis en allerlei papieren. In ons rechtssysteem gaat het niet altijd om de waarheid, maar om wie slimmer is. Ik heb een rechtszaak aangespannen, omdat ik weet dat geld spreekt in een rechtbank. Het rechtssysteem is niet geschikt voor arme mensen, advocaten zijn duur. Je kunt de rechter laten beslissen dat als jij beroep aantekent tegen een besluit, jij zelf de rechtszaak en alle kosten moet betalen. Arme mensen gaan daardoor niet in beroep tegen een onrechtvaardig besluit. We hebben Chibueze alle financiële mogelijkheden ontnomen om er zeker van te zijn dat hij zich geen betaalde advocaat kon veroorloven die voor hem zou opkomen. Tegen een onrechtvaardige beslissing kon hij niet in beroep gaan. Jij hoorde vaak dat Chibueze aan de grond zat en geen geld had, je hebt het zelf ook gezien. Misschien begrijp je nu waarom we dat deden.

De rechtszaken hebben zijn leven overhoopgegooid. Als Chibueze gestorven zou zijn tijdens zijn huwelijk met Aafke, zou Aafke beslissen wat er met zijn lichaam gebeurde. Zelfs als hij dood zou zijn gegaan, zouden er manieren zijn om alles goed te laten aflopen voor de levenden. Aafke zou beslissen over zijn dode lichaam, want als echtgenote was zij de eerst aangewezen persoon hiervoor. Zijn Afrikaanse familie zou zich nergens op kunnen beroepen. In ons plan hielden wij geen rekening met een echtscheiding. Het probleem is dat we de Nederlandse wet moesten volgen. Daarom kwam er een echtscheiding, en dat eindigde in een echtscheidingsconvenant. Wij steunden dat convenant niet, maar het bemiddelingsbedrijf moest de wet volgen en dat betekende dat Aafke en Chibueze samen de inhoud van het convenant moesten bepalen. Hierdoor had Chibueze nog steeds invloed en rechten, terwijl we juist met hem wilden breken. Aafke moest het convenant ondertekenen, terwijl wij naar een andere strategie zochten. Aafke wilde het covenant niet tekenen, maar Chibueze zette haar onder druk met emails en berichten. Eerste zei Aafke dat ze geen geld had om de mediator te betalen. Daarna gaf ze nog andere redenen. Uiteindelijk liet ik haar het covenant tekenen.

Die strategie heeft uiteindelijk niet gewerkt, omdat Chibueze het huis verliet voordat we ons plan konden uitvoeren. We konden toen alleen nog via de rechtbank werken. Aafke eiste een wijziging in het convenant, en dat kon alleen via de rechtbank. Door onjuiste informatie te presenteren en de rechtbank te misleiden, kregen we onze zin. Sandra, de advocaat van Aafke, moest dit doen en ze deed het. Daar werd ze ook goed voor betaald. Maar Chibueze bleef moedig staan. Ik had nooit gedacht dat een Afrikaan zo sterk zou zijn. Het was frustrerend: ik vocht tegen iemand en bezat alle instrumenten die ik nodig had voor dat gevecht. Hij had niets, hij was verstoken van hulpmiddelen, maar wat ik ook deed, hij bleef overeind. Het putte me uit. We gebruikten al onze macht, autoriteit en privileges, maar hij bleef overeind staan en veroorzaakt nog steeds onrust. We gebruikten alle leugens, geld, intimidatie en manipulatie, maar we hebben ons doel niet bereikt. Ik begrijp hoe de mensen die tegen Mandela vochten zich gevoeld moeten hebben.

Het lukte hun niet hem te vernietigen; hij bleef overeind staan en werd voor velen een groot voorbeeld van een leider.

Misschien begrijp je waarom we zulke mensen haten. Je begrijpt toch wel waarom we ze niet kunnen uitstaan? Als je denkt dat de strijd voorbij is, staat hij weer op en moet je weer opnieuw beginnen. Hij heeft geen werk. Geen geld. Geen voorrecht. Geen respectvolle positie. Zijn aanwezigheid zorgt ervoor dat ik me schuldig voel en hij doet een beroep op mijn geweten. En toch haat ik hem.
Laat me even pauzeren, ik ga straks verder.

HOOFDSTUK 2

Esthetic

Diversity roept een man naar voren die een stapeltje papieren in zijn hand houdt. Als je naar hem kijkt, zie je dat hij het aura van een vroom man heeft. Hij is netjes gekleed, maar is ongetwijfeld op leeftijd, hij moet rond de vijfentachtig jaar oud zijn. Hij zet zijn bril op en begint voor te lezen, met een stem die sterk en helder is. Ik heb begrepen dat hij missionaris-priester was in Afrika, Zuid-Amerika en Azië, maar al meer dan veertig jaar terug is in Nederland. Hij is lid van een religieuze orde.

Diversity

Pastoor Francisco, namens mijn broer en zus dank ik u voor uw aanwezigheid hier vandaag. We hebben in het verleden al een paar keer samengezeten. U bent een wijze man. Ik ervaar u als een liefdevolle man. U bent recht door zee. U bent zorgzaam. Ik heb begrepen dat u mijn ouders kende en wist wat ze deden, zelfs voordat zij zelf wisten wat ze aan het doen waren.

Ik vroeg mij af hoe het kerkelijk huwelijk van Chibueze en Aafke tot stand is gekomen en wie namens de kerk getuige hiervan is geweest. Na wat navraag in de naaste familiekring, ben ik te weten gekomen wie het gedaan heeft. Naar ik begrepen heb, waren drie pastores, vrienden van Chibueze, bij zijn kerkelijk huwelijk betrokken.

Ik heb u uitgenodigd als één van hen. De twee anderen wilden niet komen praten. Eén die nu in Duitsland woont, zei tegen mij dat hij niet wil dat zijn naam genoemd wordt in relatie tot dit huwelijk. Hij heeft spijt dat hij eraan heeft meegewerkt. Veel mensen hebben meegewerkt aan alle onderzoekingen die de kerk naar dit huwelijk heeft ingesteld. Toch wilde hij niet dat dit in zijn dossier wordt opgenomen. Daarom stel ik het zeer op prijs dat u wel met ons komt spreken.

Ik heb begrepen dat u mijn vader al vele jaren kende voordat hij trouwde. Via hem leerde u ook mijn moeder kennen voordat ze met mijn vader trouwde. Toen ze besloten te trouwen, bereidde u beiden voor op het huwelijk. Mijn peetvader concelebreerde met u in de huwelijksliturgie. Er was ook een vriend van mijn vader uit Afrika die concelebreerde tijdens het huwelijk in de kerk. Nu bent u hier. Kunt u ons vertellen: vond u Chibueze en Aafke bij elkaar passen in hun huwelijk? Want we vinden het belangrijk om antwoord op deze vraag te krijgen.

Pastoor Francisco

Diversity, ik ken je vader heel goed. We waren goede vrienden voordat hij je moeder ontmoette. Al vele jaren voor die tijd kwam hij naar de kerk. Ik was zijn pastoor. Wij drieën die in de huwelijksviering voorgingen, kenden hem al jaren voordat hij je moeder ontmoette. Degene uit Afrika kende hem en zijn familie al tien jaar voordat hij je moeder ontmoette. De andere van hier, je peetvader, kende hem ook al bijna tien jaar voordat hij je moeder ontmoette. Het huwelijk was een noodhuwelijk, het moest binnen drie weken plaatsvinden omdat je moeder acht maanden zwanger was. Ze droeg jou dus in haar buik tijdens de bruiloft. Er was haast omdat het huwelijk gesloten moest worden voordat jij geboren zou worden. Je vader wilde dit en je moeder ook. Er was niet veel tijd voor voorbereiding met de huwelijkscursussen die men normaal gesproken volgt. Je vader vertrouwde op de medewerking van vrienden. Hij riep ons alle drie om hem te helpen het huwelijk te sluiten.

Ik heb hen bezocht om over hun voorgenomen huwlelijk te praten en kreeg bij mijn bezoek bij hen thuis te eten. Die avond bespraken we de volgorde van de liturgie. We bespraken alle elementen van de bruiloft en de inhoud. Je vader is een goed opgeleid man, net als je moeder. Ze stelden de kerkdienst samen. Het was indrukwekkend wat ze deden.

Ik lees liever mijn preek voor dan dat ik vertel over wat ik over hen weet. Je begrijpt dat ik tot geheimhouding verplicht ben, zelfs in een tribunaal. Dat is mijn beroepscode. Ik ben niet vrij om in te gaan op alle persoonlijk zaken van Chibueze en Aafke.

Als je wel eens bij een kerkelijk huwelijk bent geweest zoals dat van je ouders, zul je begrijpen dat de preek deel uitmaakt van de bruiloft. Dit was de preek op hun bruiloft, en je zult zien dat het wel al duidelijk was dat de relatie van je ouders een uitdaging zou worden. Luister en begrijp, want het huwelijk vond plaats toen jij er nog niet bij betrokken was.

"Lieve Aafke en Chibueze, lieve familie en vrienden, deze dag is natuurlijk een datum die jullie beiden nooit zullen willen vergeten. Maar de keuze van jullie Bijbellezingen, met name de eerste lezing, doet mij en waarschijnlijk vele andere aanwezige Nederlanders denken aan nog een andere datum, namelijk 2-2-2002. Die dag werd in Amsterdam een ander huwelijk voltrokken. Dat huwelijk was - ook! - van koninklijke allure. Maar er zijn meer overeenkomsten, want ook dat was in twee opzichten een gemengd huwelijk. Ook toen trouwde een katholiek met een protestant, maar die twee hielden elk hun eigen traditie in ere. De ene wilde haar religie niet opgeven. De ander wilde niet zijn troon verliezen. Toen was er sprake van een echtgenoot van Nederlandse afkomst die trouwde met iemand niet alleen uit een ander land, maar zelfs uit een ander werelddeel.

Ook toen kon iedereen het verdriet voelen van de ouders van één van de twee die - althans niet lijfelijk - aanwezig konden zijn. Nu weten we hoezeer u en deze afwezigen met elkaar verbonden zijn. Misschien was het vanwege al deze overeenkomsten dat toen en nu dezelfde Schriftlezing klonk, met die prachtige, ontroerende zin uit de mond van de Moabitische Ruth, die dwars door alle verschillen in taal, volk en godsdienst heen gaat, wanneer zij besluit met haar schoonmoeder Naomi mee te gaan om samen in het land Israël te gaan wonen: 'Uw volk is mijn volk, uw God is mijn God.' Deze overtuiging overwint alle moeilijkheden van het verleden en de toekomst en is sterker dan de angstige vragen van het eigen hart: 'Mag ik dit van u vragen, en heb ik u wel genoeg te bieden?' Ik heb deze sterke overtuiging bij jullie beiden, Aafke en Chibueze, gehoord.

Uit de mond van Chibueze, wiens toekomst hier naast jou ligt: 'Jouw volk is mijn volk.' En uit de mond van Aafke, voor wie de overgang naar de Rooms-Katholieke Kerk geen breuk is met haar gereformeerde opvoeding, maar een keuze voor en bevestiging van jullie gedeelde geloof: 'Jouw God is mijn God.' Jullie delen de band van liefde en trouw van Ruth aan Naomi, en ik bid dat die voor u even vruchtbaar mag zijn als voor Ruth, die de stammoeder van David werd. Maar tegelijkertijd is deze religieuze viering zeker geen privéaangelegenheid. Wat hier gebeurt, gaat over jullie en jullie liefde als een geschenk van God, dat boven alles gaat. Het gaat dus om een liefde die niet alleen voor jullie een vanzelfsprekende bron van vreugde is, maar tegelijk een opdracht voor ons allen. Het begint al in de kringen van familie en vrienden die elkaar voor het eerst ontmoeten. In Afrika heeft Aafke gemerkt hoe Chibueze's moeder,

Nneoma, haar onmiddellijk in de familie heeft opgenomen. Zij behandelde haar als haar eigen dochter. De ouders van Aafke zijn met haar meegegroeid en hebben geaccepteerd dat de invloed van deze buitengewoon aardige man Chibueze betekent, dat er niets meer te plannen valt.

Vandaag wordt ons allen gevraagd of wij de grenzen die tussen ons liggen kunnen overwinnen. Kunnen wij vandaag zo met jullie feestvieren dat ook wij, om ons heen kijkend, durven zeggen: 'Uw volk is mijn volk, uw God is mijn God'! Ruth laat ons zien dat liefde en trouw niet alleen gelden in een huwelijksrelatie tussen een man en een vrouw. Jullie beiden zullen zo dadelijk jullie belofte van trouw aan elkaar uitspreken, jullie persoonlijke tekst, een variatie op haar belofte: 'Waar jij gaat, ga ik; waar jij blijft, blijf ik; niets dan de dood kan ons nog scheiden.' Ook jullie hebben moeilijkheden moeten overwinnen, en als de schijn jullie niet bedriegt, is ook de laatste hobbel van jullie leven nog niet genomen. Liefde overwint alle dingen!"

Zoals je weet Diversity, was ik al op gevorderde leeftijd toen ik deze preek hield. Ik zag de moeilijkheden voor me. Ik hoopte met deze preek dat het goed zou gaan. Maar mijn woorden bleken profetische kwaliteiten te hebben. Vandaag kunnen we vaststellen dat sommige hobbels onoverkomelijk waren. Het is een zegen dat de dood hen niet scheidde, zodat beiden hier nog hun eigen kant van het verhaal kunnen vertellen. Ik vraag uw toestemming om te vertrekken, want mijn leeftijd staat me niet toe lang te blijven.

HOOFDSTUK 3

Diversity

Pastoor Francisco, dank u voor uw komst en uw getuigenis. Nu hebben we het verhaal gehoord vanuit het perspectief van een van de pastores die betrokken was bij de huwelijksviering. De dingen worden ons steeds duidelijker. Uit alle verschillende perspectieven krijg ik een duidelijk beeld van wat er gebeurd is. We waarderen uw bijdrage en dat u bent ingegaan op ons verzoek om hier te komen. Op uw verzoek, stel ik u vrij om te vertrekken. Dat het u goed moge gaan!

In een rechtbank is het gebruikelijk dat degene tegen wie een klacht is ingediend, uitgenodigd wordt om voor zichzelf te komen pleiten. Zo was het in het verleden, zoals bij de Romeinen, die onze huidige beschaving hebben beïnvloed. Hopelijk zal het ook zo blijven in de toekomst. Mensen moeten voor zichzelf kunnen pleiten. Mensen moeten gehoord worden. Mensen moeten een kans krijgen voorgerechtigheid. Oordeel niet over hen zonder hen te horen. Dat recht is fundamenteel voor ieder mens.

Aafke vertelde veel over haar moeder, Linda. Wij, de kinderen, eisen van Linda zelf te horen. Vandaag moet zij spreken. Ik wil Linda uitnodigen om vrijuit te spreken, zonder enig voorbehoud. Ze heeft het volste recht om haar mening te geven over deze familiekwestie. Denk eraan, er is hier geen oordeel of straf. We horen iedereen aan. Faith en Exalted, hebben jullie misschien iets te zeggen tegen Linda voordat ze aan het woord komt?

Faith

Een paar dingen wil ik tegen Linda zeggen. Om te beginnen sta ik er volledig achter, je hier nu te horen. Zoals je weet, probeer ik je zoveel mogelijk te vermijden. Jouw aanwezigheid is allesbehalve een feest voor mij. We stopten al met familiefeestjes vele jaren voordat onze ouders scheidden. Jij speelde voor mij de belangrijkste rol waarom we thuis zijn opgehouden feesten te vieren.

Exalted

Ik wil van de gelegenheid gebruik maken om enkele opmerkingen te maken, zodat Linda mij tijdens haar toespraak kan antwoorden. Er is iets dat me al vele jaren dwars zit. Toen mijn vader het huis verliet, wilde jij zijn plaats in ons huis overnemen. Je kwam en zei tegen onze moeder dat ze van ons af moest zien te komen. Je zei dat jij niet met ons kon samenleven en dat Aafke ook niet met ons mocht samenleven. Je vond onze aanwezigheid in het leven van Aafke niet goed voor haar. Over die woorden heb ik de afgelopen vier jaar veel nagedacht. De ontberingen en slechte behandeling die jij en Aafke ons gaven, vooral als je bij ons was, bezorgden mij slapeloze nachten. Het deed me de vraag stellen: is het werkelijk mogelijk om iemand zo erg te haten, dat je degene zo behandelt zoals jij ons behandelt? Als ik een beeldhouwwerk maakte op school, vernielden jullie het. Het is zo vaak gebeurd dat alles wat ik op school ontwierp en maakte ik bij thuiskomst kapot aantrof. Ik moest wat overbleef naar mijn vader brengen om het veilig te bewaren.

Op een dag zei je terwijl je met Aafke in gesprek was, dat je ons niet in het leven van onze moeder wilde hebben. Ik wil weten welke overtreding we hebben begaan. Je hebt het ons nooit verteld. Toen je bij ons in wilde trekken, hebben we dit geweigerd. Als je ons gezelschap zocht, liepen we weg. Wanneer je met ons uit eten wilde, weigerden we. Elke keer als dit gebeurde, gaf Aafke ons ervanlangs, maar we verdroegen haar woede. We betaalden met onze gezondheid, maar we konden niet anders. Wij kunnen ons niet onderwerpen aan zulk onrecht en onderdrukking. We tellen gewoon de jaren af totdat we vrij zijn. We willen je niet meer zien. Sinds 2013 hebben we besloten dat we je niet meer willen zien en niet meer naar jouw huis willen komen. Ik wil weten waarom je ons zo gemeen behandelt. Ik hoor het graag van je.

Linda

In zekere zin ben ik dankbaar dat ik hier de kans krijg om over dit onderwerp te spreken. Het is een soort puzzel waar iedereen een stukje van bezit. Zelfs ik bezit slechts een stukje van het geheel. Ik begreep niet helemaal wat er aan de hand was, en dat zorgde voor frustratie en agressie. Door zo iedereen te horen, vooral de kinderen, wordt het duidelijker waarom ik me afgewezen en teleurgesteld voelde in Aafke en Chibueze.

Ik zal beginnen bij het begin: mijn kennismaking met Chibueze. Het is lang geleden, zeker twee decennia, maar ik herinner het me nog als de dag van gisteren. Het was winter, en de zon scheen toen Aafke thuiskwam met haar nieuwe vriend. Twee weken voordat ik hem ontmoette vertelde zij me over deze jonge Afrikaanse man.

Toen mijn dochter me vertelde over haar relatie met Chibueze, was het alsof mijn grootste nachtmerrie uitkwam. Nadat ik met hem had kennisgemaakt en hem had uitgehoord, gaf ik mijn dochter een paar boeken te lezen, zodat ze zou weten waar ze zich mee inliet. Ik was bang dat een gesprek met haar niet veel zou helpen. Het was me duidelijk dat ze niet zou luisteren naar de argumenten die ik tegen Chibueze aanvoer.

Mensen die ik om advies vroeg, vertelden me dat Afrikaanse mannen gevaarlijk en seksueel onverzadigbaar zijn. Als een meisje als mijn dochter Aafke voor een Afrikaan koos, zou ze moeilijk bij ons terug kunnen komen. Hoe meer ik te weten kwam, door wat mensen me vertelden en wat ik las, in combinatie met wat ik in mijn opvoeding had geleerd, des te verdrietiger ik werd. Ik wist niet hoe ik met de situatie om moest gaan. Ik had slapeloze nachten, terwijl ik nadacht hoe ik kon voorkomen dat deze Afrikaanse man in mijn familie zou komen. Ik probeerde te bedenken hoe ik kon zorgen dat hij uit het leven van Aafke zou vertrekken. Ik was boos op God dat zulke wezens bestonden. Ik was bang dat zo'n wezen mijn enige dochter zou doden.

Het is moeilijk te begrijpen, je kunt het misschien een beetje vergelijken met de angst voor het coronavirus. Toch komt die angst niet in de buurt van wat ik doormaakte. Voor corona kunnen vaccins ontwikkeld worden, of maatregelen worden genomen om te voorkomen dat het virus je infecteert. En wanneer besmetting plaatsvindt, zijn er behandelingsmogelijkheden. In deze kwestie was het veel moeilijker om een oplossing te bedenken. Op een dag ging ik naar de dierentuin in Amsterdam. Ik herinner me dat ik een mannelijke olifant zag die opgewonden was. Ik kon er niet naar kijken. Hij zwierf rond op zoek naar een vrouwelijke partner. In mijn hoofd kwam de gedachte op dat het volstrekt onmenselijk is om iets van zo'n grootte in iemand te stoppen. Als ik daaraan denk, zie ik alleen maar lijden en dood. Elke moeder kan dat begrijpen. Als vrouw voel je mee met je dochter. Ik zorg voor mijn kind, mijn baby. Haar toekomst is bij mij. Ik heb eerder ongewenste gasten uit mijn familie en het leven van mijn dochter moeten weren.

Ik hoopte echt dat het niet te laat zou zijn voor Aafke en mij. Maar ik zag dat Aafke hulpeloos en verloren was in haar liefde voor Chibueze. Ze was te jong om te begrijpen wat het betekent om een relatie met een Afrikaan te hebben of een Afrikaans kind te krijgen. Dus moest ik alles in het werk stellen om dat te voorkomen. Niets was mij te veel als het mijn dochter betrof. Ik ging terug naar haar babytijd: het voelde alsof mijn werk nog niet af was. Mijn moederinstinct was nog steeds aanwezig, en ik moest haar behandelen als een kind dat bescherming nodig heeft tegen de wereld.

Ik had bondgenoten nodig om mijn doel te bereiken. Mijn echtgenoot, Bond, was ook al ingepalmd door deze Afrikaanse man. Een man kan ook niet begrijpen hoe het leven is voor een meisje in de hand van een Afrikaanse man. Vrouwen in Nederland hebben gevochten voor vrouwenrechten, en hebben die gekregen. Ik weet zeker dat mannen dit niet leuk vinden. Als zij zouden zien dat een Afrikaanse man zijn vrouw controleerde en domineerde, zouden Nederlandse mannen ook terugverlangen naar dat onbeschaafde en vrouwonvriendelijke gedrag. Ik sluit mij aan bij Onno's beschrijving van hoe we naar Chibueze als Afrikaan kijken. Ik ben een geëmancipeerde vrouw en voed mijn dochter Aafke ook zo op. Volgens de traditie van mijn familie heeft de vrouw het voor het zeggen. Mijn dochter heeft deze opvoeding van mij geleerd. Ik heb Aafke opgevoed tot een geëmancipeerde dame, en ze moet in mijn voetsporen treden. Aafke mag niet lijden onder één of andere onbeschaafde macho-man uit Afrika. Het was een vreselijk avontuur, vooral omdat ik alles diskreet wilde aanpakken. Chibueze leek stijfkoppig en ontembaar. Wat er ook met hem gebeurde, hij bleef overeind staan en doorgaan. Dat vond ik bijzonder frustrerend.

Ik ging naar enkele mensen die Chibueze toevallig ook kenden. De eerste persoon die ik sprak was een familielid van mij, mijn nichtje Ria die in Rotterdam studeerde. Toen ik mijn familie over Chibueze vertelde, zei ze me dat ze hem kende. Ze hadden in dezelfde klas gezeten. Tijdens een college had de docent bepaalde Nederlandse gewoontes en tradities genoemd. Eén daarvan was oliebollen eten, en Chibueze wist niet wat dat was. Hij was toen pas in Nederland. Ria had hem toen beloofd oliebollen voor hem te maken, want het was niet het seizoen daarvoor. Zo maakte zij de eerste gefrituurde oliebollen die Chibueze ooit in Nederland proefde. Dat was zeven jaar voordat Chibueze Aafke ontmoette. Ria was zeer positief over Chibueze, dus kon ik haar steun niet krijgen.

Chibueze vertelde me dat hij voor een diaconale stichting werkte. Omdat die organisatie vlakbij ons huis was gevestigd, ging ik erheen - je kunt er tijdens openingsuren binnenlopen, thee drinken en een praatje maken. Ik dronk thee en kletste wat, toen de directeur binnenkwam. Ik zei tegen hem: "Ik ken iemand die jij ook kent" en noemde Chibueze's naam. Deze zeer gerespecteerde man reageerde opgewekt bij het horen van zijn naam. Meer dan dertig minuten lang vertelde hij alle mogelijke goede dingen over Chibueze.

Ik was enorm onder de indruk van de goede dingen die ik hoorde, en tegelijkertijd was ik boos dat een Afrikaan zo'n positieve reputatie kon hebben. De directeur, die goed bekend stond bij de plaatselijke en landelijke overheid, hoogleraar was aan een universiteit en meerdere boeken had geschreven, zei dat hij blij zou zijn als deze Afrikaan familie zou worden. Ik merkte dat ik jaloers begon te worden op Chibueze. Ik had nog nooit iemand zulke complimenten over mij of over mijn kinderen horen maken. Ik raakte verbitterd. Ik was op zoek naar afschuwelijk nieuws om tegen hem te kunnen gebruiken en Aafke te kunnen overtuigen om met hem te breken, maar ik merkte dat het me niet ging lukken om aan negatieve informatie over Chibueze te komen.

Ik heb toen besloten dat als hij Aafke zelf niet zou verlaten en uit mijn familie zou vertrekken, ik hem weg zou krijgen, dood of levend. Ik zwoer te zorgen dat hij zou lijden. Mijn eerste stap was dat ik hem de geboren verliezer van de familie maakte. Alle negatieve dingen werden aan hem toegeschreven. Hij moest de schuld dragen van onze pijnlijke familiegeschiedenis en ervaringen. Zijn goede naam door het slijk halen was mijn tweede stap. Ik vertelde niemand hiervan.

Ik instrueerde mijn dochter dat ze kwaad moest spreken over deze man. Ze moest hem gebruiken als dekmantel voor haar pijn en verdriet. Ze moest over hem praten op haar werk. Ze moest over hem praten in onze vriendenkring. Ze moest over hem praten met de buren. Dat deed ik ook. Als we samenkwamen, spraken we allerlei negatieve dingen over hem. Het is gemakkelijker om over 'de Afrikaan' te spreken dan zijn naam te gebruiken. Als we 'de Afrikaan' gebruiken, zijn de mensen het sneller eens met wat ik zeg. Als ik zeg dat ik zelf in nauw contact sta met zo'n Afrikaan, zijn mensen geïnteresseerd om meer over Afrikanen te weten te komen. Dit is hoe we zijn naam gebruiken tot de dag van vandaag. We hebben het tegenovergestelde gecreëerd van wie hij is.

Zo zorgden we ervoor dat zijn vrienden afstand van hem namen. Zelfs als zijn vrienden geen slechte ervaringen met hem hadden, spraken we zo over hem. Als ik zeg zijn vrienden, bedoel ik zijn witte vrienden. We hebben geen contact met zijn Afrikaanse familie of vrienden. Als wij met zijn witte vrienden spraken, drongen wij aan op hun instemming en medewerking, en dat kregen we dan ook. Hij is heel sociaal en legde gemakkelijk contact met de buren. Wij spraken ook met de buren en schetsten een asociaal beeld van hem. Het was zelfs gemakkelijker dan we hadden gedacht om vrienden die hem al jarenlang kenden en close met hem waren, van hem weg te houden. Ze werden zelfs bang om hem te bellen, e-mailen of te begroeten. Dit gaf ons meer vertrouwen om onze beschuldigingen over Afrikanen tegen hem te gebruiken.

Overal waar wij negatieve dingen over hem als Afrikaan zeiden, leek men het zonder nadenken met ons eens te zijn. Het was alsof wij de waarheid bevestigden die de mensen toch al over Afrikanen dachten. Tegelijkertijd hadden we wel een slecht geweten, omdat we wisten dat we iemand ruïneerden die in werkelijkheid nuttig was. In onze familie hebben we geen geweten waar het zwarte mensen betreft, maar de manier waarop we deze Afrikaan behandelden was voor ons iets nieuws.

We konden niet meer stoppen. We begonnen de dingen die we hadden verzonnen zelf te geloven. We wilden geen gezichtsverlies lijden door te stoppen en de waarheid te vertellen. We weten dat we mensen in verwarring brachten, omdat ze gingen twijfelen tussen wat zij over hem wisten en wat zij van ons hoorden. Wij konden beweren dat wij hem beter kenden dan zij, omdat wij zo dichtbij hem waren. Wij kenden immers zijn privéleven. Als wij beweerden dat hij gek is, dan zouden de mensen het met ons eens zijn. Wij wisten hoe hij zich thuis en in het openbaar gedroeg. Die bewering dat we hem kenden gaf ons meer macht om mensen te beïnvloeden.

Zoals je kunt zien ben ik niet de jongste meer. Over een paar jaar ben ik tachtig jaar. Ik ben oud genoeg om te zeggen wat mijn hart me ingeeft, zonder enige vorm van angst. Ik ben blij met deze gelegenheid om mijn hoofd leeg te maken. Ik ben ook blij dingen te leren die ik niet wist. Er waren veel puzzelstukjes die ik niet kon plaatsen. Door dit tribunaal kan ik dingen begrijpen die ik eerst niet kon bevatten. Het horen van verschillende getuigenissen geeft me de antwoorden op de vragen waarnaar ik op zoek was. Ik had vragen over mijn afwijzing door mijn kleinkinderen toen ik in plaats van hun vader bij hen thuiskwam. Ik had vragen over Chibueze's uithoudingsvermogen om twee decennia lang tegen mij te strijden. Zoiets is mij nooit eerder overkomen, gewoonlijk geef ik mensen hooguit vijf jaar om zich aan mijn wil te onderwerpen. Maar zelfs na vijftien jaar gaf hij zich niet over. Ik heb nooit spijt gehad van wat ik heb gedaan.

Ik werd opgevoed om te handelen zoals ik dat heb gedaan. Ik kon ook niet anders.

Ik wil nu een paar punten toelichten die al door andere sprekers zijn genoemd. Toen mijn dochter Chibueze's land voor het eerst bezocht in 2002, had ik daar grote moeite mee. Maar ik had toch een sprankje hoop: ik hoopte dat ze zou ontdekken dat hij al getrouwd was. Ook hoopte ik dat als ze die omgeving vol armoede en ziekte zou zien, ze zou beslissen om niet verder te gaan met de relatie.

Toen zij terugkwam en het tegendeel van mijn verwachtingen werkelijkheid werd, was ik nog hopelozer dan voorheen. Ik werd bijna gek in mijn denken. Ik moest openlijk Elske en Kunle aanvallen. Ik kon hen niet persoonlijk benaderen, want ik wist dat Elske ook hulpeloos verliefd was op haar Afrikaanse man. Daarom besloot ik haar ouders Arnold en Odilia de schuld te geven.

Als ik hen onder druk zette, zouden ze me helpen de relatie van hun dochter te beëindigen. Je hebt al een deel van de uitkomst gehoord. Wat er toen gebeurde, dat Elske met haar gezin naar het Verenigd Koninkrijk emigreerde, was niet wat ik had verwacht. Terwijl ik bezig was met de ouders van Elske, werd Aafke zwanger en hield dat voor mij verborgen, om de redenen die ze eerder noemde. Als ik het op tijd had geweten, had ik de zwangerschap kunnen voorkomen. Die zwangerschap betekende een doorslaggevende verandering in mijn leven. Vanaf toen zou ik ervoor zorgen dat ze niet terug naar Afrika ging, zelfs niet voor een kort bezoek. Nooit meer zou er een reden zijn om terug naar Afrika te gaan.

Als hij Nederlander was geweest, zou ik hem als een ideale schoonzoon hebben ervaren, maar hij is een Afrikaan. Ik wilde voorkomen dat hij mijn dochter zou domineren en een macho-invloed op mijn familie zou uitoefenen. Zwarte mensen domineren hun vrouwen en mishandelen hen. Ik wilde bepalen wat er in zijn huis gebeurde, zodat ik meer invloed kon hebben op wat hij deed, en zo mijn dochter kon beschermen. Ik was bijna dagelijks bij hen op bezoek, of mijn man ging om te zien hoe het met hen ging. We moesten het zelf zien en indien nodig, onmiddellijk kunnen handelen. Wij hadden de sleutel van hun huis, ons eigen deel in de keuken waar we bepaalde dingen hadden staan die we gebruikten, zoals ons eigen koffiezetapparaat en zo. We deelden praktisch hun huis met hen. We konden op elk moment van de dag of de nacht binnenkomen.

De zwangerschap betekende dat ze moesten trouwen voordat het kind geboren werd. Ik heb tegen hen gezegd dat ze geen andere keuze hadden dan te trouwen. Ik kon het niet hebben dat de kerkgemeenschap en mijn vriendenkring daar opmerkingen over zouden maken. Het was belangrijk voor mijn imago. Toen Aafke en Chibueze gingen trouwen, vroeg ik hem om zijn achternaam te veranderen in die van mijn dochter. Als Afrikaan heeft hij een problematische achternaam. Zo koppig als hij is, stelde hij allerlei vragen. Ik vertelde hem dat zijn achternaam moeilijk is, en dat Nederland racistisch is. Ik wilde niet dat mijn kleinkinderen het slachtoffer zouden worden van administratief racisme en discriminatie. Ik vertelde hem dat ik bang was dat de kinderen het moeilijk zouden krijgen in Nederland vanwege hun achternaam. Zij zouden niet gemakkelijk werk vinden. Als zij zouden solliciteren, zouden zij alleen op grond van hun achternaam worden afgewezen. Hij dacht er helemaal niet over na maar weigerde onmiddellijk. Hij vond dat de vrouw haar achternaam moet veranderen in de achternaam van de man, en niet andersom. Hij was zelfs teleurgesteld dat wij zo'n voorstel hadden gedaan. Dat maakte me kwaad en versterkte mijn haat jegens hem.

Mijn voornaamste reden was dat ik niet wilde dat zijn kinderen zijn Afrikaanse achternaam zouden dragen. Eerlijk gezegd, gaf ik niet om de toekomst van de kinderen. Ik heb ze nooit in de familie gewild. Als hij onze achternaam zou aannemen, zou dat ons de volledige macht geven over zijn documenten. Als familielid zouden we dan beslissingen over hem kunnen nemen. Een andere reden was dat ik wilde voorkomen dat Aafke een Afrikaanse naam kreeg in haar dossiers en paspoort. Als getrouwde vrouw zou ze die op haar documenten vermelden. Ik wilde dat absoluut niet.

Ik wilde dat hij zijn achternaam veranderde zodat ik alle tekenen van zijn leven in Nederland kon uitwissen. Ik schaamde me dat andere families en vrienden wisten dat mijn dochter met een Afrikaan trouwde. Het was als een vloek voor mij. Daarom hoopte ik dat het huwelijk van zeer korte duur zou zijn. En als hij weg was, door scheiding of door overlijden, dan wilde ik geen enkele herinnering aan hem hebben. Alle tekenen van de Afrikaanse wortels van zijn kinderen wilde ik uitwissen. Mocht de relatie eindigen door een scheiding, dan zouden wij de kinderen krijgen, en konden wij ook invloed op hun toekomst hebben. Als die toekomst in handen van de familie zou liggen, was het uitwissen van hun Afrikaanse bloed een kwestie van tijd. Vanwege dit plan was Aafke het met me eens, toen ik haar vertelde dat zij alle macht over de kinderen moest gaan uitoefenen.

Helaas mislukte dit plan om zijn achternaam te veranderen. Ik wilde hem zo snel mogelijk uit het leven van mijn dochter laten verdwijnen. Ik zorgde ervoor dat hij geen plezier had met mijn dochter. Via mijn dochter zorgde ik ervoor dat hij versleten, gestrest en verdrietig werd. Hij mocht thuis geen rust vinden. Ik manipuleerde mijn dochter, waardoor ze vaak ruzie met hem kreeg. Ik wilde dat hij het leven met mijn dochter als een hel zou ervaren en uit haar leven zou stappen. Ik zorgde ervoor dat mijn dochter de hele tijd boos op hem was. Hij moest zich schuldig voelen. Dit werkte: mijn dochter gaf hem de schuld van alles wat niet goed ging in haar leven.

Ik wilde zo ervoor zorgen dat hij zijn studie niet afmaakte. Dat zijn carrière zou vastlopen, want hoe meer hij zich ontwikkelde des te belangrijker hij zou worden. Hij moest beroofd worden van elke vorm van geluk en aanzien. Hij moest zich ellendig voelen als straf voor wat hij mijn familie aandeed. Hij moest hulpeloos worden en zich onderwerpen aan mijn dochter. Het was pure psychologische oorlogsvoering. We waren altijd in het huis. We beschuldigden hem van zaken die hij zich niet eens kon voorstellen. Het Afrikaanse voedsel dat hij uit Afrika meenam om te eten, zetten we buiten in de tuin, met het argument dat het niet goed voor Aafke rook. Dat waren gedroogde vissen, egusi en ogbono om soep van te maken. We deden dit terwijl ze een maand op zomervakantie waren. Tegen de tijd dat ze terugkwamen was alles bedorven. Hij gooide alles weg en haalde nooit meer Afrikaans eten in huis. Wanneer zijn Afrikaanse vrienden bij hem langskwamen voor verjaardagen of andere feesten, behandelden wij hen respectloos. Dit maakte hen kwaad. Elke vorm van geluk bestreden wij, om ervoor te zorgen dat hij nooit gelukkig zou zijn. Ik vond het een waar genot om hem in pijn en verdriet te zien. Lachen of plezier maken werd tot misdaad verklaard en moest worden uitgebannen. Deze stress veroorzaakte gezondheidsproblemen. Een paar jaar na de bruiloft werd hij ziek.

De langdurige stress had hem onder te veel druk gezet, en dit tastte zijn organen aan. Ik dacht dat het voorbij was. Ik was dit in stilte al aan het vieren en maakte plannen om de achternaam van de kinderen te veranderen. Gedurende drie jaar was hij ziek, maar hij is niet gestorven. Het was Aafke die vanwege die stress ook een burn-out kreeg en bijna stierf. De dokter adviseerde Chibueze om haar te beschermen en te verzorgen, wat hij ook deed.

Je weet niet hoe kapot ik hiervan was. In al mijn pogingen hem te laten sterven, was het uiteindelijk mijn enige dochter Aafke die op sterven kwam te liggen. Dit gaf me de overtuiging dat Afrikanen natuurmensen zijn. Ze beschikken over primitieve krachten. Ik kreeg dezelfde ziekte als hij, die zijn organen aantastte. Hij kon in het ziekenhuis behandeld worden door een specialist, maar die weigerde alle mogelijke medische behandeling. Ik wist niet wat te doen. Mijn orgaan moest weggenomen worden zodat ik zou overleven. Zijn orgaan herstelde vanzelf en hij genas volledig. Mijn doel was om te bewijzen dat Afrikanen van nature ziek, laag en zielig zijn. Als een Afrikaan sterft aan een ziekte, zeker aan een onbekende ziekte, dan zal dat geen vragen oproepen. We weten niet veel over hen en hun gezondheid. We weten alleen dat Afrikanen dragers zijn van ziektes.

Ik wilde een toekomst voor mijn dochter. Haar toekomst, zoals elke moeder voor haar dochter wil, is dat ze trouwt met iemand die rijk en beroemd is. Dat zij zou kiezen voor iemand die haar zou domineren en intimideren had ik niet voorzien. Ik kon maar niet begrijpen waarom mijn dochter persé wilde trouwen met een arme Afrikaan. Elke dag groeide mijn ongenoegen. Deze Afrikaan dwong me om mijn doen en laten te veranderen. Ik had bijvoorbeeld geleerd hoe ik mijn verjaardag moest vieren, hoe ik aan tafel moet eten, hoe ik gasten moet ontvangen en allerlei feesten moet vieren, inclusief Sinterklaas. Hij deed de dingen anders en stelde alles waaraan ik gewend was en de manier waarop ik dat deed in vraag. En omdat hij zo lastig deed moest hij weg, hoe dan ook. Ik ging de strijd aan met als doel ervoor te zorgen dat in zijn huis alles gedaan werd zoals ik dat wilde, zodat ik me er thuis voelde. De verjaardag van mijn dochter en van hem moesten op mijn manier gevierd worden. Hij moest zijn verjaardag vieren, ook al deed hij dat nooit, en hij moest het vieren op de dag die mij het beste uitkwam. Ik besliste over het eten en drinken dat zijn gingen serveren, en regelde daarom alles met mijn dochter. Wij bepaalden de dag en het uur van het verjaardagsfeestje. Wij beslisten wie hij uitnodigde. Wij bepaalden hoelang het feestje duurde.

Ik zorgde ervoor dat ik mijn afrofobie in de hoofden van Aafke en enkele van haar beste vrienden prentte. Dit deed hen twijfelen aan hun positieve ervaringen met en vertrouwen in Chibueze. Angst had altijd gewerkt, zeker als het werd aangewakkerd. Dat is hoe ik het deed, ik zaaide tweedracht om hen uit elkaar te drijven zodat ik meer toegang kreeg tot Aafke en haar verder kon beïnvloeden. In november 2006 kwam Bond zoals gewoonlijk zonder afspraak bij het huis aan. Aafke lag in bed te rusten. Ze was acht maanden zwanger van hun laatste kind. Ze was fragiel en verdrietig omdat ze over haar grenzen was gegaan - iets wat ze al sinds haar kindertijd doet. Chibueze zette koffie voor Bond. Nadat Bond koffie had gedronken, ging hij naar boven, waar Aafke in bed lag. Daarna kwam hij naar beneden en zei tegen Chibueze: "Ik heb met Aafke gesproken. Ze zegt dat je niet meer voor haar wilt zorgen. Haar moeder moet dit horen. Ik ga haar halen."

Bond liep meteen de deur uit en kwam mij ophalen. Binnen een kwartier kwamen we terug bij het huis, en beschuldigden Chibueze dat hij niet goed genoeg voor Aafke zorgde. We haalden Aafke uit bed en zaten naast elkaar op de bank. Er stond een stoel tegenover ons. Gewoonlijk zaten Chibueze en Aafke naast elkaar. Deze keer zat zij bij ons. De lijn was getrokken. Ik voelde dat ik haar terug had in de familie. Chibueze ging op die stoel tegenover ons zitten. Hij moest stoppen met het schoonmaken van het huis en het koken van het avondeten waar hij mee bezig was.

Aan mijn gezicht was te zien dat ik kookte van woede. Aafke en Bond keken ook woedend naar Chibueze. Het was het perfecte scenario. De regen van beschuldigingen en veroordelingen die ik de afgelopen zes jaar had opgebouwd, kon ik nu eindelijk over hem uitstorten. Ik ging mijn baby laten zien dat een Afrikaanse man niet goed voor haar was. Ik koos ervoor om Aafke mijn baby te noemen, zodat ze kon voelen dat ik er was om haar te beschermen, zoals ik dat had gedaan toen ze nog daadwerkelijk een baby was. Als ik haar 'mijn baby' noem, dan voelt ze zich psychologisch ook zo. Al mijn woede richtte ik op Chibueze, Ik vertelde hem hoe Aafke hem als asielzoeker had gered door hem aan een verblijfsvergunning te helpen.

Ik wist dat Aafke mij niet tegen zou spreken: ze was stil en hield haar mond. Ik beschuldigde Chibueze ervan dat hij Aafke overspel verweet en door iemand anders zwanger te zijn geraakt, en dat hij daarom niet meer voor haar wilde zorgen. Alle stereotypes van Afrikaanse mannen die vrouwen zwanger maken en niet voor haar zorgen - ondankbare mensen, vrouwenmishandelaars, onverantwoordelijke mannen - ik kon ze allemaal over hem uitstorten.

Ik weet dat wanneer ik zo boos ben, niemand van mijn familie mij gaat tegenspreken. Ik wist zeker dat Aafke niets zou zeggen, zelfs als ze wist dat ik niet de waarheid sprak. Chibueze had nauwelijks ruimte om iets te zeggen. Ik kon mijn lijst van verwijten en beschuldigingen compleet spuien. Het kostte me twee uren om mijn afkeer van Afrikanen volledig te verwoorden. Ik was er bijna van overtuigd dat hun relatie die dag zou eindigen. Helaas lukte ook dat niet. Maar die dag drong wel de angst voor Afrikanen bij Aafke binnen.

Het drama van die dag hield me niet tegen. Dezelfde avond nam ik contact op met de mensen die Aafke steunden in haar relatie, om hen bewust te maken van het gevaar dat zij liep. Ik vertelde hun dat haar Afrikaanse echtgenoot haar dood wilde voor de levensverzekering. Ik maakte een rooster en telefooncirkel zodat we allemaal om de beurt contact zouden leggen met Aafke. Ik overtuigde hen hiervan, en dat als ze niet meewerkten, Aafke wel eens dood zou kunnen worden gevonden. Om ervoor te zorgen dat de politie, wanneer het zover zou komen, op tijd kwam opdagen, moest iedereen meewerken. Aafke stond achter deze actie.

Om te vermijden dat Chibueze te veel achterdocht kreeg, besloten we wie wanneer belde. Degene die belde zou dan de anderen inlichten, zodat de volgende op een ander tijdstip kon bellen, en daarna de anderen weer verwittigde. Zo hadden we elke dag genoeg contact met Aafke. Als ik belde, verwittigde ik Bond en dan Onno. Onno verwittigde zijn vrouw en Paul, en Paul verwittigde weer zijn vrouw, enzovoorts. Ieder uur hing er weer iemand anders aan de lijn. Aafke genoot in het begin van het contact. Al meteen de eerste dag ontdekte Chibueze ons plan. Door deze actie kwam er een breuk tussen Aafke en Chibueze. Er was een zaadje van angst in Aafkes hart geplant.

De volgende stap was om ervoor te zorgen dat de dood hen van elkaar zou scheiden. Ik koos een huis waar ik met Aafke wilde leven, een groot huis met een hoge hypotheek. We verhoogden de levensverzekering tot een aanzienlijk bedrag. Met de hoge maandlasten kon Chibueze niet meer sparen voor een reis naar Afrika. We verwachtten dat hij zou overlijden doordat de druk hem te veel werd. Dan zou Aafke de opbrengst van zijn levensverzekering kunnen gebruiken om de rest van haar leven te regelen, ter compensatie voor al het leed dat hij ons had aangedaan. Chibueze's inkomen was hoger dan dat van Aafke. Dat vond ik niet leuk, want het maakte het moeilijker voor Aafke om over hem te heersen. Ik was ook pisnijdig dat zo'n Afrikaan meer verdiende dan Aafke. Zijn studie- en promotieplan gingen niet door vanwege de stress thuis, en zijn gezondheid raakte erg aangetast. Ik hoopte echt op een scheiding door de dood, en anders zou ik mijn dochter dwingen om van hem te scheiden. Dat laatste zou ik ook wel aan mijn familie kunnen verkopen, met als argument dat hij zeer slecht was voor Aafke.

Toen ik mijn dochter eindelijk weer terug in mijn macht kreeg, veranderde mijn houding tegenover Chibueze in vijandigheid. Degenen die het huwelijk steunden trokken zich geleidelijk aan terug. We spraken af dat als er iets gebeurde, zoals zijn overlijden, de kinderen zouden worden opgevangen door de beste vriendin van Aafke en mij. Zo zouden zij bij ons terechtkomen, en niet bij zijn familie. We beweerden dat zijn familie ver weg was. Maar de realiteit was dat we niet wilden dat zijn familie betrokken zou zijn bij zijn leven en dat van de kinderen. Wanneer ik bij hem thuiskwam, keurde ik hem geen blik waardig en schudde ik evenmin zijn hand. Ik liet hem weten dat hij niet welkom was in zijn eigen huis. Ik liep de keuken in en deed naar believen. Ik vroeg hem niets en als ik toch naar hem keek deed ik dat met een woedende blik. Als hij sprak, keek ik hem niet aan. Ik besloot dat hij niet meer welkom was in mijn huis. Ik maakte mijn dochter duidelijk dat ze moest scheiden. Ik gaf hem de schuld van alle pijnlijke gebeurtenissen in mijn leven en mijn gezin - ook van dingen waar hij geen invloed op had.

Toen Aafke me vertelde dat hij met zijn kinderen naar Afrika zou gaan, kon ik het niet aan. Ik werd gek van die gedachte. Ik vroeg me af hoe hij aan het geld kwam. We hadden ons best gedaan om ervoor te zorgen dat hij geen cent te makken had. Aafke controleerde namelijk de financiële administratie. Chibueze kreeg maandelijks salaris, en Aafke hield het allemaal bij.

Toen ik me realiseerde dat ik die reis in 2013 niet kon voorkomen, nam ik afscheid van Aafke met de angst dat ze nooit terug zou komen. Ik ging ervan uit dat hij haar zou vermoorden en de kinderen in Afrika zou houden en nooit terug naar Nederland zou komen. Ik vroeg mijn dochter om alle mogelijke middelen te gebruiken om de reis niet te maken. Maar ze besloot toch met hem mee te gaan om in ieder geval de kinderen mee terug te nemen naar Nederland. Het boek *Not without my daughter* dat ik Aafke in 2000 te lezen had gegeven tijdens de kennismaking met Chibueze begon voor mij werkelijkheid te worden. Ik had gehoord dat zwarte mannen hun Europese vrouwen ontvoerden en het contact met de schoonfamilie verbraken. Ik had ooit een boek gelezen over een westerse vrouw die met haar man en enige dochter naar Afrika ging. De man ontvoerde de vrouw en haar dochter, maar alleen de vrouw slaagde erin te ontsnappen. Mijn vriendin had haar dochter Elske met een Afrikaan laten trouwen, en die man had zijn vrouw en kinderen mee naar Engeland genomen. Ik wilde niet dat een Afrikaan mijn enige dochter meenam. Ik wist niet wat ik moest doen.

Mijn dochter vertelde me pas over de reis naar Afrika nadat het geboekt was. Haar man had haar verboden dit aan mij te vertellen voordat de reis was geboekt. De tickets voor vijf personen kostten veel geld. Aafke weigerde mee te betalen aan de vakantie. Ze hoopte dat de vakantie niet door zou gaan omdat er geen geld was om het te financieren. Maar Chibueze slaagde erin visa te regelen, en de tickets, de accommodaties en het eten te betalen. Ik werd overmand door angst. Ik zag het voor me: mijn dochter ontvoerd met mijn drie kleinkinderen; – mijn enige kind zou van me afgenomen worden!

Aangezien de reis slechts vier dagen voor vertrek was geboekt, had ik weinig tijd om actie te ondernemen. Ik kon mijn dochter er niet van overtuigen de reis te annuleren. Haar kinderen waren overenthousiast over deze reis naar het land van hun vader. Ik kon van ellende niet slapen en mijn man voelde zich net zo ellendig als ik. Dit was wel het laatste wat ik wilde. Ik wilde mijn dochter beschermen tegen deze tragedie, maar helaas kon ik dat niet. Ik had het gevoel dat ik toekeek hoe zij haar laatste adem uitblies. Ik vond het heel erg dat deze mensen zo waren en werd kwaad. Ik wenste mijn schoonzoon alleen nog maar dood. Ik haatte hem met een onuitsprekelijke haat. Alles wat deze reis kon voorkomen, zou ik verwelkomen als een grote overwinning.

Ik vroeg mijn vriendin om hulp maar zij kon me niet helpen. Terwijl de datum naderde, werd ik gek van het idee dat ik mijn dochters' reis naar de dood niet kon voorkomen. Aafke probeerde me te verzekeren dat het goed zou komen.

Elf jaar eerder was ze met haar man op familiebezoek geweest en hadden ze haar heel goed behandeld.

Ik zag het anders. Mijn kleinkinderen waren mooi en niet Afrikaans. Mijn man was stervende en mijn dochter was de enige bij wie ik wilde blijven. Ik moest er alles aan doen om deze reis tegen te houden. Toen ik twee dagen voor de vertrekdatum hoorde dat Chibueze met een gezwollen voet liep en naar het ziekenhuis ging voor behandeling, was ik blij om dat te horen. Ik ging ervan uit dat de reis geannuleerd zou worden. Toen ik de ochtend van de reis las dat ze op Schiphol waren, werd ik troosteloos. Ik bestormde mijn dochter met sms'jes. Ik vroeg haar ervoor te zorgen dat haar man haar paspoort niet in handen kreeg.

Ik twijfelde er niet aan dat hij mijn dochter zou vermoorden en zijn kinderen zou gijzelen. Want dat is wat zijn soort doet. Elke dag heb ik naar Afrika gebeld en ge-sms't. Ik volgde mijn dochter op de voet, en wilde op de hoogte blijven in welke stad of dorp ze was. Ik had ook mijn andere kinderen gevraagd om elke dag contact met haar op te nemen, en dat deden ze trouw. Mijn zonen sms'ten mijn dochter en belden haar ook regelmatig. Onze actie van 2006 was een soort oefening voor 2013. We maakten ons niet druk over de dure belkosten tussen Nederland en Afrika. Mijn dochter kon gratis bellen vanuit Afrika, omdat haar werk op de hoogte was van het gevaar en haar verzekerde dat ze op hun kosten kon bellen. Mijn dochter had helemaal geen zin in deze reis. Ze zei dat deze Nederlandse kinderen naar Nederland moesten terugkeren, al ging het ten koste van haar eigen leven.

Toen ze weer thuis was, voelde ze hoeveel pijn ze mensen had aangedaan. Ze zag in hoe bezorgd veel mensen waren geweest, zelfs op haar werk. Ze moest beloven de mensen niet meer zo bezorgd en gestrest te maken, omdat zij bij een Afrikaan wilde blijven. Ik moest dit spel heel hard spelen. Ik dwong mijn zonen en mijn echtgenoot om mijn dochter uit ons gezin te zetten als ze niet van die Afrikaan zou scheiden. Dat is inderdaad wat er gebeurde: mijn dochter werd uit het gezin gezet. Zo ver werd ik gedwongen om te gaan. Dat was voor mij onvoorstelbaar. Je begrijpt dan toch waarom ik tekeerging tegen deze Afrikaan die veertien jaar in mijn gezin aanwezig was.

Hij werd overheerst, gemanipuleerd en geïntimideerd, maar desondanks bleef hij. Ik wilde van hem af, goedschiks of kwaadschiks.

Ik was voorbereid op zijn komst op de dag dat hij kwam bemiddelen tussen mij en Aafke. Ik maakte iets dat hij graag lustte: brood met gerookte zalm. Hij nam het en at het op. Ik wachtte twee dagen lang op goed nieuws, maar het kwam niet.

De boodschap om mijn huis niet binnen te komen was goed overgekomen: tot vandaag de dag was dat zijn laatste bezoek aan mijn huis. Maar hij besloot dat ik ook niet in zijn huis mocht komen. Die beslissing maakte me woest. Het betekende dat ik mijn kleinkinderen niet kon zien. Nu probeerde ik hem van een afstand zo ongelukkig te maken, zodat hij voorgoed terug zou gaan naar Afrika. Ik slaagde erin om ervoor te zorgen dat hij geen geld meer had. Ik wilde dat hij afhankelijk werd van mijn dochter, zodat zij meer macht en gezag over hem en de kinderen kreeg. Ze kon hem zozeer onderdrukken, dat hij suïcide zou plegen. Dit was mijn laatste strategie. Al zijn financiën werden geblokkeerd, waardoor hij schulden moest maken.

Mijn haat is gegroeid door de discussies over Sinterklaas en protesten tegen Zwarte Piet. Omdat ik Afrikanen in mijn familie heb, zou ik het niet meer mogen vieren? Ook de Black Lives Matter-beweging is mij een doorn in het oog. Ik voel me schuldig dat ik zo'n autochtoon ben die een relatie heeft met Afrikanen in Nederland. Ik heb bijgedragen aan de aanwezigheid van Afrikaans bloed in Nederland. Ik ben één van de Nederlanders die dit niet wilde. De toename van migranten in Nederland vind ik een ongewenste ontwikkeling.

Van alles wat ik heb gelezen over Afrikanen en wat ze doen, kon ik niets moois of interessants vinden. Het zijn allemaal nare verhalen, over vrouwenmishandelaars en onderdrukkers. Daarom vind ik dat mijn dochter hem extra goed onder de duim moet houden, om die negatieve gewoontes in zijn cultuur tegen te gaan. Ik probeer hem geestelijk te mishandelen en psychisch te onderdrukken. Ik ontneem hem alle vrijheid zodat hij letterlijk thuis opgesloten blijft. Dat is immers wat Afrikaanse mannen met hun vrouwen doen. En denk ook eens aan besnijdenis. Ik wilde niet dat de kleinkinderen besneden werden. Ik had al deze onderwerpen met hem doorgelopen bij onze allereerste ontmoeting. Hij zei dat hij niet van plan was zijn kinderen te besnijden, en dat hij tegen aanranding van vrouwen en tegen geweld was. Ik zag geen kwaad in deze man als mens behalve zijn Afrikaan zijn. Als hij niet Afrikaan was, was hij perfect voor mij. Als er ruzie was in mijn familie, kwam hij om vrede te sluiten. Mijn man was na ons huwelijk uit zijn familie gezet. Zelfs na meer dan 45 jaar van ruzie en conflicten in de familie wilde deze Afrikaan dit oplossen. Ik verzette mij hier tegen, omdat ik het niet meer over die kwestie wilde hebben. Ik had er al zoveel jaren vrede mee. Daarom wilde ik niet dat hij dit met alle betrokkenen oprakelde.

Ik wil nu iets zeggen dat misschien tegenstrijdig klinkt. Chibueze is op zich een goede man. Maar ik kan me helaas niet over de beelden heen zetten die we in de Nederlandse cultuur al meer dan honderd jaar meekrijgen over Afrikanen. Die hebben mijn beeldvorming van Afrikanen gevoed. Ik probeer al vijftien jaar mijn beeld te veranderen, maar mijn angst voor Afrikanen is enorm en beheerst mijn leven. Daarom is het antwoord simpel: Afrikanen moeten weg. Het is niet mijn schuld. Zo ben ik opgevoed, het is in mijn cultuur verankerd om zo naar Afrikanen te kijken. Ik word bijgevallen door mijn familie en vrienden.
Nu wil ik even pauzeren.

HOOFDSTUK 4

Diversity

Chibueze, mag ik je uitnodigen om te reageren op wat je Linda hebt horen zeggen? En daarna zal ik Aafke ook vragen om te reageren.

Chibueze

Linda heeft gelijk als ze die dag in november 2006 aanwijst als een keerpunt in mijn huwelijk met Aafke. Vanaf die dag raakten veel mensen, zowel mensen die mij kenden als mensen die mij niet kenden, op een negatieve manier betrokken bij mijn huwelijksleven. Dat heb ik ervaren als een soort tsunami van kwaad. Ik was niet sterk genoeg om de storm te bedwingen. 2006 was het jaar waarin ik het meest vreesde voor mijn leven. Ik zei tegen Aafke dat ze het rustig aan moest doen, omdat ik niet voor haar kon zorgen zoals ik vroeger deed. Ze moest goed voor zichzelf zorgen en niet meer te impulsief dingen doen. Ik kon niet tegen veel stress.

De trap in mijn huis moest ik met handen en voeten beklimmen, omdat ik zo verzwakt was; gewoon lopen ging niet. Ik zag er misschien wel uit als een sterke man die elk wereldrecord op sportgebied zou moeten kunnen verbeteren, maar ik was volkomen afgemat en uitgeput. Ik ging snel achteruit na slechts zes jaar van onze relatie. Door de reanimatie en de verdoving die in mijn lichaam gebruikt was, had ik geen kracht meer in mijn spieren. Ik werd twee keren gereanimeerd maar kreeg geen precieze diagnose over de oorzaak van mijn probleem. Pas toen ik naar een alternatieve genezer ging, vertelde die me dat mijn toestand het gevolg was van langdurige stress. Dit doet mij denken aan de gezondheidsproblemen waar Diversity, Faith en Exalted eerder over vertelden. Ik herken hun kwelling.

In mijn geval werd ik regelmatig opgenomen in het ziekenhuis. De kerst van 2006 bracht ik door in het ziekenhuis: op eerste kerstdag werd ik met spoed opgenomen. Nadat ze mij in het ziekenhuisbed hadden bezocht, gingen Aafke en de kinderen naar het huis van Linda en Bond. Ondanks mijn precaire gezondheidstoestand bleven Linda, Aafke en Bond veel eisen stellen. Aafke kon niet meer zoveel van mij verwachten als vroeger. Het was me duidelijk geworden dat Aafke me snel dood wilde.

Diversity verwees nog naar het feest van Sint Maarten op 11 november 2006, waar ik Aafke niet in een rolstoel wilde rondduwen. Ik weet nog dat ik van tevoren met Aafke had afgesproken om met Sint Maarten niet buiten te gaan lopen omdat ik zo afgemat was. Wat mij betreft hadden we dat jaar over moeten slaan. Maar Aafke wilde liever in een rolstoel dan het te missen. Zoals je je wel herinnert, was Aafke een dag voor 11 november van de trap gevallen. Ze belde mij, en ik kwam terug van de bibliotheek waar ik aan mijn onderzoek werkte, om haar naar de dokter te brengen. De dokter vertelde haar dat ze een paar dagen niet mocht lopen, omdat haar enkel anders niet snel zou herstellen.

Aafke sprak met haar vrienden, onder wie Joanne, en zij regelden een rolstoel voor haar die avond. Ik had als gastheer eten geregeld voor vijftien mensen. Ze vertrokken na het eten om naar de buren te lopen. Toen deed ik beneden het licht uit en ging in mijn studeerkamer boven aan mijn onderzoek werken. De kinderen wisten dat er op Sint Maarten niemand thuis was, en daarom hoefden ze niet aan te bellen. Als de kinderen zagen dat er licht brandde in huis, dan belden ze meestal wel aan. De vader van Aafke vond dat ik dit niet kon maken en gaf aan dat hij erg teleurgesteld in mij was. Ik had het licht aan moeten laten, zodat de kinderen zouden aanbellen en ik hen iets kon geven.

Haar ouders lieten mij heel duidelijk merken dat ze mij niet geschikt vonden voor Aafke. De huichelarij van Aafke was mij tijdens die aanvaring in november, toen ze acht maanden zwanger op bed lag, duidelijk geworden. Al die valse beschuldigingen van haar moeder waarover Aafke niets zei, raakten mij heel diep. Linda vertelde mij dat ik blij moest zijn en moest buigen voor Aafke omdat ze mij vanuit een asielprocedure had geholpen om aan een verblijfsvergunning te komen. De waarheid echter is dat ik nooit asiel heb aangevraagd in Nederland. Ook zonder dat ik met Aafke trouwde, had ik mogelijkheden om in Nederland te blijven, bijvoorbeeld op basis van mijn studie en werk. Tijdens onze huwelijksregistratie door de vreemdelingenpolitie werd mij gevraagd te kiezen uit twee opties voor een permanent verblijf. Eén daarvan was een verblijf door mijn huwelijk met Aafke. Zij haalde mij over om voor deze optie te kiezen. Ik had haar niet nodig, want mijn arbeidscontract bood een ander alternatief om permanent verblijf te verkrijgen. Maar Aafke vond het jammer als ik voor mijn werkgever zou kiezen in plaats van voor haar. De politievrouw die ons inschreef deelde haar mening. En zo werd ik via haar ingeschreven voor mijn verblijfsvergunning. Omdat ik lang genoeg in Nederland woonde kon ik een jaar later mijn naturalisatie aanvragen. Maar dat deed ik negen jaar later, op verzoek van ministerie van defensie waar ik zou gaan werken.

Die dag zag ik voor de eerste keer duidelijk de moeder-baby relatie tussen Aafke en haar moeder. Gedurende haar tirade van aanhoudende beschuldigingen en ontmenselijking, bleef ze haar maar 'mijn baby' noemen. Elke keer als ze 'mijn baby' zei, kroop Aafke in zichzelf, alsof ze zich echt een baby voelde. Het was een vreemde gewaarwording voor mij om Aafke figuurlijk als een baby op de schoot van haar moeder te zien. Ik ging over die dag nadenken om te begrijpen wat er gebeurd was. Ik ging mijn waarneming met Aafke bespreken. Ik wilde weten hoe ze ernaar terugkijkt. Ik vond het bizar dat Linda op die dag Aafke haar baby bleef noemen.

Ik weet nog dat we tegen het einde van die tirade van Linda alle vier aan het huilen waren, Linda, Bond, Aafke en ik. Dat begreep ik niet. Ik weet niet waarom zij huilden. Mijn tranen kwamen van de pijn en het verdriet om in mijn eigen huis klemgezet te worden door mijn echtgenote en schoonouders, en er helemaal alleen voor te staan. De leugens die verteld werden en de valse beschuldigingen tegen mij maakten mij verdrietig. Die dag besefte ik dat ik nog nooit in mijn leven aan zulke emotionele en psychologische marteling was blootgesteld. Ik werd emotioneel in een hoek gedreven. Ik vond het de ultieme vernedering en wrede behandeling. Het druiste in tegen mijn opvoeding om iemand die toch al in de minderheid is en in de familie alle steun en bescherming nodig heeft, op deze manier te behandelen. Ik voelde me gedomineerd en erg geïntimideerd door Aafke en haar ouders. Ik was tot in mijn beenmerg geraakt door de familiecultuur van uitsluiting en de mate van haat die ik ontving.

Ik had mezelf gemakkelijk kunnen verdedigen, maar uit liefde deed ik dat niet. Ik wilde echt mijn relatie met Aafke voortzetten. Ik hield van haar en deed alles wat ik kon voor haar. Ik begon me die dag zorgen te maken over mijn relatie met Aafke. Ik maakte me zorgen over de verdere stappen die Aafkes ouders gingen zetten. Tijdens de twee uur durende beproeving die ik moest doorstaan werd duidelijk en meermaals gezegd dat ik niet goed voor haar was. Dankzij mijn geloof in Jezus Christus kon ik die situatie verdragen zonder wraak te nemen of zelfs maar te proberen me te verdedigen. 'Hij werd veroordeeld zonder dat hij zijn mond open deed.' Ik wist dat die leugens georkestreerd waren, en dat de setting gepland was. In mijn cultuur mag je je bezoeker geen kwaad doen. Ik had niets tegen hen te zeggen.

Een paar dagen later zei ik tegen Aafke: "Ik dacht dat ik met een volwassene getrouwd was, ik wist niet dat ik met een baby getrouwd was." Ik wist dat Aafke zich bijna altijd kwetsbaar voelde. Vooral toen ik zag hoe ze steeds ineenkromp tot een baby als haar moeder haar met tranen, emoties in haar stem, en een troostende stem, 'mijn baby' toeriep. Ik had alleen maar medelijden met haar, en tegelijkertijd zorgde haar handelen ervoor dat haar ouders van alles tegen mij konden zeggen. Door deze ervaring belandde ik tijdens de kerstdagen van dat jaar in het ziekenhuis. De stress sloeg in mijn lijf.

Jaren later ben ik deze houding als een manipulatieve machtsgewoonte gaan zien. Vroeger dacht ik dat ze zich echt kwetsbaar voelde. Later merkte ik dat ze dit gedrag gebruikte wanneer ze sympathie van anderen wilde wekken om hen tot bondgenoot te maken in een onrechtvaardige strijd tegen iemand anders.

Meteen nadat haar ouders waren vertrokken, kwam Aafke sorry tegen me zeggen met een dikke knuffel. Ik omhelsde haar en hield haar lang vast. Ze zei dat ze dacht dat dat het einde van onze relatie was. Ik vertelde haar dat haar moeder dacht dat ik gevaarlijk voor haar was en haar pijn zou doen. Ik zei haar: "Probeer vanaf nu elke dag contact met haar te houden en neem alle telefoons op. Ik denk dat ze iemand zal vragen om een oogje in het zeil te houden."

Ik vermoedde dat Linda aan de vriendin van Aafke, Joanne, had gevraagd om een oog in het zeil houden. Als Joanne, Aafke telefonisch niet kon bereiken, kwam ze zelf langs. Joannes bemoeienis en houding tegenover mij wekte bij mij de indruk dat zij zich had ontpopt tot Aafkes persoonlijke beveiliger. Mijn relatie met haar was moeizaam. Mijn relatie met Bond verbeterde in de loop der tijd weer, maar mijn relatie met Linda werd afstandelijk en zeer oppervlakkig. Ik begon na te denken over een eventuele echtscheiding. Ik voelde dat vanwege de verstoorde relatie met Aafke het niet meer de moeite waard was om voor ons huwelijk te vechten. Ik zag ons niet samen oud worden. Ik kon moeilijk een voorstelling maken van hoe wij samen de kinderen in hetzelfde huis zouden opvoeden tot volwassenheid. Aafke werd een vreemde voor mij.

De reden waarom ik Aafke in 2006 niet heb verlaten, was vanwege haar situatie. Ze was acht maanden zwanger, kwetsbaar en zwak. Ik vond het niet verantwoord en niet het juiste moment om te scheiden. Ik wilde de kinderen eerst laten opgroeien, in ieder geval tot de jongste acht jaar was. Als zij dan nog steeds verlangde naar een echtscheiding, iets waar ze al in 2005 over was begonnen, dan zou ik dat dankbaar toestaan. Uiteindelijk ben ik tien jaar langer in de relatie gebleven dan mijn bedoeling was, omdat ik wilde dat zij en de kinderen stabieler zouden worden. Ik wilde niet scheiden vanuit mijn eigen behoefte.

Een andere reden was dat ik huwelijksgeloften als heilig beschouwde. We waren getrouwd in de kerk, en God was aanwezig in het huwelijk - dat is wat ik dacht. Als een overtuigd gelovige in de Levende God zag ik huwelijksperikelen en familieproblemen niet als een reden om te scheiden. Dus bleef ik hopen dat de familie van Aafke op een dag zou veranderen, in ieder geval omwille van de kinderen. Ik hoopte dat Aafke zich zou realiseren dat wat ze deed niet het beste voor haar was. Ik dacht dat ze de kracht had om te kiezen. Maar ik onderschatte de kracht van haar loyaliteit jegens haar familie. Ik wist niet hoeveel leed een dubbele loyaliteit met zich meebrengt: Aafkes trouw aan witte mensen tegenover haar toewijding aan haar zwarte echtgenoot en kinderen die er anders uitzagen, of sterker nog: uit een groep kwamen die zij haatte en afwees. Toen ik haar tussen beide loyaliteiten in zag lijden, leerde ik over de aantrekkingskracht van gevoelens en herkenning. Haar verbinding met en aantrekking tot witte mensen, gekoppeld aan haar behoefte aan erkenning van deze mensen, versterkten de band. Een mens kan geen twee meesters tegelijk dienen. Hij moet van de ene houden en de andere haten. Ik zag Aafkes gehechtheid aan mij en de kinderen snel eroderen. Het ging als met de snelheid van het licht. Het kostte me wat tijd om het te begrijpen. Ik had medelijden met haar in dit proces. Ik moest mijn hart onderzoeken en een proces van onthechting binnenlaten.

Het kostte me meer dan tien jaar voordat ik begreep dat God misschien niet aanwezig was geweest tijdens het huwelijk. God kan aanwezig zijn op een bruiloft of bijeenkomst als aan bepaalde voorwaarden is voldaan. Ons huwelijk voldeed niet aan de voorwaarden om God aanwezig te laten zijn tijdens de bevestiging van de huwelijksband. Ik hoef niet uit te leggen waarom God niet aanwezig kan zijn geweest. Wij kennen de redenen die in dit tribunaal zijn genoemd. Ik ontdekte het vlak voordat we gingen scheiden. Dat was één van de redenen waarom ik de scheiding toen aanmoedigde. Op de een of andere manier vatte ik de kwestie van racisme met al haar gevolgen licht op.

Het enige wat ik echt niet wist, was de diepgewortelde haat tegen Afrikanen. Ik ging uit van mijzelf en mijn relatie met de familie. Ik wist niet dat ik een heel continent van meer dan 1,3 miljard mensen vertegenwoordigde. Niemand zou zo'n verantwoordelijkheid moeten krijgen, geen mens kan die dragen. Eén persoon kan die verantwoordelijkheid niet vervullen. Ik kon die persoon niet zijn. Ik behandelde de hele kwestie als een familiekwestie, maar wat ik niet wist, was dat mijn kinderen en ik geen familie waren.

Ik had geen weet van de brandende wens om mij uit de familie te verwijderen. Het werd allemaal in het geheim tegen mij gedaan. Ik was me niet bewust van de misdaad die mijn huidskleur met zich meebrengt, en zeker niet van de huidskleur van mijn kinderen. Ik was me niet bewust van het oordeel, de straf en de doodstraf die ik later meemaakte. Het was op 30 december 2015 dat ik hoorde van het doodvonnis: Afrikaans bloed is niet welkom in de familie. Dit was de definitieve beslissing van de familie, en die moest worden uitgevoerd. De volgende dag verliet ik voorgoed mijn huis. Ik wist niet waar ik heen moest. Wel waren sommige mensen bereid en in staat om mij onderdak te bieden.

Ik had verschillende onderkomens, maar geen enkele was geschikt voor mijn kinderen en mij samen. Zo heb ik vele jaren geleefd.

Mijn grootste zorg is nu, ervoor te zorgen dat mijn kinderen dit doodvonnis op basis van hun huidskleur overleven. Om deze reden heb ik het gered en met dit doel leef ik vandaag.

DEEL 6
Aafke spreekt

HET
TRIBUNAAL
VAN DIVERSITY

HOOFDSTUK 1

Diversity

Wat jullie tot nu toe hebben gehoord, is het pijnlijke verhaal van mijn familie. Ik wil weten hoe het zover kon komen. Mijn ouders hebben hierin een rol gespeeld. Ik wil nu graag de rol van Aafke horen. Aafke, nu ben jij aan de beurt om jouw kant van het verhaal te vertellen.

Aafke

Ik voelde me afschuwelijk toen ik me realiseerde dat we in een destructieve dynamiek van haat verzeild waren geraakt. Ik voelde me als iemand die een misdaad begaat in een oorlog. Als ik me inleef in de gevoelens van iemand die lid is van een gevaarlijke criminele bende, kan ik me voorstellen dat hij bang is om zijn team te verlaten, want wat zal er met je gebeuren? Ze zullen je als een verrader beschouwen. Ik voel me als een seriemoordenaar, als een verkrachter die de slachtoffers pijn en verdriet toebrengt. Als iemand die niet meer weet hoe te stoppen, en die ook niet weet waar hij hulp kan krijgen. Ik kan dicht bij de gevoelens van Judas komen, die Jezus verraadde en nadat hij zag wat ze met hem deden, zichzelf van het leven beroofde. Dat waren ook mijn gevoelens over wat ik de Afrikaanse bloedlijn in mijn leven aandeed. Ik behandelde niet alleen de vader van mijn kinderen op een gemene manier, maar zijn hele familie en alle zwarte mensen. De enige uitzondering was de Zuid-Amerikaanse zwarte dame Lulu die mij begeleidde in de omgang met een zwarte man. Zij was getrouwd met een witte Nederlander. Zij was niet mijn echte vriendin, maar ik had een zwarte vrouw nodig die mij kon helpen om mijn missie te voltooien. Ik wilde dat er een eind aan de zorg en strijd zou komen, maar kreeg langzamerhand het idee dat het een uitdaging was om van Afrikaanse mensen af te komen. En de omgeving waarin ik leefde maakte het voor mij onmogelijk om te stoppen met plannen om hem van het leven te beroven.

Een relatie in stand houden waar je omgeving tegen is, zelfs je collega's op werk, is een grote uitdaging. De druk van mannelijke collega's om deze Afrikaanse man te verlaten, zelfs al had ik geen witte man om mee verder te gaan, drong diep tot me door. 'Ga niet verder met die Afrikaanse man!' waarschuwde men. Dit alles stond haaks op mijn ervaring met Chibueze. Hij liet mij me compleet voelen. Hij gaf me het gevoel dat ik iemand was en dat voelde zo goed voor mijn eigenwaarde. Het was zo tegenstrijdig en verwarrend.

Toen ik in februari 2002 zijn land en zijn dorp bezocht, voelde ik voor het eerst in mijn leven dat ik echt iemand was. Toen ik terugkwam, vroegen mijn collega's bij de plaatselijke overheid me hoe het leven daar was. Ik antwoordde hun dat als mijn ego hier kapot zou zijn, ik daarheen zou gaan, en dat ze me weer zouden oplappen. Als ik me laag in aanzien voelde, ging ik naar zijn mensen: zij behandelden me als een mens, als een invloedrijk en nuttig persoon.

De behandeling die ik en de mensen om mij heen hem hier gaven, was precies het tegenovergestelde. We behandelden hem als een voetveeg. Ik had daar in mezelf tegen gevochten want het voelde afschuwelijk, alsof ik iemand onrecht aandeed in een oorlog. Maar het was oorlog en daar kon ik niets aan doen. In Afrika behandelen ze gasten uit Nederland als een koning. In Nederland zijn gasten uit Afrika niet welkom. We beschouwen ze als profiteurs en oplichters. Ik was bang dat mensen mij als een soort medeplichtige beschouwden omdat ik met een Afrikaanse man was. Ik wilde aantonen dat ik niet aan de verkeerde kant stond.

De beste manier voor mij om dat te bewijzen was om afstand van die man te nemen.

Het probleem was dat hij me goed behandelde, voor me zorgde. Maar ik wilde hém domineren. Ik had zijn zorgzaamheid nodig, het voelde zo goed, maar het gaf me ook het gevoel dat ik afhankelijk van hem was, waardoor hij macht over mij kreeg. En dat was niet hoe het hoorde: als Nederlander was ik de baas hier in mijn eigen land en huis. Ik hoorde hém te overweldigen, te overstemmen, te onderdrukken en onderwerpen. Al mijn gedachten en inspanningen waren hierop gericht.

Ik gebruikte alles wat ik had en alles wat ik kon krijgen om hem te intimideren. Alles wat ik kon gebruiken om hem te manipuleren, zette ik gewoon in. Eerlijk gezegd, was het niet gemakkelijk om dit te doen. Het is moeilijk vol te houden. Ik slaagde er niet in zijn moraal te breken, zijn geestelijk welzijn te vernietigen, en hem op de plaats te zetten waar ik vond dat hij behoorde. Mijn ideaal was zoals de verhalen die je hoort over sommige culturen, waar ze hun vrouw zich laten bedekken en haar in huis bewaren om haar man te dienen. In feite wilde ik dat als ik terugkwam van werk, ik de voordeur zou openen en hij dan in de woonkamer zou zitten zoals ik hem had achtergelaten.

Daarom deed ik alles wat ik kon om ervoor te zorgen dat hij stopte met werken. Als hij zijn werk en inkomen verloor zou hij afhankelijk van mij worden en kon ik hem van mensen isoleren. Ik wilde ervoor zorgen dat hij geen sociale contacten meer had. Als zijn geweldige sociale netwerk tot niets zou zijn gereduceerd, zou hij volledig afhankelijk van mij worden voor zijn levensvervulling. Vertrouwend op mij voor alles, zelfs voor eten en voor een drankje, kon ik hem volledig afhankelijk van mij te maken, zodat ik hem kon behandelen zoals ik dat wilde. Dat was de macht die ik over hem wilde krijgen. Ik probeerde hem te overheersen en hem te onderdrukken. Ik heb hier vijftien jaren lang voor gevochten. Ik vond het een hel vanwege alle dingen die ik tegen hem deed. Mijn geweten vocht tegen mij, maar dat weerhield me er niet van.

In ruil voor mijn kwaad behandelde Chibueze mij goed. Niet omdat hij blind was voor mijn slechtheid: hij zag het, hij wist het, hij hoorde het, hij benoemde het. Hij zag dat ik gefrustreerd was. Hij wist wat mijn plannen waren, omdat we naar een relatietherapeut gingen en ik het uitlegde. Chibueze hoorde het als ik hem om advies vroeg hoe ik alles moest aanpakken om het te laten werken. Hij hoorde het van de mensen die mijn plannen kenden. Toch zorgde hij ervoor dat mijn carrière een succes werd. Thuis was hij mijn adviseur. Hij gaf me advies hoe ik problematische dossiers op mijn werk kon aanpakken. Hij nam mij de moeilijke taken uit handen, vooral huishoudelijke problemen. Toen hij te ziek was en met ziekteverlof ging van zijn werk, had ik hem elke dag bij mij thuis. Als ik wegging van huis, bleef hij binnen. Als ik thuiskwam was hij thuis. Dit was de positie waarin ik hem wilde hebben.

Hij had geen sociaal leven. Tijdens zijn ziekteverlof zorgde hij voor de kinderen. Hij kookte. Hij maakte het huis schoon. Hij zorgde voor de tuin en maakte de auto's schoon. Hij deed reparaties in het huis. Tegelijkertijd was zijn salaris drie keer zo hoog als het mijne. Hij had hogere diploma's dan ik en was beter op de hoogte van sociale en culturele kwesties en wereldzaken. Zijn steun, vooral voor mijn werk, maakte dat ik in een paar maanden geweldig carrière kon maken. Ik was blij maar ook jaloers dat hij zulk begrip, kennis en wijsheid had. Hij was mijn spirituele gids en beschermer.

Hij was mijn biechtvader. Ik kon ook niet veel voor hem verbergen. Zijn gezondheidscrisis werd door mij veroorzaakt. Toen ik zwanger was van het derde kind, was ik een paar weken met verlof om me thuis voor te bereiden op de bevalling. Ik sliep overdag als hij aan het werk was, en hij haalde dan na werk de kinderen op van de crèche. Tegen de tijd dat hij terugkwam, was ik goed uitgerust, en 's nachts hield ik hem dan wakker. Ik maakte hem wakker en zei tegen hem: 'Ik kan niet slapen. Blijf wakker met mij.' Soms kuste ik hem wakker. Zo ontregelde ik na een lange periode van slaaptekort zijn gezondheid. Ik merkte dat dit de enige manier was om hem snel kapot te krijgen. Hij werkte immers overdag, en zijn werk was van zondag tot zondag. Hij kreeg de volle lading werk, zowel thuis als op zijn werk. Zijn lichaam verzwakte, en hij werd ziek. Ik dacht dat hij zou sterven, maar hij overleefde het. In die periode hebben we als familie en vrienden extra druk op hem uitgeoefend, maar hij overleefde het. Tussen 2006 en 2010 overleefde hij alle pogingen om hem te laten sterven. Ik wist niet wat ik moest doen.

Toen sloeg het terug op mij, en mijn geweten kon het niet meer aan. Hij verdiende mijn jaloezie en haat niet, en ik begreep niet waarom hij nog goed voor me was. Ik had hem zoveel aangedaan, zowel in zijn bijzijn als achter zijn rug, maar hij bleef goed voor me. Ik begreep niet waarom hij niet voor een scheiding ging. Mijn familie maakte hem duidelijk dat hij niet gewenst was in mijn leven. Maar hij bleef nog steeds. Toen mijn moeder ziek werd, en er geen medicijn was om haar te behandelen omdat de remedie voor haar unieke gezondheidsprobleem nog niet ontdekt was, deed hij wat hij kon om haar te helpen genezen. Hij wist hoe mijn moeder hem haatte. Toch kwam hij haar tegemoet in haar nood.

Ik ging een avond voor sluitingstijd naar een zwembad in Schiedam. Mijn bedoeling was om mezelf te verdrinken. Ik probeerde het vier keer die avond, maar ik faalde. Telkens als ik water binnenkreeg, stopte ik. Ik wist dat ik psychologische hulp nodig had, maar mijn moeder haatte iedereen die naar een psycholoog ging. Ik wist dit vanuit mijn familie: de vrouw van mijn broer ging naar een psycholoog, en mijn moeder sprak nooit meer iets positiefs over haar. Ze verklaarde haar zelfs voor gek. Mijn moeder vindt zichzelf perfect, en alles wat ik heb, heb ik van haar. In die zin ben ik ook perfect. Als ik een psycholoog zou bezoeken, zou dat betekenen dat ik ziek en gevaarlijk was. Dat bestond niet. Mijn moeder zou mij verstoten uit de familie.

Ik zat klem tussen Chibueze en mijn familie. Hij wist dat ik geestelijk in nood was. Ik kon het niet voor hem verbergen, omdat dat zijn beroep was en hij dat soort dingen gewoon weet. Hij zag het. Hij raadde me aan me te laten behandelen, maar ik weigerde. Nu lijdt de hele familie onder de gevolgen van deze door mij veroorzaakte situatie, maar ik leed het ergst. Ik kon geen hulp zoeken. Ik zat vast. Ik kon niet links of rechts afslaan. Ik realiseerde me dat deze relatie op een dag zou eindigen, en wilde niet dat er een psychologisch rapport aan mijn naam verbonden zou zijn.

Toen bedacht ik een nieuw plan: ik realiseerde me dat ik mijn psychische problemen op hem kon projecteren. Ik was degene die hem overeind hield, niet andersom. Hij was degene die naar een psycholoog of naar een psychiater moest. Iedereen zou begrijpen dat Afrikanen mentale problemen hebben, zo zijn ze gewoon. Ik was gezond, en hij was ziek. Dit beeld klopte, want mijn moeder zou accepteren dat het zijn schuld was dat ik me zo voelde en gedroeg.

Ik zat vast in mijn omgeving, in het netwerk van mensen om me heen. Alle mensen rondom mij spraken negatief over zwarte mensen. Ze deden het zelfs in mijn bijzijn, en ik moest wel meepraten om bij hen te blijven horen en ervoor te zorgen dat zij zich op hun gemak voelden en vrij waren om dergelijke gevoelens te uiten. Ik gaf hun de indruk dat ik echt leed onder deze Afrikaan. Ik leefde zestien jaar lang een volstrekt tegenstrijdig leven. Nadat ik hem had geprofileerd als afschuwelijke man, kon ik hem de schuld geven van alle negatieve dingen in mijn leven. Hij werd een dekmantel voor mijn eigen problemen.

HOOFDSTUK 2

Dit nieuwe plan luchtte me op. Ik hoefde nu niet naar mezelf te kijken. Als ik me depressief voelde, vertelde ik mensen dat het door hem kwam. Als ik niet goed functioneerde op mijn werk, vertelde ik mensen dat dit door hem kwam. Als ik de printer op de grond gooide omdat hij niet snel wilde afdrukken of niet goed werkte, kwamen mijn collega's me troosten. Op een gegeven moment hoefde ik niets meer uit te leggen, ze gingen er gewoon van uit dat de Afrikaanse man met wie ik getrouwd was de oorzaak was van al mijn frustraties. Niemand wist dat die man door een hel ging door hoe ik hem behandelde. Terwijl hij thuis juist mij probeerde te steunen en te behouden, vertelde ik iedereen het tegenovergestelde.

Ik wilde niet dat hij uit mijn leven zou vertrekken, want ik wilde voorkomen dat mijn problemen alsnog naar buiten zouden komen. Dan zou ik niemand meer hebben om de schuld te geven van mijn eigen tekortkomingen. Daarom schreef ik me in voor een coaching traject. Als hij mij dan verliet, zou ik dat aankunnen zonder dat mensen mijn problemen te weten hoefden te komen.

Toen hij uiteindelijk het huis verliet in 2016, creëerde ik allerlei scènes en problemen voor hem. Ik vertelde mijn omgeving, mijn buren, mijn werk, mijn vrienden en familie dat hij mij kwaad deed en het leven van mij en de kinderen moeilijk maakte. Ze geloofden me echt, zonder vragen te stellen.

Mijn buren behandelden hem als een gek. Soms gaan onze kinderen bij de buurvrouw Laura spelen. Laura heeft kinderen in de leeftijd van onze kinderen. Als Chibueze na de echtscheiding zijn kinderen kwam ophalen, joeg mijn buurvrouw Laura zowel haar eigen kinderen als onze kinderen haar eigen huis in en deed de deuren op slot. Eerlijk waar, Chibueze heeft hen nooit iets misdaan, nooit gedaan waar zij hem van beschuldigden. Hij was niet agressief, en vertoonde geen tekenen van waanzin of instabiliteit. Ze geloofden gewoon zonder meer in mij, vanwege mijn huidskleur en hun loyaliteit aan mij. Ze behandelden hem als extreem gevaarlijk of gek, vooral de dochter van één van mijn buren. Van een afstandje keek Chibueze toe en zag wat er gebeurde. Ik was blij. Ik hoopte dat hij gek zou worden van deze behandeling, maar hij was geestelijk sterk dus dat gebeurde niet. Alle moeite om hem te demoniseren en te ontmenselijken werkte niet.

Mijn collega's bij de plaatselijke overheid plaatsten onjuiste informatie in zijn dossier. Ik heb die macht, omdat ik toegang heb tot allerlei overheidsadministraties. Ik gaf mijn secretaresse toestemming om negatieve dingen op zijn naam in het gemeentelijk dossier te zetten. Maar het geluk keerde zich tegen mij: hij ontdekte dit doordat andere instanties hem lieten weten dat de informatie die zij van de plaatselijke overheid over hem kregen, niet klopte. Hij begon te graven en sprak met de burgemeester, en de burgemeester kwam naar mij toe en stelde een integriteitscommissie in om dit te onderzoeken.

Ik ging naar hem toe en zei tegen hem dat als hij niet ophield, ik ervoor zou zorgen dat hij de kinderen nooit meer zou zien. Ik was doodsbang dat alles wat ik stiekem had gedaan, zou uitkomen. Hij trok zich niet terug.

In mijn pogingen om hem te straffen door de kinderen bij hem weg te houden en hen te vernietigen, veroorzaakte ik uiteindelijk de huidige situatie. De kinderen droegen zijn naam, een dagelijkse herinnering aan hem. Het was een kwelling voor mij.

Ik kreeg steun van mijn familie, ondanks dat ze me duidelijk maakte dat de kinderen vanwege hun Afrikaans bloed geen deel van hen uitmaakten.

Ik besloot me te richten op de kinderen. Ik begon hun vader in hen te zien. De haat en woede die ik voelde omdat ik hun vader niet had kunnen vernietigen, richtte ik nu op hen. Ik merkte dat dit op hen het effect had dat ik had beoogd voor hun vader. De kinderen raakten geestelijk, lichamelijk, cognitief, spiritueel en sociaal gebroken en beschadigd.

Mijn twee jongens die uitzonderlijk goed waren in voetbal, werden zo depressief en getraumatiseerd dat ze niet meer konden voetballen. Hun lichamelijke ontwikkeling werd beïnvloed: hun lichaam ontwikkelde zich niet zoals het hoort. Hun sociale leven werd ook belemmerd omdat ik doodsbang was dat als mijn kinderen met mensen in contact zouden blijven, ze zouden gaan vertellen wat er in huis gebeurde. Daarom probeerde ik ze weg te houden van vrienden. Ik verbood hun zelfs om met hun leraren en mentoren op school te praten over de situatie thuis. Dat lukte. In hun rapporten las ik dat de kinderen gesloten waren en geen sociaal contact hadden met andere kinderen. Ze spraken niet over wat er in hen omging. Wat hen dwars zat - en iedereen kon zien dat veel hen dwars zat - weigerden ze uit te spreken. Ik gaf natuurlijk als uitleg dat hun vader dit veroorzaakt had. Het laatste wat ik kon doen was de mensen vertellen hoe ik over zwarte mensen dacht. Niemand vroeg hoe de vader zoveel invloed kon hebben terwijl de kinderen niet eens meer bij hem waren.

Op werk deed ik zelfs het tegenovergestelde. Omdat ik carrière wilde maken, creëerde ik het beeld van mezelf als iemand die internationaal georiënteerd was en zich bekommerde om Afrikaanse mensen. Daarom trok ik in 2015 het vluchtelingendossier naar me toe, toen de Nederlandse regering het aantal asielzoekers onder de lokale gemeentes wilde verdelen. Ik deed een verzoek dit dossier aan mij te geven, omdat -zo gaf ik aan - ik de juiste persoon was die zich om Afrikanen bekommerde, aangezien ik met één getrouwd was om hem te helpen als asielzoeker. Ik heb dit zo gepresenteerd, terwijl ik heel goed wist dat mijn man nooit asiel had aangevraagd. Ik kreeg het dossier.

Binnen in mij voelde ik hoe ik die vreemdelingen haatte. Maar ik wilde me indekken. Op het werk had ik enkele collega's die ook een buitenlandse partner hadden. Als we samen waren, praatten we alsof we zo goed waren, zo speciaal, omdat wij migranten verwelkomden. Ik deed dit, terwijl ik in mezelf wist dat het allemaal bedrog was. Het was voor de show. Mijn geweten was altijd tegen me aan het vechten, en mijn grootste angst was dat het naar buiten zou komen. Soms dacht ik zelfs aan zelfmoord om te voorkomen dat deze stiekeme gedachten en daden naar buiten zouden komen. Maar ik dacht dat mijn kinderen me nodig hadden en gaf er uiteindelijk de voorkeur aan om voor hen in leven te blijven. De beste uitweg was als Chibueze zou sterven. Dit was niet mijn idee, maar was een suggestie van mijn moeder met wie ik mijn dilemma deelde. Deze oplossing leek me comfortabeler, en ik wist dat mijn moeder en vriendenkring me elke vorm van steun zouden geven die ik nodig had.

De dood van Chibueze zou ook een voordeel hebben. Als hij stierf, zou ik namelijk zijn levensverzekering kunnen innen. Toen ik me dit economisch belang realiseerde, was de keuze makkelijk gemaakt. Hem doden moest gebeuren zonder dat iemand het wist, want als men wist wat mijn belang hierin was, zou men zich tegen mij keren. De levensverzekering zou enkele tonnen uitkeren als hij zou overlijden. Met dat geld zou ik financieel goed zitten, en als hij weg was, zou het voor mijn moeder en mij misschien ook gemakkelijker worden om op een subtiele manier zonder problemen van de kinderen af te komen.

Ik heb deze zaak op mijn manier aangepakt. Ik sprak met mensen in bepaalde posities en gebruikte hen voor mijn doel, zonder hen te laten weten wat mijn doel was. Ik zorgde ook ervoor dat deze mensen het hele plaatje niet meekregen. Zoals Linda treffend zei, had ze niet het hele plaatje gekregen. Wij werkten volledig samen, maar heel veel informatie gaf ik haar niet. Ik zorgde er ook voor dat Chibueze en zij geen contact hadden. In die verdeeldheid kon ik heersen. Dit doe ik nog steeds bij instanties die tegen Chibueze strijden.

Officieel zei ik de rechter dat ik wel wilde dat Chibueze contact met zijn kinderen had. Zo deed ik alsof ik het beste met iedereen voorhad, maar achter hun rug om wilde ik de kinderen van hem afpakken. Daarom droeg ik allerlei redenen aan waarom de kinderen – ondanks mijn zogenaamd goede intenties – toch hun vader niet mochten zien.

Mijn moeder wilde wanhopig van de Afrikaanse bloedlijn in mijn familie afkomen, en ik wilde van dit verwijt van mijn familie af. Ik had zwarte mensen in de familie gebracht, en ik moest die fout herstellen. Dat kon alleen als de man zou sterven. Omdat de kinderen mentale problemen hadden, vormden zij eigenlijk nauwelijks nog een bedreiging. Ze waren er nog wel, maar hun problemen bevestigden alleen maar dat Afrikanen zwak en nutteloos zijn.

Ik moest een manier zoeken om dit voor elkaar te krijgen zonder dat het bekend werd. Zonder dat men het naar mij zou kunnen herleiden. Mijn familie gaf me financiële steun om allerlei rechtszaken tegen hem aan te kunnen spannen. Ik zette hem onder zware druk en beschuldigde hem ervan dat hij ziek was.

HOOFDSTUK 3

Mijn beeld dat Afrikanen dom zijn is toen behoorlijk aangetast. Ik beschuldigde hem van allerlei dingen, zoals dat hij psychotisch en in de war was. Ik wilde die wet gebruiken om hem in een instelling op te laten sluiten.

Ik had nooit verwacht dat hij zou doen wat hij toen deed. Ik maakte zelf een document waarin stond dat onze huisarts mij had gezegd dat hij ziek was. Mijn advocaat Sandra steunde deze misleiding van de rechtbank en de rechter en presenteerde deze valse beschuldigingen over Chibueze, bewerend dat hij zeer gevaarlijk was.

Toen hij dat zag, ging hij direct naar de huisarts en vroeg haar te bevestigen dat zij dat daadwerkelijk tegen mij had gezegd, en vroeg haar hem te onderzoeken en een diagnose te stellen. De dokter vertelde hem dat zij nooit had gezegd dat hij ziek was. Ze stelde een diagnose en nodigde zelfs een andere dokter uit voor een second opinion. Dit gebeurde allemaal binnen veertien uur nadat ik de claim had ingediend. Hierdoor kon ik niet zeggen dat hij psychotisch was op het moment dat ik dit claimde, en later weer was hersteld. Hij zorgde ervoor dat hij binnen veertien uur had bewezen dat ik het mis had.

Ik kreeg de bewijzen van de twee dokters die de diagnose hadden gesteld. Zij vonden dat ik loog en dat hij niet psychotisch was. Ik had hem behoorlijk onderschat en dat maakte me alleen maar bozer. Hoewel het me niet lukte om dat te bewijzen, ben ik toch altijd blijven beweren dat hij niet goed bij zijn hoofd is.

Ik vroeg een paar instellingen voor geestelijke gezondheidszorg om steun door hen een slecht verhaal over deze zwarte Afrikaanse man te vertellen. De meesten zeiden dat ik onvoldoende bewijs had voor mijn claim. Eén instelling geloofde mijn verhaal en beweerde op basis daarvan dat de man inderdaad gevaarlijk was. Die psychiater had de man niet gezien of gesproken, maar stemde ermee in om een brief af te geven op basis van mijn verhaal. Ik gebruikte die brief voor de rechtszaak, maar de man ging direct naar verschillende psychiaters en liet hen hem diagnosticeren. Hij koos één van de beste tien psychiaters in Nederland om er zeker van te zijn dat niemand aan het resultaat zou twijfelen. Ook die psychiater diagnosticeerde hem en zei dat hij niet psychotisch was, en geen psychische problemen had.

De man stopte daar niet. Hij ging naar andere psychiaters, maar die wilden niet eens meewerken aan een onderzoek. Ze concludeerden na een kort gesprek: "We willen onze tijd niet aan u verspillen. U bent helemaal in orde. Dit is onzinnig. U bent geen klant voor ons. We gaan geen onnodig onderzoek doen." Daar hield de man niet mee op. Hij raadpleegde andere professionele Nederlanders. Die mensen, waaronder gezamenlijke vrienden van mij en hem, maar ook zijn familie, schreven brieven aan de rechtbank waarin ze beweerden dat ze geen verandering bij hem hadden gezien voor, tijdens en na het huwelijk, en dat hij volkomen in orde was. Iemand stelde een vraag aan de rechter in zijn brief. Hij vroeg waarom Chibueze in zestien jaar huwelijk nooit was beschuldigd van psychische problemen, maar een week na de echtscheiding ineens werd beschuldigd van zware psychische stoornissen die door een psychiater behandeld moeten worden. Er wordt gezegt dat hij een gevaar is voor zijn kinderen en samenleven. Hij moet opgesloten worden. Dat zegt voldoende vindt een van de brief schrijvers. Sommige witte moeders brachten hun kind en kinderen bij Chibueze om te laten zien dat hij niet gevaarlijk voor kinderen is. Sommigen laten hun kinderen een paar dagen met overnachting bij Chibueze logeren.

Door deze acties had ik geen grond meer om op te staan. Sterker nog, hij zette me hiermee publiekelijk flink voor schut.

Toch werkten deze valse beschuldigingen wel. Ze beschadigden zijn reputatie en bleven lang aan hem kleven. Mensen waren bang om hem alleen te ontmoeten en met hem te praten. Ze vermeden hem. De rechter luisterde in het begin serieus naar mijn beschuldigingen. Vervolgens luisterde de kinderbescherming ernaar. De kinderopvang luisterde ernaar. De lokale overheid handelde ernaar. In feite luisterden alle instanties ernaar, omdat ze bang waren dat hij instabiel en gevaarlijk was. Het aanwakkeren van angst is een krachtig wapen tegen Afrikanen. Het was door deze ervaring dat ik ontdekte dat er afrofobie is in Nederland. Het versterkte mijn eigen afrofobie. Door deze angst geloofde niemand Chibueze. De kinderen werden bang voor hem gemaakt, vooral jij Diversity. Daarom raakten jullie, die de waarheid kenden, in de war. Die verwarring gaf jullie psychische problemen.

Toen ik bleef volhouden dat hij gek was begonnen de rechters boos op me te worden. Ik ging verder met mijn pogingen bewijs te leveren, maar dat lukte niet en na een jaar of drie werd deze claim afgewezen. Ik slaagde er niet in een diagnose te krijgen en hem in een instelling te laten belanden.

Ik ging toen op zoek naar andere manieren om hem te demoniseren en af te breken. Ik slaagde erin om de gedachten van de kinderen te vergiftigen. Ik vertelde hun dat hun vader gek was en bereid was om hen naar Afrika te brengen en hen daar te doden. Ik zei hen dat hun vader daarom hun paspoort niet mocht hebben. Ik zorgde ervoor dat hun verlopen paspoorten niet werden vernieuwd. Exalted bleef volhouden dat zijn vader niet gevaarlijk was en dat hij met zijn vader in contact wilde blijven, en dat deed hij ook.

Ik wilde niet dat de instanties en de buren zouden zien dat ik loog over de geestelijke gezondheid van de vader. De enige manier waarop ik kon bewijzen dat ik niet loog, was door ervoor te zorgen dat de kinderen niet met hem verbonden bleven. Ik wist dat zij mij niet vertrouwden, en dat ze wisten dat hun vader een goede man was. Ik wist ook dat de kinderen meer liefde, harmonie en zorg van hun vader kregen dan van mij. Ik moest een manier vinden om ervoor te zorgen dat dat niet gebeurde. Telkens als ze probeerden hun vader te ontmoeten, strafte ik hen met allerlei pesterijen. De waarheid mocht niet naar buiten komen. Dat zou me te veel kosten, ik zou gezichtsverlies lijden.

HOOFDSTUK 4

Diversity

Is dat de reden dat je mijn PlayStation in beslag hebt genomen? Omdat ik mijn vader wilde zien en jij bang was dat ik de waarheid te weten zou komen en je leugens zou ontdekken?

Aafke

Ik kon niet anders. Ik wilde je straffen met iets dat je niet gemakkelijk zou vergeven, en ik wist dat je heel graag met je Xbox en je PlayStation speelde. Als je naar je vader wilde, zei ik je dat als je dat deed, ik je PlayStation en je Xbox voor een maand in beslag zou nemen. Dat was gemakkelijk, want dan ging je niet.

Ik heb geprobeerd ervoor te zorgen dat je een band kreeg met mijn moeder. Daarom wilde ik dat je met haar naar het restaurant ging. Als je weigerde, nam ik je PlayStation voor twee weken in beslag. Zo is het me gelukt om je te breken.

Faith hield veel van haar vader en dat maakte mij extreem jaloers op hem.

Wij zijn een familie van sterke vrouwen. Ik wilde Faith daarom aan mij binden, en deed mijn best om haar van mij te laten houden. Zo kon ik haar emotioneel chanteren. Ik kan haar in de war brengen en daarna haar hart winnen. Ik huilde elke keer waar zij bij was, zodat ze medelijden met me kreeg en zich emotioneel met mij verbond. Ik gaf haar wat ze wilde. Ik gaf haar veel vrijheid. Zo won ik haar loyaliteit.

Ik wilde dat zij haar vader ook zo zou gaan haten zoals ik. Ik wist dat ze van materiële dingen houdt, en gebruikte dat om haar gemakkelijker onder controle te krijgen. Ik nam haar mee uit, deed leuke dingen samen, en verwende haar zodat ze zich goed voelde. Zo probeerde ik haar haar vader te laten vergeten. Ik won haar vertrouwen en vertelde haar dat haar vader een slechte en gevaarlijke man was die haar zou ontvoeren naar een ander land, en haar daar zou vermoorden.

Exalted

Mij vertelde je dit ook allemaal, en je zei tegen mij dat dit de reden was dat ik niet naar hem toe moest gaan. Maar ik heb je nooit geloofd. Je nam mijn telefoon in beslag en ontkende dat je hem had. Toen je hem me na zes maanden teruggaf, beweerde je dat je hem in je tas had gevonden. Je wiste alle inhoud en verwijderde de simkaart. Je wilde al mijn gesprekken met mijn vader wissen, ook mijn aantekeningen waarin ik alles opschreef wat je me over hem vertelde. Dat hij gek en gevaarlijk was. Dat hij zijn kinderen, ons dus, zou vermoorden. Ik heb je toen gezegd dat dat onmogelijk was. Ik weet zeker dat mijn vader mensen en vooral kinderen beschermt. Hij redde mij van jouw moeder en stond zelfs voor jou in als je ruzie had met je moeder!

Aafke

Dat klopt, Exalted. Jij onderwierp je nooit aan mijn dreigementen. Het lukte me niet om iets te vinden dat ik kon gebruiken om jou te breken en je te laten onderwerpen. Je had het uithoudingsvermogen van je vader, en ik kon niets vinden waaraan je zo gehecht was dat ik het kon gebruiken om je onder druk te zetten. Alle straffen die ik je gaf bereikten niet mijn doel. Je incasseerde ze, en ging daarna toch gewoon weer naar je vader. Ik zorgde dat je niet naar je favoriete televisieprogramma's kon kijken zoals *Wie is de Mol of Children Got Talent, The Voice of Holland en Eurovisie Songfestival*, en ga zo maar door. Wanneer die programma's op de televisie kwamen stuurde ik je naar je kamer, als straf omdat je contact met je vader had gehad. Als we lekker eten en toetjes hadden, stuurde ik je naar je kamer. Je moest dan huilen, maar dat kon me niets schelen. Ik wilde de controle hebben om ervoor te zorgen dat alle kinderen Chibueze haatten zoals ik hem haatte. Jouw goede contact met hem bewees mijn ongelijk en onthulde mijn leugens over die man. Jouw gedrag herinnerde me aan je vader, die ook weigerde zich aan mij te onderwerpen. Daardoor maakte je mij echt boos.

Op allerlei manieren strafte ik jullie, zo erg dat jullie het gevoel kregen geen moeder of vader te hebben. Ik zorgde ervoor dat jullie dachten dat niemand om jullie gaf.

Diversity

Je bent daarin geslaagd. Dat gevoel heb ik ervaren. Ik geloofde dat absoluut niemand om me gaf. Dat geloof ik nog steeds.

Exalted

Ik ook. Ik vertelde mijn vader dat toen hij het huis verliet, we er twee vrouwen voor terugkregen die niet om ons gaven. Dat was de beloning die wij kregen voor jullie scheiding: Linda en Aafke, onze oma en moeder, twee vrouwen die ons haatten.

Faith

Ik was zo in de war dat ik er niet meer aan wilde denken of over wilde praten. Ik concentreerde me op mijn werk en studie.

Aafke

Toen Chibueze na onze scheiding een vriendin kreeg, infiltreerde ik in haar sociale contacten om haar te waarschuwen weg te blijven. Afrikanen hebben een slavenmentaliteit. Een slaaf heeft een meester nodig om gelukkig te zijn. In onze huwelijksrelatie verwachtte Chibueze complementariteit en gelijkheid. In een slaaf-meester relatie verwacht je geen gelijkheid en complementariteit. Vanuit mijn gezichtspunt was Chibueze mijn eigendom en hoorde hij bij mij voor financiële doeleinden. Hij moest werken en geld verdienen voor mij. Ik zorgde ervoor dat hij het geld niet aan zijn arme familie in Afrika besteedde.

Tijdens ons huwelijk beheerde ik het inkomen. De grote maandelijkse uitgaven stonden op zijn naam: de hypotheek van het huis, de belastingen aan de lokale overheid en de belastingdienst, de auto's, verzekeringen, en ga zo maar door. Hij moest dat elke maand betalen. Ik was niet blij dat een Afrikaanse man in Nederland meer verdiende dan ik. Ik vind het sowieso vreselijk dat mannen in Nederland meer verdienen, laat staan een Afrikaan. Ik ben een geëmancipeerde en goed opgeleide Nederlandse vrouw, een manager bij de lokale overheid. Ik ben erg goed in mijn werk en word zeer gerespecteerd door mijn collega's. Elk ingewikkeld dossier werd aan mij gegeven, en dan kon de burgemeester met een gerust hart gaan slapen. Ze noemden me 'de IJzeren Dame' net zoals Margaret Thatcher.

Daarom was het zo'n klap in mijn gezicht dat in mijn privéleven deze Afrikaanse man mijn orders niet opvolgde. Zijn pogingen om een gelijkwaardige en complementaire relatie te hebben pasten niet bij de cultuur van mijn familie, waarin het gezag langs vrouwelijke lijn loopt. Ik merkte dat hij het heel graag wilde en dat irriteerde me. Ik begreep dat zijn ouders zo'n soort relatie hadden, maar een Europeaan kan geen gelijkheid hebben met een zwarte Afrikaan. Zij moeten altijd onderaan de ladder van de mensheid staan. Wat hij eigenlijk eiste, was dat ik mij tot dat niveau zou verlagen. Dat is natuurlijk onacceptabel.

Afrikanen hebben simpelweg niet de capaciteit om zich op te trekken tot het niveau van Europeanen. Ze hebben niet de mentale capaciteit noch de materiële capaciteit. Het is een kwestie van beschaving en die hebben ze niet. Zij willen dat Europeanen zich verlagen tot hun niveau van achterlijkheid en onbeschaafdheid. Wat een onvoorstelbare domheid. Hij wilde evenveel respect tussen hem en mij, maar dat is onmogelijk. Waarom zou ik het überhaupt overwegen? Respect betekent voor mij superioriteit. Hoe zou ik zo laag kunnen zinken dat ik een Afrikaan als superieur ga beschouwen? Hij kan niet gelijk zijn aan mij, die strijd voor gelijkheid en respect gaat nooit werken.

We kunnen Afrikanen ook niet als gelijken erkennen, want de huidige ongelijkheid is nuttig voor de economie. Het is een soort consumptie: je gebruikt het en gooit het daarna weg. Gelijkheid en respect ondermijnt dit, want we kunnen hen dan niet meer gebruiken voor onze economische doelen. En behalve dit economische nut, wat valt er verder te erkennen in een Afrikaan?

HOOFDSTUK 5

Diversity

Waarom trouw je met een Afrikaan als je zo'n hekel hebt aan Afrikanen? Het verbijstert me hoe iemand dat kan doen.

Aafke

Weet je, ook seriemoordenaars hebben vrienden die nog leven. In de geschiedenis over de oorlog kun je lezen dat mensen die anderen doodden, ook bondgenoten hadden. Pedofielen doen graag werk waarbij ze in contact komen met kinderen en jongeren, het is voor hen een manier om hun doel te bereiken. Er zijn veel redenen, ik kan ze hier niet allemaal uitleggen. Ik geef je een paar aanwijzingen waar je verder over na kunt denken. Europa en Afrika hebben een lange geschiedenis. Ging Europa naar Afrika voor de liefde? Hield Europa van Afrika? Onderzoek deze vraag bij jezelf. Wat je in deze familie ziet, is wat er in de wereld gebeurt.

Maar laat ik het over mezelf en mijn eigen belang hebben. De beste manier om de beste racist te zijn, is je in te dekken door te doen alsof je bevriend bent met die mensen. Als ambtenaar bij de overheid helpt het mij om in aanmerking te komen voor de dossiers die die mensen aangaan. Collega's gaan ervan uit dat ik hier verstand van heb omdat ik een professional en een expert ben op dat gebied. Aan mijn mening wordt daarom nooit getwijfeld, en dit helpt mijn carrière. Er is geen opleiding om te leren over racisme en hoe het goed te doen. Er bestaat geen opleiding om discriminatie zo optimaal mogelijk toe te passen. Als je de mensen van binnenuit kent, dan ben je een professional. Ik had me opgeofferd en een prijs betaald, en kon daardoor met recht beweren dat ik de beste kandidaat ben om dergelijke zaken te behandelen. Daarom kregen mijn beslissingen en daden legitimiteit, en die status is waar ik naar verlangde. Zelfs wanneer je beweert dat ik racistisch ben, zullen anderen mij verdedigen door je voor gek te verklaren. Want als iemand een racist is, zou die persoon toch geen relatie hebben met dat ras? Het is mijn beste verdediging. Het heeft me goed geholpen met mijn carrière en financiële positie, en diende goed als dekmantel. Als dit tribunaal er niet zou zijn, zou niemand van dit alles mogen weten. Dan werd alles meegenomen naar het graf. Alleen vanwege jullie pijn en lijden, maar ook jullie vasthoudendheid, krijgen jullie nu de waarheid te horen.

HOOFDSTUK 6

Diversity

Ik wist niet dat je om deze reden contact had met de psychiater. Je had mij bij hem geregistreerd, maar ik had geen contact met hem: jij ging zelf altijd naar hem toe. Ik dacht dat jij onder mijn naam behandeld werd. Ik begrijp dat je ook zijn steun kreeg om Chibueze te diagnostiseren in zijn afwezigheid. Je vervalste een document en gaf het aan jouw advocaat Sandra. Sandra liet een rapport zien van het jeugdpsychiatrisch werk waarin stond dat Chibueze psychotisch was. Hij zou erg gevaarlijk en onvoorspelbaar zijn, en jij, Aafke, mocht niet toestaan dat de kinderen naar hem toe gingen.

Je advocaat legde dit voor aan de rechtbank. Zij misleidde hiermee de rechter, de rechtbank, kinderzorg, en Chibueze's advocaat. Chibueze's advocaat, een witte vrouw, geloofde haar en jou. Jullie afrofobie schepte een band.

De rechter oordeelde op basis van dit rapport. De rechter controleerde niet of het waar was en vroeg niet hoe deze psychiater bij de zaak betrokken was geraakt en wie hem de opdracht had gegeven om Chibueze te diagnosticeren. De beslissing die die dag in de rechtbank werd genomen, werd uitgevoerd door de kinderbescherming. Je nodigde de kinderbescherming en Gezin- en Jeugdzorg ook uit om je in de rechtszaal te komen steunen, wat ze ook deden. Het was rechtszaak nummer zeven tegen Chibueze.

Na de scheiding schakelde de rechtbank Ouderschap Blijft in om ervoor te zorgen dat we contact opnamen met Chibueze. Zij moesten de uitspraak van de rechtbank uitvoeren. Ze ontmoetten de psychiater, spraken met hem, en sloten toen abrupt het dossier van de familie en verdwenen. Tot op vandaag weet niemand de reden hiervan.

Dit alles beïnvloedde de positie van de lokale overheid in de zaak. Het maakte het voor jouw collega's op werk gemakkelijker om de zaak naar jouw wil te behandelen. De meesten die werk deden dat betrekking had op de familie, vielen onder jouw verantwoordelijkheid. Je kon je baan gemakkelijk gebruiken om ervoor te zorgen dat zij jouw wil uitvoerden.

Chibueze deed een poging om met de psychiater te spreken, maar dat werd hem niet toegestaan. Ik gaf hun toestemming om mijn dossiergegevens naar hem te sturen. Ik was echt in conflict met mezelf. Aafke, jij gaf ons de indruk dat je ons beschermde tegen onze vader, die gek en gevaarlijk zou zijn. We zagen hem nauwelijks. Je besloot om elke vorm van contact voor jaren af te snijden.

Het ergste van alles, was dat het enorme schade in mijn leven veroorzaakte. Ik mocht Chibueze meer dan een jaar niet zien. Ik wist dat je loog met je verhaal. Ik wist dat het hele systeem met je meewerkte. Toen Chibueze de psychiater confronteerde, ontkende hij alles wat jij had beweerd: de psychiater had Chibueze nooit gezien. Hoe kan een psychiater een diagnose stellen bij iemand die hij niet gezien heeft? Hoe kan een psychiater een oordeel geven over iemand die hij niet gezien heeft? Hoe kunnen psychiaters beweren dat iemand erg gevaarlijk is en dat zijn kinderen niet naar hem toe moeten gaan? Alle instanties die hierbij betrokken waren moesten er eigenlijk voor zorgen dat het verbroken contact tussen Chibueze en ons hersteld werd.

Je wist dat angst in je voordeel zou werken tegen Chibueze, en hebt je eigen psychiater ingeschakeld om deze angst toe te passen. Je ging ervan uit dat de mensen je zouden geloven, omdat Chibueze een Afrikaan is. De kracht van de afrofobie in Nederland werkte in je eigen voordeel. Het hele systeem werkte met je mee.

Ik was geschokt over het niveau van haat van jouw advocaat Sandra. Het leek alsof ze allemaal aangestoken werden door jouw agressie tegen Afrikanen. Of was het hun eigen agressie die ze zo konden uitleven? Het gaf me een onveilig gevoel als ik bij jou in de buurt was. Ik ben nog nooit in mijn leven zo'n haat tegengekomen. Zo'n haat waarbij het hele systeem van uitsluiting en racistisch vooroordeel wordt toegepast tegen iemand die geen misdaad heeft begaan. Alleen omdat hij een Afrikaan is. Een minachting waardoor ik en mijn broer en zus die jouw bescherming en die van het rechtssysteem nodig hadden, zwaar gestraft werden. Ik vroeg me af: als onze vader zo werd behandeld vanwege zijn afkomst, hoe zouden wij kinderen dan behandeld worden, door dit land met zo'n onrechtvaardig systeem? Wat voor een leven stond ons te wachten? Wij zijn ook van Afrikaanse afkomst. Dit maakte me bang. Ik kreeg een hekel aan mijzelf, aan mijn huidskleur. Ik kreeg een hekel aan mijn Afrikaanse afkomst. Ik wilde niet zo'n leven leiden.

Tot aan dit tribunaal kon niemand dat iets schelen. We zitten nog steeds in dezelfde situatie. Geen van de betrokken organisaties heeft ook maar één poging gedaan om hun fouten recht te zetten of bekend te maken. Ze stopten het allemaal in de doofpot en zwegen, terwijl ze zagen wat we doormaakten. Niemand geeft om ons.

Dit tribunaal wil geen oordeel vellen, maar is een plek om te uiten wat wij voelen en denken. Jouw daden en hoe jij mij behandelde, waren een marteling. Als ik een medische behandeling nodig had, liet jij me alleen thuis en ging je naar werk. Je beweerde dat ik niet naar school wilde. Alleen maar omdat jij je werk niet wilde afzeggen om voor mijn gezondheid te zorgen. Als ik medicijnen nodig had of een insuline-injectie, stelde je het gewoon uit. Soms duurde het twee dagen voordat je naar de apotheek ging om het te bestellen. Ik heb veel pijn en leed moeten doorstaan. Als ik honger had moest ik soms op de grond gaan liggen.

Je kunt je voorstellen dat op mijn leeftijd van twaalf jaar, mijn lichaam nog helemaal in ontwikkeling was. Ik leed honger. Ik kreeg niet de medicijnen die ik nodig had. Ik was afhankelijk van het gezag van mijn ouders, van jou, en jij hielp me niet. Ik had geen plek waar ik hierover kon klagen, want jij beweerde dat ik ook geestelijk niet in orde was.

Elke keer dat ik mijn afkeer en teleurstelling uitte, werd dat toegeschreven aan mijn zieke geestesgesteldheid. Al mijn kritiek op het systeem van hulpverlening werd gezien als een uiting van mijn ziekte. Niemand luisterde naar mij. Wat ik ook zei, jouw woord overstemde het mijne. Ik was een leugenaar. Toen ik een keer bewusteloos raakte, kon dat je niets schelen. Je vertrok naar je werk en vertelde mijn school dat ik niet naar school wilde. Ze meldden me afwezig en zeiden dat ik spijbelde. Toen ik de school vertelde dat ik thuis bewusteloos was geraakt, vertelde jij hun dat het een leugen was. Je wilde niet dat mensen wisten hoe het er bij ons thuis aan toe ging. De leerplichtambtenaar van de lokale overheid, jouw collega, schreef op dat ik duizelig was geworden.

Alles wat ik zei werd ontkend. Ze schreven dingen in het verslag die niet waar waren. Ik zag hoeveel invloed zo'n verslag heeft. De waarheid werd niet opgeschreven, maar leugens. Die komen dan in het systeem en je komt er nooit meer vanaf. Ik zag mensen die zichzelf beschermden. Ik zag mensen die elkaar indekten. Ze dekten jou ook allemaal in. Jij wist dat ik dat wist. Je wist dat ik erover sprak. Toen ik dit vol vertrouwen tegen de raad van kinderbescherming zei, gaven ze alle informatie aan jou door. Mijn leven met jou ging toen van de frituurpan rechtstreeks naar het vuur. Ik zit nog steeds in dat vuur, waar eeuwig de gloed van dat verterende vuur brandt, zonder einde.

Ik werd geestelijk gemarteld onder het oog van het hele systeem. Ik werd gedwongen om toe te geven dat ik ziek was. Ik werd gedwongen om nutteloze behandelingen te ondergaan. Ik werd gedwongen te gehoorzamen aan dingen die niet goed waren voor mij en mijn welzijn, zowel binnenshuis als daarbuiten. In huis kon ik niet ongestraft mijn gevoelens uiten. Ik moest mijn woede inslikken. Ik moest alles accepteren wat tegen me gezegd of gedaan werd. Mij was verteld dat Chibueze gek en gevaarlijk was. Ik moest erin geloven. Dat Afrikanen onvoorspelbaar, gek en gevaarlijk waren en dat ik gek en gevaarlijk was. Dat al mijn problemen veroorzaakt werden door mijn Afrikaanse bloed.

Ik werd ook geslagen. Er vond fysiek geweld plaats. Ik werd soms een hele dag in mijn kamer opgesloten. Ik smeekte om naar het toilet te gaan, maar dat mocht niet. Dat moest ik zelf maar oplossen op mijn slaapkamer. En ik werd dan weer opgesloten. Dit was de realiteit van mijn wereld. Dit is hoe ik leefde. Als hulpverleners me kwamen bezoeken om te praten, weigerden ze om in mijn kamer te komen. Het stonk er, zeiden ze. Ze waren bang voor de slechte hygiëne. Als de psychiaters mij kwamen bezoeken voor een gesprek, wilden ze niet in mijn kamer blijven. Als ik niet naar de woonkamer kwam, gingen ze weg zonder me te zien. Ik had in de woonkamer geen privacy om te praten over wat ik doormaakte. Als ik zou praten, zou je het horen, en zou mijn leven nog erger worden. Ik zou daarvoor gestraft worden. Als de kinderbescherming me kwam bezoeken, deden ze hetzelfde als de anderen. Alleen omdat mijn kamer zo vies was geworden.

Ze wisten allemaal waarom mijn kamer zo was, want ik had het de rechter verteld. De rechter wist hoe ik de kou in werd gestuurd met alleen mijn ondergoed aan. Alle instellingen waren op de hoogte van mijn martelingen. Zij beweerden de beschermer en de verzorger van kinderen te zijn, maar ik ervoer het tegendeel. Ik zag een rechts- en hulpverleningssysteem dat bedoeld is om dovemans oren te hebben voor een Afrikaans kind dat lijdt en in dodelijke pijn verkeert. Een systeem dat in mijn geval belichaamd werd door een ouder, die dit in stand hield.

De deken van advocaten in Rotterdam bevestigde later dat de advocaat zich heeft misdragen. Maar instanties werkten samen om Aafke te beschermen. Ik zou één conclusie kunnen trekken, waarvan ik hoop dat ze mijn ongelijk zouden bewijzen: Aafke voerde hun wil en wensen uit. Afrikanen hebben geen plaats en geen recht om in dit systeem van uitsluiting en racistisch vooroordeel te leven. Het was verschrikkelijk om te ontdekken dat dit zo in mijn familie was binnengedrongen. Mijn familie-ervaring staat niet los van mijn ervaringen met dit systeem. Nu is het me duidelijk, dat Aafke zelf in feite het onderdrukkende systeem is.

Wie zal ik vertrouwen? Nu ik weet dat mijn moeder het systeem vertegenwoordigt dat mij kapot maakt, tot wie kan ik me dan wenden voor gerechtigheid en verlossing? Deze realiteit is misselijkmakend. Mijn ervaringen zijn niet incidenteel. Ik zag niet waarheen ik me kon wenden. Ik zag nergens een glimpje hoop. Mijn ouders gaven me geen hoop. Justitie liet me geen reden tot hoop zien. Overheidsambtenaren en instanties gaven me geen hoop. De school liet me geen reden tot hoop zien. De gezondheidszorg gaf me geen hoop. Ik heb geen hoop kunnen putten uit het sociale leven, bijvoorbeeld in mijn hobby's en met anderen in mijn voetbalteam. Misschien klink ik dwars en tegenstrijdig omdat ik dit kwaad heb ervaren en er gevoelig voor ben geworden. Misschien ben ik er op te jonge leeftijd mee geconfronteerd. Ik moest het wel zien, het was zo duidelijk dat zelfs blinden het konden zien. Al mijn zintuigen registreerden het monster racisme.

Jullie begrijpen waarom ik gevangen zit, zonder hoop op volwaardig leven en vrijheid. Omdat ik dubbelbloed ben, ben ik veroordeeld tot levenslang lijden, foltering en ongekend onrecht. Het Afrikaanse bloed in mij geeft mij de garantie dat ik de rest van mijn leven veroordeeld zal worden. Ik ben gevormd in de schoot van mijn moeder. Maar ik word veroordeeld vanwege mijn Afrikaanse vader en aan die veroordeling kan ik niet ontsnappen. Ik hoop dat mijn moeder mij kan uitleggen wat ik nog meer moet begrijpen. Dat weet zij als geen ander. Dit gesprek zal ook buiten dit tribunaal worden voortgezet. We zullen het mee naar huis nemen. Ik zal blijven praten. Ik heb jullie bijna allemaal horen spreken. Ik zal nog eens uitleggen wat er in mij leeft. Ik zoek een uitweg uit de pijn en het lijden die deze situatie in mijn leven heeft veroorzaakt.

Voor iedereen die niet heeft doorgemaakt wat ik heb moet doorstaan, zal ik woorden zoeken om het uit te leggen. Ik hoop dat zij zich in mij kunnen verplaatsen, misschien door ervaringen die zij wel in hun leven hebben meegemaakt. Mensen die afwijzing hebben ervaren zullen dichter bij mijn pijnlijke ervaring van afwijzing door racisme kunnen komen. Degenen die onderdrukt werden, zullen zich kunnen verplaatsen in mijn ervaring van onderdrukking. Wie vernederd werden, zullen zich kunnen verplaatsen in mijn ervaring van schaamte door racisme. Wie gediscrimineerd werden, kunnen zich verplaatsen in mijn ervaring van discriminatie en racisme. Wie haat hebben ervaren, kunnen zich verplaatsen in mijn ervaring van haat door racisme. Wie onrechtvaardig behandeld werden, kunnen zich verplaatsen in mijn ervaring van onrechtvaardigheid door discriminatie. Daarom nodig ik jullie uit om ten minste te proberen mij te begrijpen.

De waarheid is pijnlijk, maar leugens zijn nog pijnlijker. De waarheid moet verteld en gehoord worden. Dat we liever in de veiligheid van onze comfortzone blijven, mag ons niet verhinderen de waarheid te verwoorden of te horen. Die comfortzone kan tot de dood leiden als we weigeren de waarheid onder ogen te zien. De verborgen waarheid heeft meer mensenlevens gekost dan de onthulde waarheid. Het verborgene heeft me zoveel aangedaan.
Stel je voor dat je al deze ervaringen dag en nacht meemaakt in je privéleven, waar je geacht wordt alle dagen van je leven veilig en vrij te zijn, alleen maar omdat er een druppel Afrikaans bloed

door je aders stroomt. Maar ook elke dag word je er in het publieke domein mee geconfronteerd als een normale manier van doen, alleen maar omdat men aan je huidskleur kan zien dat je Afrikaans bloed hebt. Pas als je je dit kunt indenken, kun je echt de gevolgen begrijpen die racisme heeft op een gezin, het effect dat het heeft op kinderen uit zo'n gezin.

Mijn gevoelens betekenen misschien niet veel voor iemand die geen persoonlijke vergelijkbare ervaringen heeft. Stel je voor dat je bevrijd wilt worden van gevoelens die gepaard gaan met zulke heftige negatieve emoties. In dat geval kun je dichter bij de reden komen waarom ik klaag en waarom ik deze persoonlijke ervaring met je wil delen.

In de brugklas werd ik verliefd op een meisje. Zij vond mij ook leuk en wilde graag een relatie, maar ze was bang voor de reactie van haar familie. En er waren nog een paar meisjes die op dezelfde manier reageerden. Soms werden ze aangesproken door een andere witte klasgenoot, en gingen ze me daarna ineens gemeen behandelen.

Ik was toen in een leeftijd dat mijn identiteit nog in ontwikkeling was, en dit liet een belangrijke deuk in me achter. Mijn gevoel dat ik nog steeds dezelfde persoon was maar toch continu afwijzing ervoer vanwege mijn huidskleur, had voor mij verstrekkende gevolgen. Het grootste probleem was het aangaan van vriendschapsrelaties met meisjes. Met de jongens ging het goed. Ik was voor hen een doorzetter en gangmaker en daar genoot ik echt van. Maar ook die relaties bleven vooral op het schoolplein en voetbalveld, ik kwam bijna nooit bij vrienden thuis. Mijn pogingen om vriendschap met meisjes aan te knopen legden iets bloot waar ik me niet zo bewust van was. Namelijk dat ik werd gedwongen om een relatie te zoeken met iemand die dezelfde huidskleur had als ik. Omdat ik op een grotendeels witte school zat, was dat lastig.

Ik kon geen woorden geven aan wat er met me gebeurde. Ik kon het niet helemaal doorgronden. Mijn gedachten, emoties en gevoelens onder woorden brengen was een uitdaging. Niet omdat ik in de brugklas zat. Niet omdat ik achterliep in taalontwikkeling, integendeel. Ik was verbaal assertief, en ik had een hoog niveau van taalvaardigheid. Maar ik realiseerde me altijd dat mijn huidskleur zoveel barrières in mijn leven opwierp. Terwijl de meisjes me afwezen vanwege mijn huidskleur, begonnen de jongens me te pesten.

Dat pesten veroorzaakte gevoelens van eenzaamheid en depressie. Ik vond mezelf steeds minder leuk en begon mijn eigen huidskleur te haten. Mijn moeder zei tegen mij: "Je hebt de kleur van je vader. Dat is wat ik voor je had, ik kon niets beters voor je krijgen. Je moet er mee leren leven. Je vader heeft het veroorzaakt." Mijn vader kreeg de schuld en ik begon hem te haten. Ik haatte mensen met mijn huidskleur en wilde niet met ze omgaan. Ik hield me afzijdig van mijn vader en mensen van Afrikaanse afkomst. Ik haatte mezelf. Mijn glimlach verdween. Ik verloor het vertrouwen in mijn leeftijdsgenootjes. Ik werd me er erg van bewust dat mijn huidskleur mijn sociale leven, liefdesleven, en mijn doel in het leven bemoeilijkte. Ik kon geen deel uitmaken van deze maatschappij, waarin racisme een onzichtbare wetmatigheid was. Mijn huidskleur, afkomstig uit Afrika, was een handicap dankzij het racisme. Zo heb ik het ervaren. Zo ervaar ik het elke dag en nacht in het samenleven.

Op geestelijk, lichamelijk of sociaal gebied beperkte mijn huidskleur mij in mijn functioneren. Ik ervoer dit op het voetbalveld, op mijn school, op sociale media, en zelfs in mijn familiekring. Het pestgedrag in al die sociale milieus maakte mij tot een slachtoffer. Er waren weinig alternatieven voor mij. Als je in Amsterdam Zuidoost woont, heb je als 12-jarige jongen misschien nog wat andere opties. Maar als je in een hele buurt al je leeftijdsgenoten met dezelfde huidkleur op één hand kunt tellen, word je gedwongen om je af te zonderen. Ik voelde dat ik niet in mijn omgeving thuishoorde.

Als slachtoffer van racisme leed mijn geest onder wonden die mijn geestelijke leven beïnvloedden. De gevoelens van afwijzing, die vaak samengaan met pijn en een minderwaardigheidscomplex, joegen me op. Mensen die met dit afschuwelijke probleem worstelen of ermee te maken krijgen, en zij die er anderszins mee vertrouwd zijn, weten wat ik bedoel.

HOOFDSTUK 7

Ik verloor mijn racisme-onschuld toen ik racisme ervoer en mij hierdoor gekwetst voelde. Vervolgens ontwikkelde ik een minderwaardigheidscomplex. Om het beter uit te leggen aan mensen die niet weten hoe het voelt om racisme te ervaren, vergelijk ik het met afwijzing.

Ik kon me niet voorstellen dat dit zulke grote gevolgen voor mijn leven zou hebben en zulke grote schade zou veroorzaken. Maar dit is de realiteit waarin ik leef. Ik wil het delen met de slachtoffers en de daders, zodat zij kunnen begrijpen wat het voor mij betekent. Ik heb het meegemaakt vanaf mijn geboorte tot nu. De volgende symptomen waren mijn dagelijks brood, waarbij de ene dag het ene symptoom de overhand had, en op andere dagen het andere symptoom meer aanwezig was.

Ik wilde perfect zijn in wat ik deed, om daarmee een antwoord te hebben op racisme, belediging en vernedering. Als ik een belangrijk persoon zou worden, zou er een einde komen aan die vernedering. Ik leefde in deze leugen en deed mijn uiterste best.

Het was een vermoeiende uitdaging, en ik ontdekte dat het me ook niet veel hielp. Niemand kan perfect zijn.

Mijn onvermogen om deze perfectie te bereiken, versterkte mijn gevoel van onzekerheid. Ik voelde me verslagen. Ergens bij horen geeft me voldoening. Het neemt de eenzaamheid tot op zekere hoogte weg. Doordat ik nergens bij hoorde, voelde ik me onzeker en alleen. Dit gevoel maakte me angstig en ik miste een gevoel van veiligheid. Het opgroeien in angst en het gebrek aan besef van veiligheid hadden grote gevolgen voor mijn leven. Het gaf me veel stress die dag en nacht een marteling leek. Mijn lichaam ontwikkelde onstabiele gevoelens en te snel wisselend gedrag waar ik weinig invloed op had. Het maakte mij emotioneel instabiel. Ik was niet meer de baas over mijn emoties en gevoelens. Het maakte me depressief. En op den duur werd deze depressie chronisch.

Zoals je je kunt voorstellen, leidde dit tot gevoelens van afwijzing. Ik vond mezelf waardeloos. Ik was niet oké. Ik was zwart, en dus ongewenst – dat was de boodschap die de samenleving mij meegaf. Het leidde me in verder isolement waardoor ik afstand nam van mensen. De angst voor afwijzing maakte het moeilijker om normale relaties aan te gaan met andere mensen. Voordat ik me er bewust van was, had ik mezelf afgezonderd van de hoofdstroom van de maatschappij waar ik thuishoor. Ik kon niet anders dan mezelf isoleren tot wat we 'zelf-quarantaine' noemen. Ik was bang voor de pijn en het lijden dat ik ondervond als ik probeerde erbij te horen.

In dat proces van proberen erbij te horen, werd ik een *people pleaser* die probeerde andere mensen zo gelukkig mogelijk te maken. Ik wilde niet dat mensen mij zouden afwijzen. Ik zei soms ja tegen mensen alleen maar om ze uit mijn leven te krijgen. Ik dreef af van wie ik zelf was. Ik deed alsof ik niet echt was voor mezelf. Om mijn authentieke zelf te verbergen, begon ik een muur om mezelf heen te bouwen. Deze muur maakte het moeilijk voor mij om mijn gevoelens met anderen te delen.

Wanneer ik merkte dat mijn 'ja' ervoor zorgde dat zij mij niet onder druk zetten en me niet dwongen om me aan hun wil te houden, dan zei ik 'ja', terwijl ik 'nee' bedoelde. Op de lange termijn hielp dit me niet, want die mensen gingen mij onbetrouwbaar noemen. Ze kwamen steeds terug met nog meer druk en straf. Ze zochten manieren om me kwetsen, zodat ik aan hun druk zou toegeven en hun wil zou gehoorzamen. Zij oefenden macht over mij uit. Zij beperkten mijn vrijheid en ademruimte. Ik voelde me achtervolgd en onder druk gezet. Deze onderdrukking perst de lucht uit mij als een python die de lucht uit mijn longen perst. In die toestand had ik geen keuze dan te vechten voor mijn leven.

Om zo'n gevecht te kunnen voeren, had ik al mijn emoties nodig. Ik moest mijn woede en bitterheid over alle onrecht afreageren, door hen met emoties van mij weg te duwen en wat ademruimte te krijgen. Deze gevoelens en emoties werden sterker naar mate ik mij meer onder druk gezet en machtelozer voelde, en geen andere uitweg zag om hen uit mijn leven te krijgen. Mijn emoties waren dan mijn enige duidelijke communicatie die ze begrepen. Het hield hen buiten, en langzaam kreeg ik dan weer wat lucht. Als ze me geen ademruimte gaven, hield ik de emoties en woede vol totdat ze me loslieten. Als het nodig was, manipuleerde ik mijn emoties: in zo'n geval toonde ik dan woede, zelfs al voelde ik me blij.

Ik paste deze emoties toe, omdat mijn vertrouwen in de mensen weg was. Het was een signaal van wantrouwen jegens een persoon of het systeem. Het was een teken dat mij liet zien hoe veel en hoe lang mij pijn was aangedaan. Ik vond het begrijpelijk en aanvaardbaar dat ik deze emoties gebruikte, tegen mensen die mij zo gemakkelijk en zonder spijt hadden gekwetst.

Als zo iemand mij probeerde te corrigeren, dan werkte dat niet. Ik zette de hakken in het zand en accepteerde de correctie nooit. Kritiek ervoer ik als een poging om mijn hele wereld uit te hollen en in te laten storten. Ik had mijn eigen wereld opgebouwd, waar ik controle over had. Dit was mijn eigen wereld en niet meer de onrechtvaardige wereld waarin het racisme de volledige controle had over mijn leven. Mijn wereld moest ik beheersen en controleren. In deze poging om controle te krijgen over mijn wereld, groeide het verlangen om mijn omgeving te overheersen.

Ik ontwikkelde een sterke persoonlijkheid om mensen weg te houden of weg te duwen die de neiging hadden mijn leven te beïnvloeden op een manier die ik niet wilde.

Het gevoel van veroordeling van mijzelf begon al heel snel een grote rol te spelen. Ik vergeleek mezelf met anderen en geloofde dat zij beter waren dan ik. Dit leidde bij mij tot gevoelens van minderwaardigheid. Het ging zo diep dat ik een zwak zelfbeeld ontwikkelde. Ik zag mezelf als negatief en kon niet geloven dat ik in staat was om iets te bereiken. Dit verziekte mijn geestelijk welzijn.

Ik merkte dat psychologische blokkades zich in mij begonnen te ontwikkelden. Ik kon niet leren. Dingen kwamen niet bij me binnen. Gesprekken en welke informatie dan ook, alles werd geblokkeerd. Ik wilde dat iedereen uit mijn leven bleef. Ik wilde dat iets zou gaan zoals ik dat wilde, en niet zoals de wet het voorschreef of het systeem dat eiste. Ik werd boos. Deze woede veranderde in bitterheid. Ik herinner me dat mijn vader me in 2018 om vergeving vroeg. Ik heb hem zonder omhaal van woorden gezegd dat ik niemand ook maar een centimeter zou vergeven. Ik zou liever iemand van het leven beroven, dan iemand te vergeven die mij onrecht had aangedaan. Mijn hart raakte op de één of andere manier verhard tegen onrecht. Ik ontwikkelde een sterke mate van eigenzinnigheid en een onbuigzame houding. Ik begon te veel te vertrouwen op mijn eigen mening, en vond dat alle andere mensen het mis hadden en niet wisten wat ze deden. Zij waren egoïstisch en gaven niet om mijn pijn. Ze hoorden me niet eens. Ze voelden mijn gevoelens niet. Zelfs als ze mijn gevoelens voelden, had het voor hen geen betekenis. Dus waarom zou ik geven om hen en om wat zij wilden? Zij waren er niet voor mijn belang, maar voor hun eigen belang. Vooral wanneer ze elkaar allemaal indekten en elkaar steunden in hun mishandeling van mij. Ik was altijd verkeerd, en zij waren allemaal goed. Ik was degene die moest toegeven aan hun wil, nooit luisterden zij naar mij.

Ik werd opstandig, zowel thuis als daarbuiten. Thuis kreeg ik lange en hevige ruzies met Aafke en soms ook met Chibueze. Mijn relaties werden vijandig. Om me heen hoorde ik vaak ruzie en strijd. Het drong mijn geest binnen. Ik maakte dingen stuk en vernietigde alles wat ik kon. Ik luisterde niet meer naar de politie of eender welke autoriteit. De dingen moesten gebeuren volgens mijn eigen voorschriften, en anders niet. Ik werd extreem weerbaar en verzette me tegen alles. Ik verloor mijn vermogen tot juiste waarneming en beoordeling van de dingen. In het beoordelen van mensen raakten mijn zintuigen van proeven, voelen, horen, ruiken, zien, denken, en intuïtie vervormd. Ik kon niet meer goed met mensen samenleven. Ik verstootte zowel goede als foute mensen uit mijn leven. Ik wist niet wie of wat goed voor mij was, maar nam aan dat ze allemaal schadelijk voor me waren. Ik raakte echt geblokkeerd.

 Er was een tijd dat dit me leidde tot een volledig passieve manier van leven. Het kon me niet schelen wat mensen besloten. Ik volgde gewoon. Ik had geen weerstand meer. Wat ze ook van me eisten, ik deed het. Het kon me niets meer schelen want ik telde toch niet meer mee. Ik was niemand. Ik heb meer dan vijf jaar in die toestand geleefd. Het was het dieptepunt van mijn depressie. Ik heb in die periode veel meegemaakt. Ik moest doen wat de leerplichtambtenaar wilde. Ik wist dat ik niet kon leren omdat ik geblokkeerd was. Ik weet dat ik geen uithoudingsvermogen had om naar school te gaan en het dagelijkse racisme van mijn medeleerlingen te trotseren. Ik wist dat ik de leraren en alle pretenties die ik zag niet kon uitstaan. Met al hun negatieve beelden over mij, die ze tegen mij uitten, wist ik niet hoe ik naar school moest gaan en hoe ik terug moest komen zonder dat mijn medeleerlingen in een groepje mijn weg versperden en mij in de bosjes duwden, en daar filmpjes van maakten. Die filmpjes zetten ze dan op internet. De school ontdekte dit, maar hield het geheim om hun imago te beschermen.

Als ik hier iets van zei, werd de schoolleiding boos. Ze beweerden dat ik het imago van de school beschadigde. Zij wilden een goede naam houden en behandelden mij als dader, omdat ze me lastig vonden. Zulke stress deed mij bedplassen, als ik bedacht dat ik de volgende dag weer naar school moest. Dat voelde alsof ik door prikkeldraad moest lopen.

HOOFDSTUK 8

Het ergste was dat mijn moeder nooit wilde toegeven dat racisme de oorzaak was van mijn lijden. Bij de geboorte functioneerde mijn hele lichaam naar behoren. Ik was vrolijk en had zin in het leven. Alles ging perfect met mij, totdat ik ontdekte dat ik op de een of andere manier een handicap had. Het bleek een onoverkomelijke handicap te zijn die mij bij de geboorte was opgelegd. Dat is wat wij racisme noemen. Racisme is een handicap voor het leven en belemmert een goede gezondheid. Mijn huidskleur is mijn handicap. Dat vind ik zwaar.

Omdat ik deze ervaringen en gevoelens niet kon bespreken in mijn omgeving, voelde ik mij niet gehoord of gezien. Daardoor kreeg ik een negatieve houding naar mijn omgeving. Ik vond dat niemand naar mij luisterde, en dat mijn grenzen vaak werden overschreden. Ik deed wat mij gevraagd werd. Ik moest vaak de pijn inslikken en verwerken. Soms bracht dit mijn gezondheid en welzijn in gevaar, en trok ik grenzen. Ik sloot zelfs mijn vader en mijn moeder, maar ook vrienden en leeftijdsgenootjes buiten. Daardoor heb ik drie jaren onder de dekens van mijn bed geleefd. Ik had geen energie meer over om iets anders te doen. Mijn spieren hebben zich hierdoor niet adequaat ontwikkeld, terwijl mijn hersenen over-ontwikkeld zijn in ongezonde, ziekmakende ellende. Ik kon zien wat ik niet behoorde te zien. Het beroofde me van mijn jeugd en mijn onschuld. Ik was als iemand die wordt verkracht en zijn maagdelijkheid verliest. Alleen ging deze verkrachting structureel en continu door, zonder ophouden en zonder rust. De fysieke kwelling kon een pauze kennen, maar de mentale kwelling ging door. Zo wisselden ze elkaar af, waardoor ik nooit tot rust kon komen of vrij kon zijn. Het liet een groot litteken in mijn leven achter dat me de rest van mijn leven niet meer zal verlaten. Het zit in mijn lijf.

Veel zaken waren verboden om over te spreken. Zelfexpressie maakte geen deel uit van onze gezinscultuur. Zelfstandige besluitvorming bestond ook niet in de cultuur en traditie van ons gezin. Alles vond plaats onder dwang van jou, Aafke, zeker wanneer Chibueze uit huis ging. Het was een soort militair regime met een dictatoriaal leiderschap. Ik moest in mijn kamer blijven en ging alleen naar de keuken om iets te eten te halen. Soms moest ik mezelf op het toilet opsluiten, alleen maar om te ontsnappen aan jouw verbale en fysieke geweld. Soms bleef ik meer dan zes uur op het toilet, in de hoop daar wat rust te vinden. Faith sloot zichzelf op in haar kamer. Exalted deed dat ook. Jij raakte van streek wanneer we met leraren of mentoren over onze pijn praatten of onze problemen bespraken. Je nam contact op met de leraar en eiste dat ze jou vertelde wat wij gezegd hadden. Sommige leraren waren bang en wilden liever niets van ons weten. Daarom zochten ze iemand anders met wie wij konden praten.

Al mijn contact met mijn orthopedagoog werd door jou tegengehouden. Chibueze wilde dat ik met iemand sprak over mijn situatie, maar jij hield dat tegen. Hetzelfde gebeurde met

Faith: haar mentor mocht niet met haar praten. Exalted kreeg van zijn leraar een schrijfboekje waarin hij alles opschreef wat hem in de weg stond om te leren, elke ochtend als hij op school kwam, voordat de les begon. Dit hielp hem om te kunnen leren. Hij liet het schrift op school achter voordat hij naar huis ging, omdat hij bang was dat jij te weten zou komen wat hij voelde en dacht. Hij was bang voor wat er met hem zou gebeuren als je erachter zou komen wat hij zag en wist. De leraar was ook oprecht bezorgd over hoe jij ons behandelde. Het verbijsterde mij dat geen van de betrokken mensen of instanties - meer dan vierenzestig! - iets voor ons deden. Geen van hen wilde oprecht weten hoe het met ons ging. Geen van hen kon het iets schelen. Het was een schok voor mij om te zien dat niemand iets gaf om hoe wij leden onder jullie afrofobie. Jouw moeder en familie waren allemaal gemeen tegen ons. Je vrienden en kennissen waren gemeen tegen ons. Ons leven werd geruïneerd terwijl iedereen dat wist.

Ik hoop dat dit tribunaal ons troost zal bieden. Ik heb alle vertrouwen en hoop in de maatschappij verloren. Aafke, stel je voor dat je manager bent en binnenkort de directeur van het systeem van racisme, onrecht en uitsluiting. Wat jij met ons doet, zal voor duizenden, zo niet miljoenen mensen gelden. Ik weet dat je het niet tot ons zult beperken. Ik weet dat je niet anders kunt, dit zit in je lichaam. Het is je gewoonte geworden en beheerst jouw leven. Wij zijn de eersten op wie je het echt hebt uitgeoefend. Chibueze overleefde het, en liep ernstige verwondingen op die misschien nooit helemaal zullen genezen. Maar hij leeft en kan deze hoorzitting hier meemaken. Wij zijn van jongs af aan beschadigd, en weten nog niet hoe dit ons leven verder zal beïnvloeden. De toekomst ligt voor ons. Als we zullen leven, dan zullen we toekijken, en deze biografie met ons meedragen. Het is gebeurd en kan niet worden overgedaan. De geschiedenis zal over onze daden oordelen. Zelfs dit tribunaal maakt deel uit van die geschiedenis. Dit is onze keuze, om onze openstaande rekeningen te vereffenen.

Mijn hart is zwaar, en mijn geest rammelt van de vragen. Chibueze, waarom heb je al die jaren niets over racisme gezegd? Ik heb je nooit horen spreken over racisme in het huis of daarbuiten. Je begon hier pas over te spreken nadat je het huis verliet en ergens anders ging wonen, en zelfs toen duurde het nog een paar jaar voordat je erover begon. Zoals ik al zei, mijn geest rammelt van alle vragen. Ik zal ze niet allemaal stellen, want zoveel tijd hebben we niet. Maar ik wil nu wel een antwoord op deze brandende vraag.

HOOFDSTUK 9

Chibueze

Jouw vraag snijdt me diep in mijn hart. Ik wil je een pijnlijke waarheid vertellen. Ik ben oprecht emotioneel over wat ik ga zeggen. Ik vond deze waarheid verstopt in de diepte van mijn hart. Zij is beschamend. Ik vocht tegen mijn gedachten, maar ik zal de strijd staken. Ik wil voor de waarheid staan, en vraag mijn hart wat het weet. Waar mijn hart vol van is, zal mijn mond spreken.

Voordat ik met Aafke trouwde, ervoer ik racisme en ging naar de rechter om het te bestrijden. Net als jij maakte ik discriminatie mee in het onderwijs. Ik mocht mijn afstudeer richting niet afronden, toen een van mijn professoren zich realiseerde dat ik na mijn specialisatie keuze een leidinggevende positie zou krijgen. Het is een specialisatie waar ik alleen met en voor witte Nederlanders zal werken.

Mijn cijfers waren prima, dus dat kon de oorzaak niet zijn. Ik voelde een heilige woede in mij en ging de strijd aan. Ik stapte naar de rechter, omdat ik wist dat het mijn recht was. Het was een lang gevecht om mijn punt echt duidelijk te maken. De rechtszaak duurde twee jaar. Ik won de zaak. Mijn dader maakte duidelijk dat hij me afwees omdat ik Afrikaan was. Hij vond dat Afrikanen niet de bekwaamheid hadden om het werk te doen waarin ik me wilde specialiseren. Ik moest getuigen zien te krijgen die voor de rechter zouden getuigen dat ik als Afrikaan wel die competentie had en kon ontwikkelen om het werk te doen. Hij gaf aan dat Nederlanders mijn leiderschap niet zouden accepteren.

Ik vroeg toen allerlei Nederlandse professionals met hogere posities in de samenleving en medeklasgenoten een brief aan de rechter te sturen. Sommige van die getuigen waren collega's van de professor die mijn tegenstander was. Je begrijpt dat zij niet loyaal waren aan hun collega. Ze waren ook niet mijn vrienden. Zij kenden de waarheid, en zij vonden dat zulk onrecht niet getolereerd kon worden. Maar toch duurde het twee jaar om de zaak af te handelen. Het was mijn eerste ervaring met racisme in de Nederlandse rechtbank. Ik was nog student. Toen ik ging navragen, verklaarden tientallen andere studenten afkomstig uit Afrika dat ze dezelfde ervaring bij deze opleiding hadden. Allemaal hadden ze het oordeel van de docent geaccepteerd.

Toen ik Aafke ontmoette, zat ik midden in deze racismezaak tegen de professor. Nadat ik de rechtszaak won, werd een professor aangesteld om met mij samen te werken om mijn studie af te maken. Die professor was geweldig. Hij werd gevraagd om me zes maanden te begeleiden. Maar nadat hij twee maanden met me gewerkt had, gaf hij me groen licht, en zei dat ik geen verdere begeleiding nodig had. Hij gaf me de nodige documenten om aan mijn werkgever voor te leggen. Zo kon ik alsnog mijn afstudeer keuze afronden.

Inderdaad kreeg ik toen een leidinggevende functie. Ik deed mijn werk heel goed. Ik werd zelfs aangesteld als voorzitter en leider van mijn team. Ik was de jongste in de groep en de enige Afrikaan. Sommigen staken hun afwijzing niet onder stoelen of banken. Een van hen werd kwaad omdat hij niet wilde dat een Afrikaan hem zou aansturen. Alle mensen met wie ik werkte waren van Nederlandse afkomst.

Mijn Afrikaanse collega's en vrienden die hetzelfde meemaakten als ik hadden het land verlaten. Sommigen gingen terug naar Afrika, en sommigen gingen naar het Verenigd Koninkrijk. Door de strijd die ik met de professor had, werd ik me er bewust van dat het voor Afrikanen een voorrecht is om leiding te mogen geven aan witte Nederlanders. Als witte Nederlanders je leiding aanvaarden, dan ben je van meerwaarde. Voordat ik dat doorhad, geloofde ik hierin. Ik beschouwde werken en samenzijn met witte mensen als een voorrecht en als de beste carrière die een Afrikaan kon maken. Maar ik begreep niet waar dit idee in mijn hoofd vandaan kwam. Ik voelde me nuttiger en trotser in het gezelschap van witte mensen. Het voedde mijn ego. Vijf jaar voor dit gebeurde, leefde ik in gezelschap van alleen maar witte mensen.

Ik woonde met hen in één huis. We deelden dezelfde keuken. We deelden dezelfde douche. We deelden dezelfde eettafel. We baden en zongen samen. We gingen samen uit. We vierden samen. Ik deelde mijn leven met deze gemeenschap van witte mensen. Ik zag mezelf niet als anders, ik zag ons allemaal gewoon als mensen. Ik zag geen kleur of was me er niet van bewust. Die rechtszaak verscherpte mijn perceptie. Het plantte het concept kleur in mijn geest. Onderscheid van mensen op basis van kleur trad in mijn geest en lijf. Ik leerde om als ik iemand ontmoette, eerst zijn kleur te zien en daarna pas de mens. Ik begon te denken dat ik Afrikaan was en de witte mensen Europeaan. Ik begon me uniek te voelen in hun midden. Dit gebeurde zonder dat ik erover nadacht, ik was me er niet van bewust. Ik begon voorzichtig te zijn om zo'n positie niet te verliezen. Het voelde vreemd in mijn lijf en geest. Ik wilde het niet, want ik kon gemakkelijk boos worden op racistische bejegening. Ik was er scherp op geworden, mijn zintuigen pikten zulk onrecht snel op. Ik ging eraan werken om het uit mijn lijf en geest te krijgen. Het is mij gelukt door de hulp van een goede professional. Daarom kon ik op mijn werk leidinggeven, zonder moeite te hebben met mijn Afrikaans-zijn.

Aafkes hele vrienden- en familiekring bestond uit witte mensen. Ik verbleef hierdoor dus nog steeds te midden van witte mensen, net als voorheen. Ik gaf leiding aan witte mensen. Ik werkte alleen met en voor witte mensen. Ik ervoer bijna elke dag racisme. Meestal waren de mensen open en vroegen ze eerlijk advies om zich bewust te worden van racisme. Ik sloot een compromis met hen. Ik wilde er niet eens over nadenken. Ik aanvaardde dat ze me zo konden behandelen. Ze mochten al zulke dingen tegen mij zeggen. Soms vroegen ze me of we in Afrika in bomen woonden. Ik vertelde ze dan dat ons huis aan Eikenboom nummer zeven, tak vier stond. Ze moesten dan lachen. Ik zou hen beschrijven hoe we in de boom klommen. We maakten er grapjes over. Het was allemaal pijnlijk, maar ik deed dit om zulke praatjes luchtig te houden.

Weet je nog toen we naar Afrika gingen? Ik nam een foto van een kartonnen huis op een boomtak. Herinner je je de vakantiehuisjes bij het zwembad in het Transcorp Hilton hotel? Ik heb de foto's nog steeds. Ik wilde de draak steken met hun primitieve denkbeelden over Afrikanen. Daarom wilde ik ze die foto laten zien. Ik dreef de spot met mezelf vanuit pijn over hun onwetendheid en superioriteitsgevoelens. Ik wilde die mensen die zo dachten beschermen, en hen niet het gevoel geven dat ze minderwaardig waren tegenover mij. Ik wist dat het voor sommigen een pijnlijk gevoel zou zijn. Ik haalde mezelf omlaag om hen een goed gevoel te geven. Ik kende mijzelf, ik baseerde mijn gevoel van eigenwaarde niet op complimentjes of een ander omlaag halen, om mezelf goed te kunnen voelen.

Aafke voelde zich slecht als er iets goeds werd gezegd over Afrikaanse mensen. Ze kon er niet tegen als er iets verkeerds werd gezegd over witte mensen. Om de vrede te bewaren, moest ik zwijgen over mijn racisme ervaringen. De paar keer dat ik erover probeerde te praten, liepen uit op grote ruzie. Alle problemen die je nu ziet, waarvoor je dit tribunaal hebt bijeengeroepen, zijn allemaal vanwege die ruzie. Ik belde Aafke om een einde te maken aan het racistische gedrag tegen mij. Ze werd kwaad op me, en sindsdien zitten we in de problemen. Ik wilde verder gaan met mijn leven, en de pijn en de gruwel van de relatie achter me laten, maar Aafke en haar familie willen me dood. Ik wil niet sterven voor mijn fout dat ik Aafke en haar familie in vertrouwen heb genomen. Ze bedreigde me met haar connecties op hoge overheidsposities in dit land. Dat heb ik gemerkt, en ik heb gezien wat sommigen hebben gedaan. Ik heb de macht van hun documenten en netwerken gezien.

Maar je kent me: ik heb vertrouwen in de Eigenaar van dit universum, die alles in goede banen leidt. De verpletterende waarheid zal omhoogkomen.

Ik ontdekte, dat hoe meer ik mijn best deed om de pijn weg te drukken over de manier waarop mensen mij behandelden, alleen maar om erbij te horen, des te meer ik zo behandeld werd. Hoe meer ik zweeg en de pijn onderging, hoe erger het werd. Geleidelijk aan begon ik me te realiseren dat ik zelf ook een groot deel van het probleem was. Dit besef was een pijnlijke conclusie.

Ik voel schaamte en verlegenheid om dit te zeggen. Ik ontdekte dat ik compromissen had gesloten over dingen die niet acceptabel waren. Toen ik me dit eenmaal realiseerde, voelde het als hypocrisie, alsof ik mezelf verkocht had. Vooral als het over fundamentele kwesties ging. Ik sprak niet over racisme, omdat ik te midden van witte mensen werkte. Omdat ik met een witte persoon getrouwd was. Op de een of andere manier voelde ik me bevoorrecht om met witte mensen om te gaan. Alsof ik meer en beter was, omdat ik in hun kring geaccepteerd werd. Omdat ik met hen samen was, voelde het alsof ik een hogere status had. Mijn sociale status leek hoger. Dit gevoel wilde ik niet op het spel zetten. Ze zouden woedend op me zijn als ik een opmerking over hun raciale vooroordelen zou maken. Ik wist dat ik hen pijn deed als ik er commentaar op zou geven. Ze ontkenden het met alle gretigheid. Als ik wel eens klaagde over raciale behandeling, vonden zij dat ik zwak was en negatief deed. Ze zeiden dat ik een probleem had. Dat ik geen emotie mocht tonen.

Op een dag liep ik met Aafke op het Noordzeestrand bij Zandvoort. Ik droeg jou in een draagzak op mijn borst. Je was een paar maanden oud. Je beentjes hingen naar buiten. Je lag te slapen. Een man liep met zijn hond. De hond rende en stond op het punt in je voet te bijten. Ik stopte en riep de eigenaar dat hij zijn hond terug moest roepen. In plaats van zijn hond terug te roepen, zei hij dat ik dit land moest verlaten en terug moest gaan naar Afrika. Hij zei dat ik blij moest zijn als zijn hond mijn baby zou bijten. Hij maakte allerlei racistische opmerkingen tegen mij. Aafke zei niets. Toen hij klaar was, liep hij weg met zijn hond. Aafke en ik liepen verder alsof er niets gebeurd was. Ik moest mijn mond houden en niets zeggen. Zo zag de weg van vrede en eenheid eruit.

De prijs die ik betaalde omdat ik hun gevoelens niet wilde kwetsen, was pijn en ziekte. Het grootste deel van mijn energie ging op aan het omgaan met deze pijnen. Mijn dromen werden verteerd doordat ik met zulke kwellingen moest dealen. De uitwendige pijn kon ik wel dragen, maar die van de familie van Aafke en van Aafke zelf was op sommige momenten ondragelijk.

HOOFDSTUK 10

Je hebt me thuis jarenlang niet zien lachen. Buiten zagen de mensen mij als iemand die veel lachte, maar thuis voelde ik de pijn van de racistische behandeling.

Op mijn werk werd mijn kennis gevraagd en gebruikt, maar de eer ging dan naar iemand anders, naar een witte persoon. Ik heb altijd een witte boven mij als leidinggevend of eindverantwoordelijk. Als dank kreeg ik lastige taken zodat ik onder flinke werkdruk bleef staan. Ik wilde geaccepteerd blijven en een goed mens genoemd worden. Dus bleef ik doen wat er van mij verwacht werd. Vaak waren ze ook jaloers, want ik was ongelooflijk goed in mijn werk. Ik wist hetzelfde als mijn collega's en vakgenoten, omdat ik hun cultuur kende en dezelfde academische opleiding en vorming had genoten. Maar door mijn achtergrond, door de wijsheid die ik meenam uit een andere cultuur en een ander werelddeel, wist ik ook wat zij niet wisten. Door beide te combineren werd ik professioneler dan zij. Dat wist ik heel goed. Mijn succes maakt hen jaloers op mij. Als uiting van hun jaloezie gingen ze me tegenwerken. Ze lieten hun racisme blijken door mij als onbetrouwbaar af te schilderen; Afrikanen waren immers niet te vertrouwen.

Dingen waar ik aan gewerkt had of die ik gemaakt had, mochten niet onder mijn naam worden gepubliceerd, maar onder hun naam. Ik moest onzichtbaar zijn in het openbaar. Zij claimden mijn prestatie als de hunne. Als ik een brief stuurde naar een bedrijf voor een goed doel, zei men tegen mij dat mijn naam er niet op mocht staan, om te voorkomen dat het bedrijf zou denken dat ik

fraude pleegde in hun naam. Dus moest er de naam van een witte Nederlander op staan. Ik kreeg geen enkele publiekelijke erkenning voor de verdienste van al mijn goede initiatieven op werk. Dit was een marteling. Ik heb bijna twintig jaar in deze situatie gezeten.
Al deze ervaringen knaagden aan mijn gezondheid. Als gevolg hiervan was ik bijna elke week ziek. Niemand kende de oorzaak. Ik leed aan hoge bloeddruk, die pas stopte nadat ik mijn zelf uit die situatie weg had gehaald. Verschillende organen functioneerden niet goed meer. Ik had vaak maagklachten en pijnen. Pijnen die me zo overvielen dat ze me bijna buiten bewustzijn brachten en toch binnen een paar minuten weer wegwaren. Ik zat vol angst en in een continue overlevingsmodus. Elke dag dat ik ging werken, vroeg ik me af: "Wat ga ik vandaag horen? Welke pijnlijke dingen gaan ze tegen me zeggen?" Beschuldigingen, achterklap en haatdragende taal waren dikwijls mijn deel. Omdat ik me met al deze negatieve benaderingen bezighield, kon ik mijn persoonlijke levensdroom niet waarmaken. Ik werd gedwongen om een zittend leven te leiden. Alleen dankzij mijn persoonlijke inzet kwam ik de dagen door.

In veel situaties zijn er dan toch bijzondere mensen die je komen steunen. Ik heb geluk gehad dat ik mensen ontmoette die mij persoonlijk kwamen steunen. Terugkijkend heb ik er wel spijt van dat ik de status quo heb geaccepteerd. Ik heb zo veel verloren en te veel pijn geleden. Jullie hebben ook te veel pijn geleden. Het is het helemaal niet waard. Ik zeg vandaag tegen jullie: accepteer het niet, deze status quo. Het zijn leugens. De prijs is te hoog en de consequenties te spijtig, vooral als je er te laat achter komt welke pijnlijke prijs je ervoor moet betalen.

Diversity

De afgelopen jaren ben je betrokken geraakt bij de bestrijding van racisme op alle niveaus. Je verzet je ertegen met de volle overtuiging dat het kwaadaardig is. Waarom vecht je nu tegen racisme?

Chibueze

Ik herken de gevoelens die Aafke net uitsprak, dat ze haar gevoel dat ze het verkeerd heeft gedaan wil corrigeren door nu het juiste te doen, en te doen wat van haar verwacht wordt. Dat is menselijk. Ik wil in ieder geval mijn kinderen ervan overtuigen dat ik het niet goed heb gedaan. Ik wil dat je weet dat racisme niet getolereerd mag worden. Aafke moet dit weten. Aafke moet weten dat het slecht en kwaad blijft, ook al steunt de meerderheid het.

Ik voel en weet nu dat zwijgen een verraad kan zijn. Ik heb dit meegemaakt. Ik dacht dat ik racisme bedekte met de mantel der liefde. Ik begreep de diepte van zijn boosaardigheid niet. Dit is een soort biecht en een diepe waarheid vanuit mijn hart: ik verkocht mijn geweten en leed pijn, omdat ik mijn mond sloot tegen het onrecht dat ik meemaakte. Ik zal niet meer zwijgen. Ik moet me nu uitspreken om mezelf en de samenleving te genezen. Ik moet mij uitspreken om jullie, mijn kinderen, en andere kinderen in jullie situatie te bevrijden.

Zoals je ziet, ligt racisme in jouw slaapkamer, op jouw eettafel, in jouw woonkamer. Het is in je huis, en je eet en ademt het in. Het is niet gezond. We zijn er allemaal ziek van. Ons huis is niet veilig. Het is niet leefbaar. Toen ik dit had ontdekt, wist ik dat het mijn verantwoordelijkheid tegenover jullie was om mij uit te spreken. Jullie ervoeren het buitenshuis en binnenshuis. Het was te erg. Ik zag wat het met jullie gezondheid deed. Ik heb het twintig jaar lang meegemaakt, en jij nu achttien jaar.

Om de slachtoffers te bevrijden is het nodig dat ik me uitspreek, zodat er ruimte ontstaat en zij zich ook kunnen uitspreken. Ik wil het voorbeeld van onze familie gebruiken, omdat er nog nauwelijks over racisme binnen families wordt gesproken. Elke familie heeft zo haar uitdagingen, maar racisme is een extra uitdaging waar families zoals de onze mee geconfronteerd worden. Ik dacht dat dit soort familiekwesties ooit vanzelf over zouden gaan. Helaas ging het niet vanzelf over. Elk mens heeft een geweten. Hopelijk kan de familie, ondanks de onderlinge steun om deze ziekelijke en verwerpelijke familiecultuur en -traditie overeind te houden, hiermee ophouden. Wat je niet in het openbaar wil laten niet in het geheim met elkaar doen, zeker niet het vernietigen van het leven van een medemens.

De slachtoffers moeten worden vrijgezet. Ik moet mij uitspreken om daders van racisme onder witte mensen te bevrijden. Ik weet dat ze pijn hebben en dat niet willen voelen. Zij willen liefde geven en liefhebben, terwijl zij in werkelijkheid ook pijn lijden en problemen veroorzaken. Ik wil dat zij weten hoe het voelt voor mensen aan de ontvangende kant. Laat hen de pijn en problemen voelen die zij veroorzaken. Dan zullen ze hun gedrag bijstellen, tot inkeer komen en zich inhouden, zodat anderen enige vrede kunnen hebben. De pijn die racisme elke generatie weer veroorzaakt mag niet toenemen, maar moet worden verminderd en uiteindelijk worden weggenomen. Het is mijn bedoeling om bij te dragen aan de vermindering en uiteindelijk de uitbanning ervan. Zie je, ik ben ervaringsdeskundige. Ik zal mijn ervaring gebruiken om mijn verhaal te vertellen. Mijn verhaal is echt, en mensen die het hebben meegemaakt zullen het herkennen.

Degenen die zich racistisch gedragen zullen beseffen wat voor een verdriet zij in iemands geheugen hebben achtergelaten. Degenen die de status quo accepteren zullen zich realiseren dat zij bijdragen aan het voeden van kwaad en verschrikking in deze wereld. Ze zijn mededaders. Zij dragen niet bij aan vrede, gerechtigheid, gelijkheid, de gezondheid en het welzijn van een mens in deze wereld. Zij broeden op pijn, verschrikking, leed en dood van mensen. De autonomie en zelfbeschikking van de mens wordt zwaar aangetast. Racisme is een verwerpelijke cultuur en traditie waar daders en mededaders zich diep voor moeten schamen. Er is niets trots en eerbaars in racisme. De collectieve wortel van de mens wordt door racisme verziekt.

Mijn zwijgen, als Afrikaan en zwart persoon te midden van witte mensen en getrouwd met een witte vrouw, moedigde hen aan om door te gaan met hun gedrag. Ik zweeg om verschillende redenen. Misschien omdat ik me bevoorrecht voelde dat ik bij hen hoor en deel mag uitmaken van hun gezelschap. Misschien omdat ik mijn brood verdien met werken met en voor hen en omdat ik dat graag wil behouden. Misschien omdat ik een promotie wil krijgen. Misschien om een goed mens genoemd te worden. Misschien is het essentieel voor mijn sociale status. Het kan ook zijn dat ik hiermee bijdraag aan de diversiteit, of dat mijn ego wordt verhoogd. Misschien voel ik mij dan minder Afrikaans, wat volgens mijn vroegere professor 'meer mens' betekent. Het kan ook zijn dat mijn drang om erbij te horen een rol speelt. Ik kan nog tientallen reden noemen. Het is menselijk om je gedrag te rechtvaardigen door allerlei redenen aan te dragen. Maar echt, mijn ervaring is dat een zwarte persoon die zwijgt en de status quo van racisme aanvaardt, gevaarlijker is voor zwarte mensen dan de witte racist. Je normaliseert racisme en moedigt witte mensen aan om zwarte mensen op een gemene manier te behandelen.

Wanneer een zwarte persoon weigert zich aan een dergelijke onmenselijke behandeling te onderwerpen, wordt hij een voorwerp van haat en afkeer. Soms raakt de witte persoon in de war, omdat zwarten zich horen te onderwerpen en een dergelijke behandeling horen te accepteren. Ik realiseerde me dit toen ik een duidelijk standpunt begon in te nemen tegen racisme in mijn huis. De haat leidde tot de wens om mij weg te krijgen zodat er nooit meer iets van mij vernomen zou worden. Als je iemand in gewetensnood brengt, confronteer je hem met een waarheid die hij niet wil zien of horen. Vooral wanneer zijn wereldbeeld op de kop komt te staan en alles er tegenovergesteld uitziet van wat hij dacht, verbergt hij zich. Ik heb de schok en angst in hun ogen gezien.

Ik heb ontdekt dat mijn stilzwijgen over het racisme dat ik heb meegemaakt een verraad was aan jou en anderen. Mijn zwijgen heeft zelfs Aafke en haar familie niet gediend. Daarover moeten ze, denk ik, nog goed nadenken. Als ik niet gezwegen had, was het niet zo erg voor iedereen geworden. Aafke had eerder hulp kunnen zoeken.

Mijn hart draagt geheimen die levensbedreigend kunnen zijn voor mijn kinderen en voor Aafke en mij. Ik wil die geheimen blootleggen in de hoop dat we daardoor bevredigendere oplossingen kunnen vinden. Niet alles is gedocumenteerd, en dat maakt het moeilijk maar niet minder waar. Ik beschrijf namelijk gebeurtenissen met vele getuigen. Ik wil niemand in een kwaad daglicht stellen. Ik weet uit eigen ervaring dat sommige mensen bepaald destructief gedrag nodig hebben om naar boven te komen. Je hebt een spiegel nodig om je gezicht te zien. Als iets voor iemand uitkomt, kunnen anderen daar moed uit putten. Wanneer je omgeving je in een traditie vasthoudt die het licht niet kan verdragen, heb je een uitweg nodig. Op eigen kracht kan je er niet aan ontkomen, vooral wanneer de mensen om je heen willen dat je in die traditie blijft omdat zij anders ontmaskerd zullen worden. Je hebt steun nodig om te veranderen. Dit zijn familietaboes, en als ze niet behandeld worden, zal de hele samenleving eronder lijden. Ik wil dat het goed gaat met mijn kinderen en ook met Aafke, daarom onderneem ik actie. Het verleden moet in het verleden achtergelaten worden, om de toekomst te bevrijden. Door het verleden in het heden te plaatsen, herschept dat verleden de toekomst. Het verleden bevat veel wat we niet willen. Aan dat verleden moet een einde komen, want niemand zit te wachten op een herhaling van het onbeschaafde verleden vol verdriet en schaamte.

HOOFDSTUK 11

Diversity

Het is te pijnlijk. Ik weet hoe het is om in Nederland een zwarte huidskleur te hebben. Ik weet hoe kwellend het is als je daardoor allerlei namen krijgt en op een verkeerde manier wordt behandeld. Chibueze, ik denk dat jij weet hoe je kunt voorkomen dat zulke afwijzing tot fysieke en mentale schade leidt. Jij weet wat het is als mensen niet naar mij als persoon kijken, maar naar mijn uiterlijk, en mij zowel lichamelijk als geestelijk mishandelen vanwege mijn huidskleur. Jij bent hiermee op verschillende manieren mee geconfronteerd geraakt en kan je verbinden met de slachtoffers, en zelfs met daders of mededaders. Je kan empathie, compassie of sympathie opbrengen.

Aafke kon zich daar niet in verplaatsen. Ze kon die rol niet spelen omdat ze geen idee had hoe het is om te lijden onder afwijzing en pestgedrag vanwege je huidskleur. Het is een ver-van-haar-bed-show.

Aafke, waarom was je zo vaak boos en agressief? Soms wilde ik je omhelzen, maar je lichaam zag eruit alsof je doornen om je heen had. Je gezicht zag er hard uit. Je keek wild uit je ogen. Ik vroeg me af wat er in je hoofd omging. Het kwam weinig voor dat je een rustige blik in je ogen had.

Aafke

Mijn frustratie maakte me agressief en harteloos in mijn strijd tegen Chibueze en jullie drie. Ik was alleen bezorgd om mezelf.

Ik wilde liefdevol en zorgzaam zijn, maar in plaats daarvan veroorzaakte ik pijn en lijden voor de mensen om me heen. Ik was me hier zelf bewust van, maar voelde mij machteloos om de nodige verandering te bewerkstellen. Hoe meer ik probeerde om liefde te geven, hoe meer ik pijn en lijden veroorzaakte. Ik ontdekte dat pijn in mij aanwezig was. Ik wist niet wat ik moest doen. Ik ontdekte dat ik geen liefde kon opbrengen, en die ontdekking maakte me hopeloos. Ik raakte gefrustreerd, vooral omdat ik jullie moeder ben, en dat was vreselijk voor mijn imago.

Wat betreft je vader kon ik me redden binnen mijn vriendenkring, want ik kon gewoon zeggen dat hij een Afrikaan is, en dan was alles wat ik hem aandeed gerechtvaardigd. Zoals ik al eerder zei: ik heb hem veel kwaad aangedaan. Ik zorgde ervoor dat onjuiste informatie op zijn naam in verschillende overheidssystemen geregistreerd werd. De Belastingdienst was daar één van. Iedereen geloofde gewoon dat die onjuiste informatie over hem klopte. Hij kon zo beschuldigd worden van zaken die hij niet had gedaan. Het is mij gelukt om hem een profiel te geven waardoor het voor hem moeilijk is om in Nederland te leven. Ik ging ervan uit dat hij daardoor Nederland zou moeten verlaten als hij na de scheiding in leven zou blijven. Ik zag dat veel Afrikanen dit deden.

Op de één of andere manier voelde ik me wel schuldig, maar ik kon niet stoppen. Als ik thuis kwam, zorgde hij goed voor me. Eén minuut later werd ik alweer kwaad op hem. Ik maakte hem tot een zondebok en gaf hem de schuld van alles wat mis was in mijn leven. Daarom gaf het mij juist energie om kwaad over hem te spreken en tegen hem te strijden. Ik praatte mezelf hiermee vrij van schuld. Ik had nooit gedacht dat dit zich tot jullie zou uitstrekken. Ik wist niet wat ik aan het doen was, totdat het zo ver was. Mijn haat tegen jullie vader als zwarte man sloeg over op jullie allemaal toen mijn manier van doen tegen Afrikanen of zwarte mensen een gewoonte werd. Het was moeilijk om beide te scheiden, vooral thuis. Buitenshuis liet ik liever niet zien wat er in mij omging, maar binnenshuis had ik automatisch en onbewust hetzelfde gedragspatroon voor iedereen. Het was moeilijk om alleen je vader anders te behandelen, terwijl jullie ook anders waren. Ik kon geen verschil meer maken tussen zwarte mensen. Dat jullie mijn kinderen zijn, deed er niet meer toe. Als ik jullie zwarte huid zag, zag ik jullie vader. Ik kreeg er spijt van dat ik zwarte kinderen had gekregen.

Je moet begrijpen, de druk van mijn sociale omgeving was groot, en ik ben iemand die altijd mensen wil pleasen. Ik hoorde mijn familie en vrienden zeggen: "Waarom verlaat je hen niet? Dan kun je je eigen leven leiden." Mijn moeder merkte vaak op dat mijn leven helemaal geen leven was, omdat ik mijn leven doorbracht met zwarte mensen voor wie geen plek was binnen het menselijk ras. Ze wilde dat ik van jullie allemaal afkwam. Op de een of andere manier wilde ik dat wel, maar wist ik niet hoe ik het moest doen en er vrij van kon zijn.

Door hoe ik jou behandelde, Diversity, realiseerde ik me voor het eerst dat ik een probleem had. Dat was toen je vier jaar oud was, en je op straat ruzie met mij maakte. Ik zag de woede en agressie in jou. Ik besefte dat je mij hiermee wilde terugpakken, dat je mij deze emoties liet zien om me te laten voelen hoe het voelt om zo behandeld te worden. Hierdoor begon ik na te denken over een manier om te stoppen met mijn gedrag tegen jullie. Dat wilde ik toen echt. Je vader stond het dichtst bij me, en al mijn frustratie en woede droeg hij gelaten. Maar jij kon het niet verkroppen, zelfs niet toen je vier was. Ik ging naar de dokter om hulp te zoeken.

Hoe meer ik hulp probeerde te zoeken, hoe meer mijn familie en vriendenkring mijn boosheid tegenover je vader en dus ook tegenover jou versterkten. Ze zeiden dat het niet aan mij lag, maar aan jullie. Alle negatieve gevoelens jegens je vader werden ook op jou gericht. Ik begon je bewuster te behandelen dan voorheen. Mijn moeder wilde geen zwarte kleinkinderen in onze familie. Dit moest ik op de één of andere manier zien recht te zetten. Ik moest de zwarte lijn uit de familie zien weg te krijgen. Om dit te kunnen, moest ik mijn geest verharden zodat ik niets voelde, zelfs niet als het aankwam op leven en dood.

Bij sommige zaken in het leven heb je iemand nodig die je tot steun of voorbeeld is. Ik had de goedkeuring van mijn moeder nodig in mijn leven. Je hebt gezien hoe close wij zijn. Ik keek naar haar gedrag, luisterde naar haar woorden, leerde van haar en onderwierp me aan haar eis van loyaliteit. Ik werd een kopie van haar.

Toen mijn vader ziek werd, vroeg mijn moeder me om langere tijd bij hen te komen logeren. Het ging niet heel slecht met mijn vader, hij kon zelf naar het toilet lopen en redde zichzelf aardig. Mijn moeder zag enorm op tegen een jarenlange aftakeling en lijdensweg, ze had geen zin om haar vrijheid op te offeren door lang voor haar zieke man te moeten zorgen. Ze liet me toen zien hoe we mijn vader konden verzwakken. Ik vond dat moeilijk, maar we sloten een pact. Ik zal niet in details treden, maar we kwamen overeen dat als zij en ik zouden zorgen dat mijn vader stierf, zij dan de erfenis zou innen - die bedroeg een flinke som geld. En dan zou ik zorgen dat jouw vader stierf, en het geld van de levensverzekering claimen. Daarna zouden we allebei vrij zijn en samen in één huis gaan wonen. Mijn moeder beloofde me te helpen om daarna ook van jullie af te komen. Dit was een geheim, niemand wist hiervan, ook mijn broers niet. We belden een dokter om mijn vader een spuitje te geven. De dokter gaf hem iets waardoor hij diep in slaap viel, en zo stierf hij.

Daarna maakten we een plan om je vader dichter in de buurt van mijn moeder te brengen, maar dat lukte niet. Weet je nog dat je vader niet naar de begrafenis van mijn vader kwam? Zijn broer vertegenwoordigde hem. Vanaf dat moment werd het steeds lastiger voor mij en mijn moeder. Mijn moeder wilde naar ons huis gaan, maar Chibueze verbood haar het huis te betreden. Daarom moest ik iets anders proberen: ik maakte het eten klaar en nodigde hem uit om het te eten, waardoor hij ging overgeven. Hij heeft negen uur lang overgegeven maar overleefde het. Hij hield er veel inwendig letsel aan over, schade aan de ogen, en een hoge bloeddruk. Daarna werd hij heel voorzichtig. De enige optie was om hem 's nachts neer te steken terwijl hij sliep. Dan zou ik de gevangenis in moeten, maar mijn plan was om te beweren dat ik een psychiatrisch probleem had, zodat ik na een paar jaar weer zou vrijkomen. Maar hij veranderde van slaapkamer. Hij verliet onze slaapkamer en ging naar zijn studeerkamer om te slapen. Als hij voelde dat hij kwetsbaar was, zoals 's nachts, sliep hij daar en deed de deur op slot.

Alle andere pogingen die ik ondernam hadden geen succes. Mijn frustratie veranderde in extreme haat en wanhoop. Niet alleen waren mijn pogingen mislukt, maar Chibueze kende nu mijn plannen, hij doorzag mijn verborgen agenda. Hij zag mijn racisme, mijn haat, mijn verlangen om te doden. Hij zag alles wat ik voor de wereld wilde verbergen. Mijn enige spijt is dat ik hem niet vermoord heb toen ik dacht alle kans te hebben. Dat brandend verlangen zit nog steeds in mij. Je hebt geen idee hoe dat voelt. Je moet begrijpen dat ik het er nog steeds moeilijk mee heb.

Omdat ik wist wat Chibueze over mij weet, moest ik ervoor zorgen dat dat niet naar buiten zou komen. Niemand mocht weten wat ik had gedaan. Een bevriende journalist houdt je vader nog steeds in de gaten, om op een slinkse manier zijn publicaties tegen te houden. Soms neemt hij contact op met de uitgever om de verspreiding van zijn publicatie te minimaliseren, door zijn boodschap in diskrediet te brengen of uit te wissen. Dit is nog steeds aan de gang. Ik kan niet teruggaan om hem te zeggen te stoppen, dan lijkt het net alsof ik opgeef of terugkrabbel of alsof hij me ten onrechte heeft geholpen. Die journalist zal blijven doorgaan. Ik houd niet van gezichtsverlies. Ik behoud mijn trots.

Ik heb van alles in gang gezet dat heel moeilijk te overzien is. Ik heb geen idee hoe ver dit is gegaan, en wat de gevolgen zullen zijn voor Chibueze en voor jullie. Het is in beweging gezet en uit de hand gelopen. Niemand heeft er controle over. Het administratieve systeem in Nederland kennende, kun je veel last krijgen van die onjuiste informatie in het systeem. De informatie dat Chibueze gevaarlijk en onvoorspelbaar is zal altijd aan hem kleven, en in het systeem van het departement van defensie en veiligheid terechtkomen. Ze zullen hem in de gaten houden, ook al is er niets te vinden. Dit is hoe onze administratie werkt: informatie van één departement wordt doorgegeven aan alle overheidssystemen. Jij zal in de toekomst geregistreerd worden als het kind van zo'n vader.

Diversity

Dus onze toekomst wordt bepaald door die onjuiste informatie. Is dat het gevolg van het gegeven dat je niet om ons gaf?

Aafke

Al mijn aandacht was gericht op het uitschakelen van Chibueze of hem uit Nederland weg te krijgen. Daarna zou mijn moeder voor de rest zorgen. Dit lijkt misschien onwerkelijk, maar dit was echt wat we gepland hadden. We moesten het werk afmaken, er stond te veel op het spel. Het ging niet meer om mij alleen, maar ook de anderen die erbij betrokken waren moesten beschermd worden. Maar het lukte ons niet en dat was zo frustrerend. Je vader leefde nog, en hij had ons plan blootgelegd en gedocumenteerd. Hij vormde een risico, we wilden niet dat de waarheid uitkwam en daarom bleven we het ontkennen.

Mijn minderwaardigheidscomplex maakte me gemeen tegenover zwarte mensen. Toen ik Afrika bezocht, werd ik behandeld als een koningin en een superieur persoon. Mijn ego groeide zo hard, zo had ik me nog nooit in mijn leven gevoeld. Ik begon me ook meer superieur te voelen tegenover Afrikanen. Niemand van hen vroeg naar mijn beroep. Ze vroegen me niet naar mijn status of persoonlijke informatie. Ik dacht dat ze me respecteerden omdat ik een witte huidskleur heb. Ik nam aan dat zij zichzelf ook minderwaardiger vonden dan witte mensen. Dit bevestigde precies wat ik over hen gelezen en gehoord had.

Het zorgde ervoor dat ik zwarte mensen begon te behandelen als inferieure mensen. Ik had een groepje vrienden dat me hielp om je vader uit te schakelen. We probeerden verschillende middelen en acties uit. In ons groepje deelden we stukjes informatie en ervaringen die we verzameld hadden. Toen ik vertelde over al mijn inspanningen die niet het verwachte resultaat opleverden, bleken sommige van hen ook zulke ervaringen te hebben. Wij concludeerden dat zwarte mensen oerkracht bezaten, waardoor het bijzonder moeilijk was om hen te vernietigen. En zo veranderde mijn superioriteitsgevoel langzaam in haat.

We begonnen te geloven dat zwarte mensen een macht hebben die witte mensen niet hebben. Ze overleven zoveel ontberingen, blijven doorgaan en vermenigvuldigen zich zelfs. Mijn hele familie werd wanhopig, en iedereen werkte mee om het werk gedaan te krijgen. 'Geen zwarte in de familie', was ons motto. Deze haat zorgde ervoor dat de echtgenote van één van mijn broers echtscheiding aanvroeg. Ze gaf veel om Chibueze, ze vond dat hij een grote helper voor de familie was. Ze begreep niet waarom we hem dood wilden. Het was pure haat jegens zwarte mensen, maar we hebben haar dat nooit zo gezegd. Op haar eigen intuïtieve manier voelde ze de waarheid aan, en toen ze zich daar echt bewust van werd, verliet ze de familie.

Daarom gebruikte ik mijn positie om allerlei onjuiste informatie in Chibueze's persoonlijke dossier bij de lokale overheid te zetten. Ik had nooit gedacht dat hij dat zou uitvinden. Ik beweerde dat hij naar het buitenland was gereisd met onbekende bestemming. Het was de tijd dat mensen naar Turkije reisden om te gaan vechten tegen ISIS in het Midden-Oosten. Ik bracht hem in die verdenking, hopende dat hij misschien op een of andere manier zou worden aangehouden, ondervraagd en geïntimideerd, en het land zou worden uitgezet als jihadist.

Ik beweerde ook dat hij meldde dat de groene haag van de buurman moest worden afgeknipt. Dat heeft hij nooit gedaan, ik deed het in zijn naam. Ik had de leiding over die afdeling, maakte snel zo'n melding in zijn naam en stopte die in zijn dossier. Dankzij onze banden met het belastingkantoor kon ik hem in de schulden steken. Ik incasseerde geld van het belastingkantoor en eiste dat ze dat geld van hem terug zouden krijgen. Ik gebruikte zijn naam om dat geld te innen. Hij werd aangehouden en moest het geld betalen. Kortom, ik gebruikte alle mogelijke manieren om mijn haat tegen hem te uiten. Om hem te frustreren en te verzwakken. Maar ik kwam niet verder dan dat ik een negatief beeld van hem creëerde in het systeem.

Kun je je voorstellen hoe het voelt om meer dan tien jaar iemand te haten en proberen uit te schakelen, en daarin te falen? En in plaats daarvan was hij degene die me uit de problemen bleef helpen. Hij hielp me om carrière te maken. Hij was mijn mentor, mijn raadgever, mijn steun en toeverlaat, de enige die om me gaf. Hij was mijn kostwinner. Hij breidde mijn sociale leven uit. Hij bracht me in de schijnwerpers. Hij kreeg me op de nationale televisie in Nederland. En dat terwijl ik vond dat ik degene was die superieur was, niet hij! Weet je hoe pijnlijk dat is? Hij is migrant in mijn land. Als ik hem zie, zoals in dit tribunaal nu, herinnert hij me aan deze negatieve kant van mijzelf. Die kant kan ik onmogelijk onder ogen zien. Ik begrijp ook waarom de zwarten ons aan de zwarte bladzijde van onze geschiedenis herinneren. Daar willen we niet aan herinnerd worden. Die rol speelt jouw vader voor mijn levensverhaal. Mijn daden tegen hem zijn een diepe donkere bladzijde in mijn levensverhaal. Daarom projecteer ik die negativiteit op hem: hij is degene die me verbittert, die mijn haat oproept. Hij bracht het ergste in mijn leven naar boven, daar word ik niet blij van. Ik heb een gespleten persoonlijkheid. In mijn familie, en kring van vrienden en collega's willen ze horen dat zwarte mensen slecht zijn. Ik moest die status quo handhaven. Ik kon niet anders. Mijn vrienden en familie dwongen me om hun kant te kiezen en dreigden me te verstoten als ik er voor koos om bij een zwarte man te blijven.

DEEL 7
Nieuw begin

HOOFDSTUK 1

Het was rond 11 uur in de ochtend. Voor de eerste keer hoorde ik mijn eigen stem zoals ik haar nog nooit in mijn leven had gehoord. Het kwam van mijn diepste binnenste en voelde vreemd aan. Het was 31 januari 2016 en ik kondigde Aafke en onze kinderen aan dat ik die dag voorgoed het huis zou verlaten. We zaten aan de eettafel in de woonkamer. Ik kon goed uit mijn woorden komen tot aan het moment waarop ik moest zeggen dat ik voorgoed uit huis zou gaan.. Dat die dag, mijn laatste was in één huis met Aafke en jullie, mijn kinderen. Ik huilde, en mijn stem had de diepe klank van een brullende leeuw. Ik was ontroostbaar. Twee uren lang ging het door. Ik had die stem nog nooit eerder gebruikt. Niet als ik praatte, huilde, schreeuwde of lachte. Ik realiseerde me dat ik over een paar uur mijn huis uit moest. Niemand dwong mij ertoe, maar mijn geest stond het mij niet toe daar nog één nacht langer door te brengen. Ik wist dat die dag mijn laatste dag was. Die dag was de definitieve einddatum van de periode dat ik het leven met Aafke probeerde te verdragen. Die datum zette een streep door ons huwelijk en samenleven. Een groot deel van de diepe emoties en gedachten die ik in dit tribunaal met jullie deel, veroorzaakten deze keuze.

Mijn drie kinderen waren mooi en kwetsbaar. Ze waren nog jong: acht , tien en twaalf jaar oud. Ik zou ze niet meer naar bed zien gaan of 's morgens wakker zien worden. Ik zou niet meer met ze kunnen praten wanneer ik wilde, en zij niet met mij. Er zou iemand in mijn plaats komen, iemand die hen niet het leven en de zorg zou geven die ze nodig hadden. Vanwege mijn huidskleur en Afrikaanse afkomst was een scheiding onvermijdelijk geworden. Mijn lot kennende, namelijk de behandeling die ik kreeg in die familie, wist ik dat hun lot erger zou zijn. Ik had dingen kunnen weerstaan, om ademruimte voor mijn longen te creëren. Zij waren volledig afhankelijk en kwetsbaar. Ze waren afhankelijk van de liefde en aandacht. Ze waren afhankelijk van de zorg. Ze waren financieel afhankelijk. Ze waren afhankelijk van de kleding en schoenen die hen gegeven werden. Emotioneel waren ze afhankelijk. Mentaal waren ze afhankelijk. Sociaal waren ze afhankelijk. Ik zag hun armoede op al die gebieden waar ze afhankelijk van hun ouders waren. Door mijn vertrek viel ik weg uit hun dagelijkse leven. Ik wist dat ze tekort zouden komen op al deze gebieden. Ik wist dat ze hun ervaringen op een eenzame manier zouden moeten doorstaan.

Dit raakte mij zeer diep. Ik was bezorgd of ze het wel zouden overleven, of dat de situatie hen kapot zou maken. Afscheid van hen nemen voelde alsof ik hen aan hun lot overliet, onbeschermd tegen alles wat hen kon overkomen. Ik móest afscheid nemen om mijn eigen leven te redden, maar als vader werd ik verondersteld mijn kinderen te beschermen. Het idee dat ik op een dag te horen zou krijgen dat mijn één van mijn kinderen was gestorven, was ondragelijk. Het verdriet en de droefheid overmeesterden me.

Diversity omhelsde me en hing aan mijn nek. Ik kon nauwelijks ademhalen. Iedereen was aan het huilen. Diversity klampte zich aan mij vast met al zijn kracht. Hij had mijn troost nodig, maar hij was degene die mij probeerde te troosten. Ik hield hem ook stevig vast, en daar zaten we. Ik zat op de stoel aan de eettafel. Tegenover mij zat Aafke. Faith zat naast Aafke. Exalted liep huilend rond. Ik kon niemand troosten. Ik liet Diversity een tijdje aan me hangen, maar hij liet mij niet meer los. Ik vroeg hem te gaan zitten, omdat hij misschien moe zou worden van het staan. Faith en Exalted waren vol tranen. Exalted gaf me zijn mooiste speelgoed en vroeg me aan hem te denken als ik ernaar keek, zodat ik zou weten dat we samen waren. Ik beloofde Exalted dat ik het zou houden.

Die dag nam ik een vuilniszak met spullen mee, en verliet mijn huis. Ik had een vruchtensapmachine en één paar schoenen bij me. Ik reed weg met de auto van mijn broer. Alles waar ik 25 jaar lang aan gewerkt had, liet ik achter. Ik nam bijna niets mee.

Natuurlijk walgde ik van alles en iedereen die me zo'n pijn aandeed dat ik er tranen om moest laten. Dat was alles wat er voor mij overbleef na de relatie met Aafke: iemand die een vreemdeling voor me was geworden en een gevoel van walging bij mij opriep. Maar het was duidelijk voor mij. Als ik vanuit het diepst van mijn hart om iets huil, is het wat mij betreft voorgoed voorbij. Als het even kan, vergeet ik de persoon of gebeurtenis voorgoed en wis ik het uit mijn geheugen. Dat is bijna gelukt. Alleen vanwege onze kinderen moest ik een manier vinden om met Aafke samen te blijven werken.

Toen ik de volgende dag een paar spullen kwam ophalen, was alles weg: de documenten van het huis, de paspoorten van de kinderen, belangrijke informatie en documenten op de computer en zoveel andere dingen. Onze gezamenlijke bankrekening was gesloten. Ik had geen toegang tot het spaargeld. Aafke nam alles in beslag. Ik moest wanhopig mijn naam van de levensverzekering en de hypotheek laten verwijderen, zodat ik mijn leven opnieuw kon beginnen. Aafke weigerde dat mijn naam van de levensverzekering en de hypotheek af mag. Als ik haar op straat tegenkwam, begroette ze me niet. Ik besloot om af te wachten wanneer ze me zou groeten. Wel, tot vandaag de dag is dat niet gebeurd. We begroeten elkaar niet meer. Eén van de buurmannen en zijn vrouw gingen hetzelfde doen. Ik wilde hen geen superioriteitsgevoel gunnen dus besloot hen ook niet meer te groeten.

Aafke

Chibueze, ik las je scriptie over je onderzoek naar racisme in Nederland. Je schreef het in 1998 voordat we elkaar ontmoetten in 2000. Ik heb er veel uit geleerd over racisme, stereotypen en angst voor Afrikanen. Toen ik het in de praktijk toepaste, merkte ik dat deze mechanismen vandaag de dag nog steeds aanwezig zijn. Al die afrofobische beelden gebruikte ik om mijn zin te krijgen, en het werkte. Waarom zou ik het niet in mijn voordeel inzetten?

Eerlijk gezegd was ik verrast hoe gevoelig onze cultuur is voor racistische denkbeelden, en hoe gemakkelijk het voor mij was om dit te triggeren in mijn strijd tegen Chibueze. Zo gebruikte ik bijvoorbeeld het beeld van armoede tegen hem. Ik vertelde iedereen dat hij arm was en geen geld had. Niemand trok dat in twijfel; hij was een Afrikaan, daarom was het natuurlijk logisch dat hij arm was. Hierdoor steunden de mensen hem niet als hij om hun hulp vroeg.

In werkelijkheid was ik armer dan hij. Hij investeerde veel geld in de renovatie van ons huis. Hij bracht meer dan 70% van het gezinsinkomen binnen. Toch geloofde iedereen zonder enige twijfel dat hij arm was Niemand twijfelde aan mijn woorden wanneer ik zei dat ik de kostwinner van het gezin was. De gevoeligheid van de Nederlandse cultuur voor racisme tegen zwarte mensen en armoede was evident. Ik had nooit geweten dat dit in zulke mate leefde in mijn land, maar ik was er duidelijk getuige van.

Ook ziekte was zoiets dat iedereen zonder twijfel geloofde. Ik beweerde dat hij psychisch ziek was, en hierdoor oordeelden zelfs mensen die hem niet kenden dat hij ziek was. Ze schreven een brief dat hij gevaarlijk was, terwijl ze hem nog nooit hadden gezien. Mijn buurvrouw, met wie hij veel tijd doorbracht en een uitstekende relatie had, rende het huis binnen als hij de straat in kwam om de kinderen op te halen. De hele straat kende hem, omdat hij ze bij elkaar had gebracht door straatbijeenkomsten te organiseren. Hij was geliefd bij iedereen in de straat om zijn sociale bewogenheid, altijd vrolijk, niet snel boos. Ik moest mijn best doen om hem boos te maken. Maar toen ik de buren een bericht over hem stuurde, keerden ze zich allemaal tegen hem en geloofden me zonder vragen te stellen.

Vagebond of zwerver is een beeld van een Afrikaan die geen vaste verblijfplaats heeft. Ik heb dit ook toegepast om te laten zien dat hij elk moment naar het buitenland zou kunnen vertrekken en dat hij niet te vertrouwen was. Ik zei dat hij uit Afrika kwam en van plan was de kinderen mee terug te nemen naar Afrika en ze daar te gijzelen. Dat je er niet op kunt rekenen dat Afrikanen hun belofte houden. Dit bevestigde precies de angstbeelden van witte mensen aan wie ik het verhaal vertelde. Niemand twijfelde aan dit alles. Chibueze is bekend in zijn land. Hij heeft enkele boeken geschreven, organisaties opgericht en mensen geholpen. Zijn positieve staat van dienst zou voor hem moeten spreken. Het verbaasde mij dat dit niet zo werkte, en dat er geen twijfels werden geuit over mijn beweringen.

Toen ik beweerde dat hij met de kinderen via Duitsland naar Turkije zou reizen, zodat hij vanuit Turkije kon doorvliegen naar Afrikaanse landen waar Nederland geen diplomatieke betrekkingen mee had, maakte ik me zorgen dat er mensen zouden zijn die hem of de kinderen zouden steunen. Maar ik kreeg zonder enige moeite wat ik wilde. Ik gebruikte Turkije, omdat Nederland en Europa in die periode een conflict hadden met dit land en er moeizame diplomatieke betrekkingen waren. Voordat je met een kind uit Europa naar een land buiten Europa vliegt, moet je een document overleggen bij de immigratie dienst waarin toestemming van de andere ouder die niet met het kind vliegt staat vermeld. Maar deze controle gold niet voor Turkije, en ik gebruikte dit gegeven strategisch als kans om Chibueze te beschuldigen.

Een ander, oud raciaal beeld dat ik toepaste was het beeld van rituele kindermoord. Ik beweerde dat hij de kinderen zou gebruiken voor dit soort rituelen, om aan geld te komen. In sommige van de films uit zijn land laten ze zulke rituelen ook zien. Ik beweerde dat dergelijke praktijken gangbaar waren bij zijn volk, en de mensen twijfelden geen seconde hieraan. Je kon de angst in hun ogen zien. Sommigen gingen zelfs de strijd met hem aan.

Ik gebruikte ook het beeld van Afrikanen als vrouwenmoordenaars en misbruikers tegen hem, en meestal als ik met mensen achter gesloten deuren sprak. Mijn moeder gebruikte dit beeld om angst aan te jagen bij veel mensen, ook bij mijzelf. Toen ik naar zijn land wilde reizen, waarschuwde ze me dat dit voor Europeanen het land van de dood was. Ze vertelde me dat veel witte mensen daar waren gestorven – vaak vermoord - en begraven waren zonder enig spoor achter te laten. Volgens haar zou hetzelfde met mij gebeuren. Ze was er volledig van overtuigd dat dit daadwerkelijk zou gebeuren. Thuis was ik degene die Chibueze fysiek en psychisch mishandelde. Buitenshuis beweerde ik dat hij mij gebruikte, en de mensen in mijn omgeving geloofden me, omdat dit paste in hun beeld van hoe Afrikanen zijn. Als de mensen met de kinderen zouden hebben gesproken over hoe het thuis was, zouden ze hebben begrepen dat ik degene was die zich macho gedroeg tegenover mannen.

Een ander racistisch beeld was dat hij een onvoorspelbaar mens was. Ik gebruikte dit om ervoor te zorgen dat de kinderen hem niet mochten bezoeken. De mensen van de jeugdzorg schreven in hun verslag dat hij er weliswaar vriendelijk uitziet en vriendelijk spreekt, maar dat ze uiterst terughoudend waren om de kinderen naar hem toe te laten gaan, omdat hij een Afrikaan was en dus onbetrouwbaar. De kinderen geloofden zelfs dat hun vader gevaarlijk en onvoorspelbaar was - omdat wij dit in hun hoofd hadden geprent. Alleen Exalted weigerde om dat te geloven., ondanks de martelingen waarmee ik hem volgzaam probeerde te maken. Diversity en Faith raakten zo in de war van de hele situatie dat ze niet meer wisten wie ze moesten geloven. Chibueze was inderdaad nooit gevaarlijk, op geen enkele manier; integendeel: hij was zeer beschermend en zorgzaam voor iedereen. Zelfs voor de mensen, die hij niet kende. Maar dit racistische beeld tegen Afrikanen werkte prima. Zelfs mensen die hem goed kenden, namen hierdoor afstand van hem.

Wat mij het meest verbaasd heeft is dat zelfs degenen die hem kenden en wisten hoe liefdevol hij was, hierin geloofden. Ik realiseerde me dat dit racistisch beeld van Afrikanen in het collectieve geheugen van witte Nederlanders zit. Ik weet dat ik aanvankelijk loog, maar toen ik zag hoe de hulpveerleners die bij mijn gezin betrokken waren deze leugens serieus namen en erin geloofden, begon ik erover na te denken. Ik begon hun steun te zoeken en slaagde erin hun goedkeuring te krijgen. De resultaten hiervan spreken boekdelen. Ik zorgde ervoor dat zij de meeste van deze dingen opschreven, want ik wist dat het leugens waren. Zo maakte ik gebruik van de racistische culturele gevoeligheid van Nederlanders tegen Afrikanen.

Een van de belangrijkste redenen waarom ik niet kon stoppen is de steun die dit me opleverde. Door de problemen op deze manier te presenteren, kreeg ik steun van alle betrokken instellingen en organisaties. In plaats van dat ze me hielpen om te stoppen, moedigden ze me zo aan om door te gaan. Maar dit was mijn familie, en ik moest racistisch denken vanuit de kern van mijn wezen. Alleen op die manier kon ik het volhouden, als mens die anderen afschuwelijk leed berokkende, maar niet kon ophouden, omdat Chibueze's omgeving hem zo geweldig vond en steunde. Ik kon me voorstellen hoe pijnlijk het is voor mensen die iemand tot martelaar maken door zijn leven te nemen, omdat zijn tegenstanders die persoon haten. Degene die iemand zijn leven en vrijheid ontneemt heeft nooit rust in zijn hoofd, vooral wanneer het ome een onschuldig en liefhebbend mens gaat. Je begint jezelf te haten. Op de een of andere manier begint je persoonlijke eigenwaarde af te nemen, zelfs als de buitenwereld je hoog acht. In mijn hart, daalde mijn zelfbeeld en eigenwaarde. Ik voelde mezelf gedevalueerd door het feit dat ik de andere persoon naar beneden haalde. Ik wist niet dat mijn gedrag dat gevolg zou hebben.

Diversity

Chibueze, de laatste vijf jaar voordat je het huis verliet, heb ik je nooit zien lachen binnenshuis. Waarom lachte je niet? Het leek alsof mijn moeder en jij bang waren voor elkaar.

Chibueze

Je hebt gelijk! Daar had ik nog nooit aan gedacht. Of liever, ik wist niet dat je het zag. Ik was me er niet erg van bewust. Het huis was een zeer deprimerende plek voor mij. Als ik naar huis reed was het zo dat hoe dichter ik bij huis kwam, hoe norser en terneergeslagener ik werd. Als ik bij de straat aankwam, reed ik heel langzaam om me voor te bereiden om het huis binnen te gaan. Soms bleef ik na het parkeren minutenlang in de auto zitten om me mentaal voor te bereiden om het huis binnen te gaan. Mijn eerste zorg was hoe ik door Aafke zou worden ontvangen. Ik bedacht hoe lang ik in het huis zou zijn tot mijn volgende vertrek, en hoe ik die periode moest overleven. De spanning en de negativiteit vulden de lucht. Je gaat meestal naar huis om op krachten te komen. Thuis moet je je kunnen ontspannen, jezelf zijn. Kwetsbaar zijn, je veilig en beschermd voelen. Mijn huis was geen thuis voor mij. Het was geen plek waar ik energie kon opdoen, de sfeer zoog juist al mijn energie.

Ik gebruikte het huis als bescherming tegen het weer, meer was het niet.

Aafke en ik konden geen thuis van ons huis maken. Aafke bedreigde me met de dood, door te fantaseren hoe ze me in mijn slaap zou neersteken. Ze zei dat mijn dood een dekmantel zou zijn voor de andere misdaden die ze had begaan. Dan zou ze de gevangenis in moeten, zich laten behandelen door een psychiatrische instelling, en wanneer ze na twee jaar weer vrij zou zijn, zij alle geld én de kinderen zou krijgen. Ze zou dan haar leven kunnen voortzetten. Mij werd dus simpelweg verteld dat mijn dood de oplossing was die Aafke nodig had. In zo'n omgeving kon ik niet lachen. Ik was vervuld van angst en maakte me zorgen over wat te eten en te drinken. Als familie bedek je dit soort uitspraken met de mantel van de liefde. Ik ben opgevoed om niet met gezinskwestie naar de politie te gaan. Maar ik werd wel radeloos van de zorg. Nadat wij deze kwestie van de doodsbedreiging hadden besproken ging Aafke in therapie.

Diversity

Exalted, wil je iets zeggen? Ik zie dat je een signaal geeft dat je wil reageren.

Exalted

Ik ben blij, Chibueze, dat je naar mij hebt geluisterd. Ik maakte me zorgen om je leven en zei dat je eerst jouw eigen leven moest beschermen. Ik wilde niet dat je dood zou gaan. Tegenwoordig zie ik je weer lachen en dat je gelukkiger bent. Ik kan met je lachen en grapjes maken.

Ik had dezelfde angst en zorg als jij. Ik was ook bang in huis. Ik wilde het huis uit, maar dat mocht niet, omdat jeugdzorg me te jong vond om zo'n beslissing te nemen. Maar de sfeer in huis was schokkend voor mij. Er wordt zeker niet naar mij geluisterd. De instanties luisteren niet en Aafke ook niet. Ik moet het huis uit om tot rust te komen.

Diversity

Aafke, hoe is het voor jou om te horen wat Chibueze zei? Ik wil jouw antwoord horen.

Aafke

Chibueze overleefde wat hem tussen 2006 en 2008 overkwam, dankzij de reanimaties in het ziekenhuis. Terwijl hij in 2009 volledig leek te gaan herstellen, werden mijn ouders Linda en

Bond ernstig ziek. Het ergste hiervan was dat Linda hetzelfde gezondheidsprobleem als Chibueze kreeg. Maar haar aandoening dreigde fataal te worden, terwijl Chibueze ervan herstelde. Het zette ons zo aan het denken over hoe verder te gaan met ons plan. Hij leek onverwoestbaar. Mijn hart was er vol van. Mijn mond moest het uitspreken. Op een dag, toen we samen in de slaapkamer waren, vertelde ik hem dit. Ik vroeg hem mij te laten weten tegen welke kracht in hem ik streed. Ik vertelde hem dat al mijn inspanningen om hem onder de duim te krijgen niet het gewenste resultaat hadden opgeleverd.

Diversity, toen jij ziek werd tijdens je eerste jaar op de lagere school, zag ik hoe boos je op me was. Ik wist dat ik je iets aandeed wat niet mocht. Ik wist dat ik hulp nodig had. Ik besefte dat als ik psychologische hulp zou zoeken, er een dossier over mijn geestelijke gezondheidsproblemen zou ontstaan. Dat wilde ik niet. Ik wist dat als Chibueze in leven bleef, we op een dag zouden scheiden. Als er dan een rechtszaak over de kinderen zou komen, en ik een historie van psychische problemen zou hebben, zou hij kans maken op gedeeltelijke of volledige voogdij. Ik wilde er zeker van zijn dat dit niet zou gebeuren.

Daarom schreef ik me in voor een opleiding tot coach in Rotterdam. Ik hoopte mijn eigen psychologische problemen hiermee aan te kunnen pakken. Het was een dure opleiding, maar mijn werk steunde het. Dankzij deze strategie is er geen psychologisch of psychiatrisch rapport van mij. Ik was bang dat met zo'n dossier, ik op een dag opgenomen zou worden in een psychiatrische instelling. Toen kwam de gedachte in mij op om mijn beproevingen te beëindigen door middel van geweld. Als Chibueze zou sterven, zou ik als nabestaande over zijn lijk mogen beslissen. Als ik zijn dood zou veroorzaken en voor de rechter moest komen, zou ik de juridische procedure gewoon uitzitten. Ik vertelde het hem, omdat hij moest weten wat er in mijn hoofd omging. Zodat hij niet zou kunnen zeggen dat ik hem niet had gewaarschuwd.

Nadat ik hem dit verteld had, hebben we uren samen gehuild. Ik wilde hem overleven en zei hem dat hij moest sterven om mij te laten leven. Vanaf die dag verhuisde hij naar zijn thuiskantoor en begon daar te slapen. Als hij sliep, sloot hij het kantoor af. Hij functioneerde verder goed en was helemaal gezond. Ik werd steeds zieker, en Linda en Bond ook. Mijn frustratie groeide uit tot een beklemmende angst. Ik voelde mij verteerd door woede.

De haat in mij was zo heftig, dat ik hem koste wat kost wilde elimineren. Dat was de enige manier om mijn haat op te lossen. Ik wilde hem niet meer zien vanwege alle dingen die al zijn gezegd. Hoe meer ik hierover nadacht, des te meer ik met mezelf in de knoop raakte. Ik dacht alleen maar aan de beste strategie om hem te elimineren zonder een spoor achter te laten. Omdat ik mijn gedachten met hem had gedeeld, kende hij de waarheid. Zolang hij leefde, bestond het risico dat hij alles openbaar zou kunnen maken. Zijn dood was de enige oplossing.

Later realiseerde ik me dat als ik hem zou doden door hem neer te steken, ik de levensverzekering die we hadden afgesloten niet zou krijgen. Ik probeerde daarom een manier te vinden om hem uit de weg te ruimen dat op een natuurlijke dood moest lijken. Zonder bewijs van een onnatuurlijke dood, en met mij als nabestaande die toestemming kon weigeren voor een autopsie, had ik alle macht en controle in handen. Mijn eis zou de eis van zijn familie overstemmen. Ik was er zeker van dat het overheidssysteem mij zou steunen en nooit naar zijn Afrikaanse familie zou luisteren. Bovendien had ik het geld om een goede advocaat in te huren als het nodig was. Ik was tevreden met mijn machtspositie. Als ik hem zelfmoord kon laten plegen, zou dat ideaal zijn, maar ik wist dat dat een bijna onmogelijke opgave was. Hij is sterk in het omgaan met teleurstellingen en frustraties.

Al mijn pogingen faalden. Ik probeerde hem te laten sterven door hem onder ondraaglijke stress te zetten. Als hij sliep, maakte ik hem wakker, vooral als ik wist dat zijn werkschema de volgende dag druk was. Ik ontregelde zijn lichaam zodat hij aan stress-gerelateerde ziektes zou krijgen. In dat geval zou er geen spoor zijn van een onnatuurlijke dood. Hem levend laten wegkomen was geen optie.

Deze psychologische strategie om mensen te vernietigen zonder een spoor achter te laten, is de manier om mensen te behandelen die ongewenst zijn verklaard. Door de droom van zo'n persoon te frustreren kun je doel en zin van zijn leven dwarsbomen. Frustratie zal leiden tot psychologische problemen. Geleidelijk aan zal de rest van zijn levensplezier degenereren. Hij zal dan de status quo van een laag en afhankelijk leven aanvaarden. Hij verlaagt zichzelf zo tot een lagere klasse. Wanneer hij in deze lagere klasse terechtkomt, alsof het de plek is waar hij thuishoort, is het doel van racisme bereikt. De kern van al mijn handelingen was hierop gericht: om Chibueze aan mij te onderwerpen.

Wanneer hij niet tot mijn klasse zou behoren, had ik mijn doel bereikt.

Zo ontstaat racisme in deze maatschappij. Racisme is erop gericht een lagere klasse te creëren voor zwarte mensen of voor een groep mensen die wij willen onderwerpen. Deze groep mag geen hoge posities bekleden. In de echte zin, is racisme geen kleurenkwestie. Het is een klassenkwestie. Jouw vader heeft meer universitaire diploma's dan ik. Ik heb er één, hij heeft er drie. Hij heeft meer kennis en is wijzer dan ik. Hij heeft veel meer te bieden dan ik. Toen we trouwden was zijn salaris drie keer zo hoog als dat van mij. Hij was eigenaar van alles in het huis: de twee auto's, het huis, en alle eigendommen. Ik zette er alleen mijn naam bij. We trouwden in gemeenschap van goederen omdat hij meer in het vooruitzicht had dan ik. Je kunt begrijpen dat dit moeilijk voor mij te verdragen was, omdat hij een zwarte man was. Hij had een betere positie dan ik in dit land. Dit was niet aanvaardbaar voor mijn familie en mijn omgeving.

Weet je nog dat hij van huis vertrok zonder ook maar iets mee te nemen? Met de steun van het overheidssysteem kon ik alles van hem afpakken. De belastingdienst werkte met me mee. De bank werkte met me mee. De lokale overheid werkte met mij mee. De advocaat, de rechters, alle betrokken overheidsinstellingen stonden aan mijn kant. Ik hoefde alleen maar te zeggen wat ik wilde, en het werd gedaan. Zelfs toen ik probeerde hem uit de ouderlijke macht te ontzetten, gaf de kinderbescherming mij het meeste recht. De kinderopvang werkte met mij samen. De sociale verzekeringsbank koos mijn kant.

Alle financiële middelen werden hem ontnomen. Hij had geen inkomen, zelfs sociale bijstand kon hij niet krijgen. Ik vraag me nog steeds af hoe hij drie jaar in dit land heeft overleefd zonder financiën, onderdak en andere basisvoorzieningen die hij nodig had. Elke keer als hij moeite deed om zijn zaken in orde te brengen, kon ik dat gemakkelijk dwarsbomen.. Maar het meest frustrerende voor mij was dat hij, ondanks mijn tegenwerking, stand hield, zelfs in zijn schrijnende armoede. Ik verwachtte dat hij zou buigen en gaan smeken, maar het tegendeel was het geval. Hij sprak en deed nog steeds alsof hij machtig was. Ik was zelfs degene die bang werd in plaats van hem bang te maken. Ik was er niet gerust op om hem te laten leven. Maar toen hij naar de burgemeester ging om zijn recht op te eisen, en een ontmoeting had met de integriteitscommissie om zijn dossier bij de lokale overheid te onderzoeken, werd ik woedend op hem. Ik was vastbesloten om al het nodige te doen om hem klein te krijgen, zelfs als dat betekende dat ik naar de gevangenis moest. Op dat moment ging hij ook tegen mij in. Hij eiste dat ik geen contact meer met hem mocht opnemen.

Op een dag, toen we aan het praten waren met een organisatie, verloor ik mijn zelfbeheersing. Ik probeerde hem te intimideren. Ik was er zeker van dat de witte vrouw van die organisatie mij zou steunen. Maar hij sprak tot mij en tot haar met gezag, waardoor hij respect afdwong. Ik haatte hem voor de macht die hij nog steeds had en de controle die ik wilde hebben, maar niet kreeg. Als je iemand haat die iets heeft wat jij wilt maar niet kunt krijgen, versterkt racisme die haat. Vooral als jij superieur wilt zijn, en de ander die superioriteit van nature heeft, terwijl jij gemene en achterbakse dingen moet doen om het te krijgen. Racistische beschuldigingen hielpen mij om het systeem aan mijn kant te krijgen. Alles wat angst kon creëren was welkom. Ik gebruikte die angst, en het werkte tijdelijk.

Nu moet ik leren omgaan met het effect. Het gif van racisme zal me niet meer verlaten. Het zit in mijn lichaam en mijn geest en zal een levenslange marteling voor me blijven. Dit is helaas de erfenis die ik meekrijg uit de culturen en tradities van mijn familie en van deze samenleving.

Diversity

Chibueze, waarom verliet je het huis op dezelfde dag dat je ons vertelde dat je wegging? Waarom bleef je daarna niet nog enkele dagen? Je liet alles achter en nam bijna niets met je mee. Het was zo schokkend voor mij.

Chibueze

Ik wist niet zeker wat er met mij zou gebeuren als ik nog een paar dagen zou blijven. Aafke vertelde me een dag voordat ik het huis verliet dat er geen plaats voor mij was in de familie en ons huis. Dat ik al geschiedenis was, zo goed als dood. Dat alles over mij vergeten en uitgewist moest worden. Dat er geen plaats voor een zwarte in de bloedlijn was.

Weet je nog het gesprek dat we de avond daarvoor hadden? We hadden een familiebijeenkomst om bij te praten en de situatie samen te bespreken. Diversity, jij vroeg Aafke waarom ze je beloofde dat we niet zouden scheiden, terwijl we al gescheiden waren. Aafke antwoordde: 'Wees er zeker van, we gaan niet scheiden.' Maar we hadden al een paar weken eerder de scheidingspapieren getekend.

Ik begreep niet waarom ze jou dat beloofde. Misschien had ze een ander plan om uit te voeren, bijvoorbeeld scheiding door de dood. Ik wilde geen verhaal over de dood aan mijn kinderen nalaten. Ik wilde dat we allebei levend terug gingen naar onze eigen familie. Ik zag de wanhoop in Aafke en Linda om mij met alle mogelijkheden uit te schakelen. Als ik een nacht langer zou blijven, zou ik kansen hiertoe creëren. De beste optie leek mij om te blijven leven en een tragedie te voorkomen. Daarbij stond mijn geest het mij niet toe nog één nacht langer in dat huis te slapen.

Aafke

Ik heb Diversity toen beloofd dat de scheiding niet doorging, omdat ik zeker wist dat ik zou slagen in een scheiding door de dood. Dat was ook mijn huwelijksbelofte geweest. Toen Chibueze vertrok, heb ik een week lang gehuild omdat mijn doel niet was bereikt. Mijn plan was mislukt. Ik moest een ingenieuzere weg vinden, wat betekende dat ik mensen moest inschakelen om me te helpen. Ik had er spijt van dat ik de mogelijkheden in het verleden niet had gebruikt. Ik had er spijt van dat ik Chibueze in 2009 had gezegd dat hij maatregelen moest nemen om zijn leven tegen mij te beschermen. Ik bood Chibueze daarom toen aan dat hij in het huis mocht blijven, en we niemand zouden laten weten dat hij daar verbleef. Hij zou dan in een andere plaats of een andere stad ingeschreven staan, en we zouden zelfs voorkomen dat de buren konden zien dat hij er was. Maar hij begreep volkomen wat mijn bedoeling was en weigerde het voorstel te aanvaarden. Dat maakte de zaak voor mij nog erger: hij doorzag mij en was me elke keer te slim af.

Dit was een van de redenen dat ik jou steeds slechter behandelde. Ik had geen ruimte voor je. Ik was continu bezig met de vraag, hoe ik mijn plan kon volbrengen.

Diversity

Chibueze, mag ik iets van je horen op dit punt?

Chibueze

Het aanbod om in huis te blijven met mijn adres ergens anders, en het voor iedereen geheim te houden, maakte me misselijk. Aafke kon haar wanhoop niet langer verbergen. Ik vermoedde dat Aafke die mannen stuurde die me 's nachts kwamen zoeken en beweerden dat ze ambulanciers waren. Aafke was de enige persoon die mijn adres had vanwege de gerechtelijke uitspraak. Die beval dat we onze adressen met elkaar moesten delen. Volgens mijn huisbaas droegen de mannen een ambulance-uniform en een rugzak. Vreemd genoeg kwamen ze met een persoonswagen in plaats van een ambulancewagen. Ze vroegen mijn huisbaas waar ik ben? Ze zeide dat ik hen had gebeld en dat ik een hartaanval had en op mijn vloer lag. De eigenaresse stuurde hen naar mijn appartement en heeft hen niet meer gezien. De volgende dag kwam de eigenaresse me vragen hoe het met me ging. Ik zei haar dat alles in orde was. Ze keek verbaasd en zei,: 'maar je had gisteravond een hartaanval'! Ik vertelde haar dat ik op een bijeenkomst was met de Rotary Club. Ze schrok en vertelde me het verhaal van het bezoek. We gingen naar de buurvrouw naast mij om te vragen of alles goed was. Zij vertelde dat er twee mannen bij haar hadden aangebeld, die zeiden: 'U bent niet Chibueze?' Ze zei dat ze inderdaad niet Chibueze was, en dat de mannen daarop meteen vertrokken.

Ik ging naar de politie om melding te doen van het incident. De politie maakte melding van en raadde mij aan naar het ambulancebureau te gaan om vast te stellen of iemand vanaf mijn adres de ambulance had gebeld. Dat deed ik. De ambulancemedewerkers zeiden dat er in de afgelopen drie weken niet vanuit mijn straat of de omgeving van mijn straat was gebeld. Het bezoek was dus niet van hen geweest. Ze lieten me online alle hulpvragen zien die op hun kantoor binnenkwamen en waar ze vandaan kwamen. Er stond inderdaad geen oproep bij uit mijn straat en de omgeving voor de afgelopen drie weken. Ze waarschuwden me, net als de politie, dat er iemand achter zat en dat ik voorzichtig moest zijn. Toen ik me realiseerde dat er behalve Aafke niemand anders was die mijn twee weken nieuwe adres kende, was ik er niet gerust op. Ik lichtte mijn huisbaas en haar familie in over mijn scheiding en Aafkes intenties. Mijn huisbaas ging naar de huisartsenpost om na te gaan of iemand de dokter had gebeld om mijn huis te bezoeken.

Dat was ook niet het geval. Hierna bouwde zij een versterkte muur aan de achtertuin met een sterke poort die goed op slot kon. Ze was bang. Ze heeft veel geïnvesteerd in het huis om ervoor te zorgen dat ik er veilig zou zijn.

Een ex-gevangene die in het verleden iemand vermoord had, kwam bij mij en vertelde me over een gesprek dat hij met Aafke had, omdat zij iets over mij wilde weten. Hij vertelde Aafke dat hij haar vragen niet wilde beantwoorden omdat ik zijn vriend was en hij die vriendschap wilde behouden. Dit gesprek vond plaats vóór het vreemde bezoek. Hij was geschokt maar niet verbaasd toen ik hem vertelde over het bezoek dat ik had gehad. Hij had nooit contact willen houden met Aafke. Hij onderhield ook geen contact met mij. Hij was bang dat iemand anders iets raars zou doen, en dat hij daarmee in verband gebracht zou worden.

Bij de rechtszaak die daarna volgde, las ik allerlei leugens over mijn onderkomen in het dossier. Aafke was nooit in mijn huis geweest, maar ze vertelde hoe ik mijn huis binnenkwam, en hoe mijn tuin en kamers er uit zagen. De meeste van haar beschrijvingen waren leugens gecombineerd met wat waarheid. Ik weet zeker dat ze die informatie alleen via de kinderen kon krijgen. Waarom ze daarin geïnteresseerd was en waarom ze zulke informatie nodig had, blijft voor mij een raadsel.

Aafke

Voor dat bezoek van die mannen vroeg ik Faith om foto's te maken van het huis en de omgeving. Dat deed ze, en toen ze terugkwam en die foto's aan mij had gegeven, besprak ik het plan van het bezoek met de persoon die ik de opdracht had gegeven. Zij kwamen met een plan om het uit te voeren.

Mijn bedoeling was om Chibueze tot waanzin te laten injecteren en af te laten voeren naar een psychiatrisch tehuis. Dan zou mijn bewering dat Chibueze krankzinnig was door de rechtbank worden bevestigd en zou ik kunnen beslissen om Chibueze te laten opsluiten in het psychiatrisch ziekenhuis. Het doel was niet om Chibueze te laten genezen, maar om ervoor te zorgen dat hij daar zou sterven. Ik besprak dit met een vriend die daar werkte.

De rechtszaak die na dit bezoek kwam was bedoeld om te bewijzen dat de psychiater het met mijn bewering eens was. Er was al aangetoond dat alle diagnoses van Chibueze mijn ongelijk bewezen. Dit was een wanhoopsdaad. Ik beweer nog steeds tegen rechters en advocaten en andere instellingen dat zijn verhaal over het bezoek een teken van waanzin is – en ze geloven mij meer dan hem. Ik ben er zeker van dat zijn advocaat het met me eens is.

Diversity

Chibueze, wil je hierop reageren?

Chibueze

Hier in dit tribunaal zitten en Aafke zien geeft me een flashback van wat ik in 2016 in de rechtbank heb meegemaakt na onze scheiding. Ik keek naar haar en vroeg me af: wie is deze vrouw? Ik ken haar gezicht. Ik ken haar naam. Ik ken haar stem. Ik ken haar lichaamsbouw, maar ze bleef toch echt een vreemde voor mij. Voor het eerst in zestien jaar kon ik Aafke objectief bekijken. Het was een verrassende gewaarwording. Ik had vijftien jaar van mijn leven met haar gedeeld en dertien jaar samen in een kamer en bed geslapen. Alles had ik met haar gedeeld: wie ik ben, mijn kracht, mijn kwetsbaarheid. Nu zat ik voor de eerste keer in mijn leven in de rechtszaal. De scheiding was voorbij. Aafke nam de rijkdom die ik de afgelopen vijfentwintig jaar had opgebouwd. Ze kreeg het huis, het spaargeld, de auto, en alle meubels. Ik ging het huis uit met mijn boeken en een paar kleren en schoenen. Dat was haar voorwaarde om mij voor de kinderen en mezelf te laten zorgen. Dat was wat de vrijheid en mijn leven mij kostte.

Ik moest naar de rechter stappen, omdat ze eiste dat ik afstand nam van mijn drie prachtige kinderen. Linda beweerde dat de kinderen te mooi waren voor een Afrikaanse man. Alle mooie kanten in hen kwamen volgens haar van Aafke, en contact tussen de kinderen en mij zou het enige goede in hen beschadigen.

Dit waren bekende woorden voor mij. Ik hoorde het al vele jaren vóór de scheiding. Wat nieuw was, was dat ik gek, verward, onvoorspelbaar en psychotisch werd verklaard. Ik werd uiterst gevaarlijk voor mijn kinderen en de maatschappij gevonden. De enige juiste plaats voor mij was opsluiting in een psychiatrisch tehuis, voor altijd. Aafke zou alleen tevreden zijn als ik naar een gesloten inrichting zou worden gestuurd.

Toen de rechter een beslissing hierover moest nemen was ik niet bezorgd om mezelf. Maar sommige vragen en waarnemingen hielden me bezig. Ik probeerde te begrijpen wat er aan de hand was met Aafke. Wie was zij nou eigenlijk echt? Hoe had ik dit niet eerder in haar gezien? Ik probeerde te begrijpen waarom ik haar niet eerder zo had gezien. Wat maakte dat ik zo ver was gegaan en haar zoveel ruimte had geven om mijn leven te beschadigen? Wat ging er mis in mijn scherpte van mensenkennis en zelfbescherming? Waarom had ik alle waarschuwingen vóór het huwelijk veronachtzaamd, en mijn eigen ervaringen en instinct genegeerd? Ik worstelde met mezelf.

De rechtszitting eindigde in mijn voordeel. De rechter sprak mij vrij van alle aanklachten en beschuldigingen, en weigerde de zaak te sluiten. Ze wilde niet dat Aafke weer een nieuwe zaak zou beginnen met een andere rechter. Ze besloot de ontwikkeling en veiligheid van de kinderen in de gaten te houden. De rechter had een vooruitziende blik. Vier uren lang zat ik in de rechtbank. De rechter wilde die zaak nog dezelfde dag rondkrijgen en zorgde ervoor dat we pas naar huis mochten nadat we allebei het vonnis hadden ondertekend. Aafke en ik werden naar huis gestuurd met de uitspraak van de rechtbank.

Daarna hebben we nog vele rechtszaken moeten doorstaan. Ik wilde begrijpen hoe ik in zo'n relatie met deze Aafke verzeild was geraakt en wat er met haar gebeurd was. Aanvankelijk vochten we samen tegen racisme om onze liefde en band te behouden, maar het was uitgedraaid op een strijd om mijn leven en dat van de kinderen te redden van haar. Ik hoopte dat als ik dit zou begrijpen, dat mij zou helpen met de rest van mijn leven.

Ik ben toen hierover gaan nadenken. Mijn kinderen dragen mijn naam. Zij zijn mijn zaad en DNA. De mate van strijd die ik moet leveren om bij hen te horen, om met hen geassocieerd te worden, dwong mij na te denken over vroegere ervaringen. Ervaringen die te maken hadden met dit soort verdorvenheid, niet omdat ik verkeerd gehandeld had, maar gewoon omdat ik Afrikaans was.

Terugkijkend na een kwart eeuw, merkte ik dat mijn succesvolle integratie in de maatschappij mij van mezelf had beroofd. In het begin dacht ik dat het me goed zou doen. Ik dacht dat het mijn leven zou verbeteren en me meer mogelijkheden zou geven om een vervuld leven te leiden, waarin ik erbij hoorde en me met anderen verbond. Het was de bedoeling dat het mijn leven veelbelovend zou maken. In feite was integratie een voorwaarde om erbij te horen en mee te doen. Ik heb er veel aandacht aan besteed, veel moeite voor gedaan en veel geld voor betaald. Ik had succes. Ik kon werk doen dat voor de inheemse burgers bedoeld was.

Ik dacht dat het goed ging, totdat ik begon te merken dat mijn positie in dat werk de positie van een slaaf was. Mijn prestatie mocht niet mijn naam dragen maar stond op naam van mijn collega's, witte mannen of vrouwen. Mijn creativiteit en geesteskinderen werden niet aan mij maar aan hen toegeschreven. Bij twee werkgevers gebeurde het dat mijn secretaresse en mijn receptioniste boven mij werden geplaatst. Ik was degene die ervoor zorgde dat er een secretaresse kwam. In de tijd dat nog niet alles digitaal ging, kostten kleine administratieve handelingen zoals brieven versturen, honderden brieven in enveloppen stoppen en er postzegels op doen, uren tijd. Dus kwam er een secretaresse in dienst die dertig procent van mijn salaris kreeg om dat werk te doen. Toen ik een groot project ontwierp en het netwerk dat ik had opgebouwd werd uitgenodigd voor het lanceren van het project, kreeg ik te horen dat mijn naam niet op de uitnodigingsbrief zou staan. Stel je voor dat het een buitenlandse naam was! En vooral uit Afrika! Dan zouden de witte mensen die aan het project zouden moeten meewerken, er niet aan deelnemen. Daarom moest de brief op naam van mijn secretaresse of van een witte collega staan. Als mijn directe collega niet in de buurt was, werd de sleutel van onze noodgeldkluis aan mijn receptioniste in een andere stad gegeven. Ik heb ontslag genomen van dat werk. Ik had alle integratieprocessen doorlopen om op dit niveau te werken, maar werd toen geconfronteerd met zulke ervaringen.

Integratie maakte mijn natuurlijke ik nauwelijks toegankelijk. Dat was de prijs die ik betaalde. Het was alsof mijn natuurlijke wezen bedekt was met lagen van andere valse of kunstmatige vreemde lichamen die het bijna onmogelijk maakten om mezelf te bereiken. Lagen van uitwendige vreemde invloeden begroeven mijn natuur. Ik had mijzelf zo erg proberen aan te passen, maar dat mijn huidskleur een reden zou zijn van afwijzing, was iets wat ik niet had zien aankomen. Mijn bloedlijn werd de genadeslag om me eruit te trappen. Mijn aanwezigheid werd getolereerd zolang ik op een lage positie bleef, onder de controle van een witte werkgever of echtgenote, maar voortplanting en vermenging (later zouden politici dit 'omvolking' gaan noemen) werd niet geaccepteerd.

Ik verruilde mijn taal voor de koloniale taal. Mijn taal werd in mijn land niet aanvaard door de koloniale leiders. Ik moest hun taal leren. Toen ik in Europa aankwam, moest ik een andere taal leren. Uiteindelijk heb ik zeven talen geleerd, alleen maar om deel uit te kunnen maken van de mensen en bij de maatschappij te horen.

Ik verruilde mijn religie voor de koloniale religie. Ik verruilde mijn filosofie voor een koloniale manier van denken. Mijn manier van denken was niet de manier die ik verondersteld werd te denken voor de koloniale machthebbers. Ik moest het veranderen. Toen ik naar Europa kwam, moest ik een andere manier van leven leren. Door me te integreren in manier van leven van witte mensen, kon ik settelen en mijn brood verdienen. Mentaal leerde ik hoe witte mensen in dit land dachten en paste ik mijn eigen denken aan. Zonder dat, zou ik hen niet kunnen begrijpen. Ik was degene die mijn denkwijze aan die van un moest aanpassen. Er was niemand die moeite deed om mij te begrijpen.

Ik veranderde mijn sociale leven naar de koloniale manier van samenzijn. Mijn gemeenschappelijke vorm van leven moest aangepast worden naar een individuele manier van leven. De ziekte van eenzaamheid was een ervaring waarvan ik nooit had kunnen denken dat ze zou komen.

Ik verruilde mijn eten en drinken voor de koloniale stijl. Ik moest nieuw voedsel leren eten en mijn lichaam moest zich eraan aanpassen. Ik dronk thee en koffie om me aan te passen. Ik moest ziekenhuizen en dokters bezoeken om aan mijn lichaam te werken, zodat het zou wennen aan het andere voedsel en mijn lichaam zich eraan aanpaste. Het was een pijnlijke reis.

Ik veranderde mijn naam in een koloniale soort naam. Ik veranderde mijn haar in een koloniale haarstijl. Ik verruilde mijn tradities voor de koloniale mores. Ik veranderde mijn opvoeding in een koloniale opvoedstijl. Ik veranderde mijn spirituele leven. Mijn cultuur werd zelfs in mijn land van herkomst niet aanvaard. Ik moest de koloniale cultuur leren. Mijn overtuigingen moesten veranderd worden. Mijn manier van denken of mijn leven leiden was mijn spiritualiteit maar werd niet aanvaard door het koloniale land.

Ik moest mijn fysieke gedrag, mijn lichamelijke expressie aanpassen als deel van mijn integratie. Mijn natuurlijke charismatische karakter moest ik dimmen. Mijn manier van lopen werd bescheiden. Mijn spreken werd bescheiden. Mijn fysieke beweging werd bescheiden. Mijn expressie werd subtiel. Ik bedekte mijn gespierde lichaam omdat het me deed lijken op een straatvechter en mensen zich daardoor niet op hun gemak bij mij voelden. Mijn natuurlijke spieren konden hen het gevoel geven dat ik met geweld kon reageren. Ik moest dit bedekken om dergelijke gedachten te vermijden.

Ik veranderde alles wat ze wilden. In elk land waar ik kwam, wilden ze dat ik weer veranderde in hun eigen soort om erbij te horen. Ik moest integreren in alle aspecten van hun manier van leven. Dit was de voorwaarde voor mij om te kunnen blijven en te leven in dit land. Als al deze voorwaarden en opofferingen het waard waren, dan zou mijn strijd voor gelijke behandeling niet nodig zijn. Maar in dit proces is mijn spiritualiteit, die uitmaakt wie ik ben, me ontnomen, en kreeg ik niets terug dan lijden. Alle mogelijke heb ik gedaan, maar toch werd ik niet aanvaard. Het is als Esau die zijn geboorterecht aan Jakob verkocht voor een bord linzensoep.

Nadat ik al deze dingen had ervaren, wilden ze nu ook nog dat ik mijn bloed veranderde van Afrikaans in koloniaal bloed. Het was een eis waaraan ik niet kon voldoen. Mijn bloed is niet door mij gemaakt. Ik heb er geen invloed op. Het is door God gegeven en kan niet veranderd worden zonder een druppel ervan achter te laten in het nieuwe bloed. Bloed met een druppel Afrikaans bloed erin is Afrikaans. Afrikaans ben ik en zal ik blijven tot mijn leven op aarde voorbij is. Ik kan er niet aan ontsnappen, en ik wil er ook niet aan ontsnappen. Vandaag vecht ik voor aanvaarding na alles wat ik heb doorstaan. Het is tijd om te onderhandelen over andere voorwaarden om met elkaar om te gaan.

Denk er eens over na. Er moeten andere mogelijkheden zijn om diversiteit en gelijkheid te bereiken. Het kan niet gebaseerd zijn op integratie. De hele zaak van kolonisatie en integratie gaat niet over menselijke gelijkheid. Het draait allemaal om de economische waarde die det gekoloniseerde heeft voor de koloniale macht. Onze onderhandelingen moeten gebaseerd zijn op het besef van deze machtsongelijkheid en de economische belangen die daarmee gediend zijn. Alleen dit is de waarheid en de weg naar evenwicht. Acceptatie van en samenleven in ongelijkheid is onmogelijk. Onderlinge afhankelijkheid is gebaseerd op economische belangen. Die economische afhankelijkheid moet de inzet van onderhandelingen zijn. Als hierover onderhandelen niet mogelijk is, dan is vrede en veiligheid ook onmogelijk. De mens is niet bedoeld om elkaar te overheersen of te domineren, zonder dat dat ingrijpende gevolgen zal hebben. De Schepper van deze wereld zal op Zijn eigen vastgestelde tijd en op Zijn eigen vastgestelde manier hiertegen in verzet komen.

Als rooms-katholieke pastor en gelovige, geloof ik in de onontbindbaarheid van het sacramentele, of anders gezegd, kerkelijk huwelijk. Het huwelijk is voor het leven. Het is een diepe spirituele verbondenheid die mensen aangaan. Ik deed alles en verdroeg alles, zelfs boven mijn vermogen, om mijn huwelijk te laten werken. Ik wist hoe vreselijk het voor de kinderen zou zijn als we zouden scheiden. Faith zei vijf jaar geleden dat als we zouden scheiden, degene die van huis weg zou rijden, over haar lijk zou moeten gaan. Ze zou ervoor gaan staan, de weg blokkeren en zeggen dat hij of zij niet mocht weggaan.

Ik geloof best dat Afrikanen en Nederlanders samen een gezin kunnen onderhouden, ondanks de percepties die beide volkeren van elkaar hebben. Ik ben me zeer bewust van de kracht van cultuur, die sterker is dan liefde. Maar iets in mij zegt dat alleen als we elkaar kunnen zien als mens, geschapen naar het beeld van God, we samen de weg naar wereldvrede kunnen inslaan. Behandel elkaar als beeld van God. Ik geloofde dat ik een verschil kon maken, want er zijn maar weinig gezinnen van ouders met blond haar en zwart krullend haar die samen oud worden. Ik probeerde alles te ontwapenen wat als wapen gebruikt kon worden om racisme in stand te houden. Maar ik kon mijn huidskleur niet ontwapenen.

Zwarte mensen vertelden mij dat ik in Nederland niet tegen een witte persoon naar de rechter moest stappen. Zij drukten me op het hart, niet tegen een witte vrouw in te gaan om mijn recht op te eisen. Zij raadden mij aan om niet te veel te lijden. Zij vertelden mij dat witte mensen psychologie zouden gebruiken om te vernietigen wat er van mij overbleef. Dat ze nooit zouden toestaan dat hun witte medemens een zaak tegen een zwarte Afrikaan verloor. Ze vertelden me dat een advocaat of rechter die ervoor zorgde dat een Afrikaan een rechtszaak tegen een witte Nederlander won, soms zelfs zijn beroep kon verliezen. En dat dit te maken had met het witte privilege en institutioneel racisme.

Ze gaven me deze waarschuwingen uit zorg voor mij. Zij gaven mij voorbeelden van zwarte mensen en kleurlingen die probeerden te vechten tegen witte mensen en in grotere problemen eindigden. Hun voorbeelden kwamen niet alleen uit Nederland maar ook uit andere Europese landen.

Ik ken zelf ook veel van zulke gevallen. Ik heb een Afrikaan in de gevangenis bezocht die tot vele jaren celstraf was veroordeeld, omdat zijn vrouw hem had vergiftigd en dacht dat hij dood was. Daarna pleegde ze zelfmoord. Toen de ambulance kwam, vonden ze de man in het huis. Ze zagen ook het gif en brachten hem naar het ziekenhuis. Hij herstelde. De zaak werd voor de rechter gebracht. De rechter zei dat een witte vrouw dood was en iemand daarvoor gestraft moest worden. De man werd naar de gevangenis gestuurd omdat men oordeelde dat hij deze situatie had veroorzaakt. Ik bezocht deze man in het gevangenisziekenhuis waar hij werd behandeld. Zijn vader was ambassadeur, zo was hij naar dit land gekomen. Later was hij met deze witte dame getrouwd. Zo kende ik veel andere voorbeelden die me ontmoedigden om voor mijn recht op te komen. Maar ik kon het onrecht dat me was aangedaan niet laten gaan.

Toen ik eenmaal naar de rechtbank stapte, ontdekte ik wat ze bedoelden. Ik was de enige man tussen vele witte vrouwen. De rechter was een vrouw. De advocaten, zowel de mijne als die van je moeder waren vrouwen. De griffie was een vrouw. De vertegenwoordigers van drie organisaties die je moeder kwamen steunen, waren vrouwen. Mijn advocaat en ik werden door de anderen geïntimideerd, maar de rechter zag de waarheid. Zij weigerde de zaak in mijn voordeel te beëindigen, maar stelde het vonnis uit en eiste dat de zaak na zes maanden opnieuw zou worden behandeld. Zij gaf ons een bepaalde opdracht mee en verplichtte ons zes maanden later verslag aan haar uit te brengen. Dit ging zo vier jaar lang door, met in totaal acht zittingen over dezelfde zaak. Toen je moeder besefte dat racisme haar niet ging helpen de zaak te winnen, vroeg zij de rechter om de zaak op gelijke voet te beëindigen. En zo eindigde de zaak. Er werd overeengekomen dat de familie zelf een manier moest vinden om de zaak te regelen.

Diversity, je moet begrijpen dat Aafke een hoop vals bewijs heeft gegeven van witte professionals. Ze presenteerde een bewijsstuk van een psychiater met wie ze een nauwe band mee heeft. De psychiater schreef dat ik, als Afrikaan, van nature gevaarlijk van aard was. Dat mensen uit de buurt van Afrikanen moesten blijven en vooral kinderen bij hen moesten weghouden. Deze plaatselijke psychiater hield zich bezig met problemen van jongeren en sprak nooit met mij over mijn geestelijke gezondheid. Toen ik dit document van de rechtbank las, ging ik naar hem toe, maar hij weigerde me te ontvangen als ik niet alleen kwam maar iemand meebracht. Ik zei hem dat ik met mijn advocaat wilde komen, en hij antwoordde dat hij niet wou praten als ik haar mee zou brengen. Toen schreef mijn advocaat hem een verzoek om te getuigen dat hij mijn geestelijke gezondheid gevaarlijk vond. Hij ontkende dat hij dat had beweerd. Maar zijn valse bewering werd wel tegen mij gebruikt in de rechtbank. Aafke en haar advocaat Sandra misleidden de rechtbank om racistische motieven. Als gevolg hiervan was er geen contact tussen de Diversity, Faith, Exalted en mij. Want de rechtbank gaf de raad van kinderbescherming opdracht om onderzoek te doen of ik levensgevaarlijk ben voor mijn kinderen. In afwachting van de uitkomst, moest uit veiligheidsredenen contact tussen mij en de kinderen stoppen.

Uiteindelijk werd ik op allerlei onderzoeking en door allerlei betrokken gezondheids instellingen compos mentis verklaard. Alleen de schade die je Diversity, Faith en Exalted op-gelopen hadden omdat wij elkaar een jaar lang niet mogen zien waren enorm. Jullie zijn daardoor naar de psychologen geweest. Wat belangrijk is om te begrijpen is dat Aafke een racistische verklaring in samenwerking met John de psychiater en Sandra haar advocaat de rechter had misleid. De rechter geloofde haar door haar witheid privilege, maar wilde ook bewijs. Vanwegen dat bewijs ben ik vrij gesproken.

Kinderen, ik wil dat jullie weten dat de Nederlandse wet een van de beste ter wereld is gebleken wanneer er sprake is van onrecht. Dit is een land dat plaats biedt aan buitenlanders die hier zijn gekomen om in hun levensonderhoud te voorzien, en vooral voor mensen die beroofd zijn van hun rechten in het leven. Zij vinden hier de vrijheid om betekenis aan hun leven te geven. Dit is al eeuwenlang de geschiedenis van dit land. Het is de wet van dit land die dit mogelijk heeft gemaakt. Als je de wet respecteert, zal die je beschermen. Als je standhoudt, zijn er eerbare mensen in dit land die je zullen bijstaan. De wet heeft mij beschermd.

Toen ik twintig jaar geleden op school zat, heeft de wet me geholpen om te kunnen afstuderen in het beroep dat ik koos. Een van mijn professoren wilde dat ik een ander beroep zou kiezen omdat mijn specialisatie met zich meebracht dat ik met witte mensen zou werken en hen zou leiden. En dat was volgens hem niet de bedoeling, dat een Afrikaan leiding zou geven aan witte mensen. Hij moest ervoor zorgen dat ik een andere specialisatie zou kiezen. Uiteindelijk heb ik een rechtszaak tegen hem gevoerd en hij verloor de zaak, omdat zijn argument gebaseerd was op racisme tegen Afrikanen en niet op mijn persoonlijke capaciteiten. Het is essentieel om te weten dat veel witte mensen destijds naar de rechtbank schreven om de rechter te vertellen dat ik wel degelijk gekwalificeerd was om witte mensen te leiden. Die mensen waren professionals op het gebied waarin ik me wilde specialiseren.

Sommigen waren nieuw in het vakgebied, en sommigen waren zeer gevorderd. Sommige van mijn medestudenten en klasgenoten schreven ook aan de rechter dat het oordeel van die bewuste professor over mij niet juist was. Zij spelden uit dat dit een geval van racisme tegen Afrikanen was. Sommigen schreven zelfs dat de professor niet gekwalificeerd was voor een leidinggevende positie in de huidige Nederlandse samenleving. Dat hij degene was die moest integreren in de huidige 'cultuur van diversiteit'. De zaak heeft een jaar geduurd. Het eindigde in mijn voordeel, dankzij de steun van witte Nederlanders die stonden voor wat juist is.

Toen Aafke mij beschuldigde van gevaarlijk psychotisch en onvoorspelbaar Afrikaans gedrag, schreven ook enkele witte Nederlanders brieven naar de rechtbank met bezwaren tegen haar racistische beschuldigingen. Er kwamen veel brieven bij de rechtbank binnen. De rechter zag zelf in dat alle beschuldigingen racistisch gemotiveerd waren. Daarom kon de rechter de zaak pas beëindigen als Aafke zich terugtrok, wat ze na vier jaar uiteindelijk deed. Toch blijft ze op andere manieren doorgaan met mij te dwarsbomen.

Je begrijpt dat ik naar de rechter stapte om racisme in mijn studiekeuze tegen te gaan. Sinds die tijd tot vandaag de dag werk ik met die specialisatie. In mijn relatie met Aafke moest ik naar de rechter om te voorkomen dat racisme mij alles afnam wat ik gedurende een kwart eeuw had opgebouwd.

Jij bent de vrucht van dit werk dat ik deed. Vandaag ben je in de rechtbank om uit te vinden wat de strijd is die ik in het huis voerde. Het is niets anders dan racisme tegen mijn Afrikaanse afkomst. Zoals jullie weten, zijn er veel vaker rechtszaken over discriminatie van zwarte mensen voorgekomen. Vandaag weet je wat je te wachten staat. Maar vergeet niet dat je vader dit racisme meer dan een kwart eeuw heeft overwonnen. Jullie moeten begrijpen dat jullie stelling moeten nemen en je ertegen moeten verzetten. Niet alle Nederlanders steunen racisme. De wet steunt racisme niet. Er zal altijd een witte persoon zijn die opkomt voor de waarheid en tegen onrecht. Zij zullen je vinden en naast je staan. Koning Willem Alexander heeft in september 2020 gezegd dat racisme niet acceptabel is in dit land. Hij sprak recht uit het diepst van zijn hart.

Mijn kinderen, de Nederlandse wet werkt.

Het duurde lang voor ik besloot te vertrekken. Op een nacht maakte je moeder iedereen wakker met huilen en hevig snikken. Ik vroeg haar wat er aan de hand was en wat haar aan het huilen maakte. Ze zei dat ze een telefoontje had gekregen van haar broer Onno om te melden dat haar familie haar verstoten had. Ze mocht geen contact meer hebben met haar moeder en haar broers, en alle andere familieleden. Ze mocht geen contact hebben met haar vrienden die ook contact hadden met haar moeder en andere familieleden.

We bespraken deze kwestie als een familie. Exalted had toen een suggestie voor mij.

Diversity

Wat was je suggestie, Exalted?

Exalted

Ja, ik zei dat je mama in jouw familie moest opnemen. Je zei dat ze al een lid van je familie was, en dat je familie ver weg was in Afrika. Je zei dat wij, de kinderen, mama hier nodig hadden, omdat we anders geen familie in de buurt zouden hebben. Ik overwoog hoe moeilijk het is om geen familie in de buurt te hebben. Ik adviseerde je toen om te gaan scheiden.

Ik heb je gezegd dat je niet omwille van mij in de relatie moest blijven. Je dacht dat ik zou lijden na de scheiding. Ik herinnerde je eraan dat de helft van mijn klasgenoten, zestien van de tweeëndertig leerlingen, uit gescheiden gezinnen kwamen. Ik vertelde je wat het voordeel van een scheiding voor mij zou zijn, namelijk dat ik twee gezinnen zou hebben, eentje bij jou en eentje bij mama. Je reageerde een beetje terughoudend op het idee van een scheiding. Ik herinnerde je eraan dat je me had gezegd niet te sterven voor degene van wie ik houd. Ik zei dat als je in de relatie wilde blijven, je advies moest inwinnen om met de situatie om te gaan. Toen onderbrak je me en zei: 'Ga slapen, we praten hier een andere keer over.' Ik realiseerde me dat je niet over de scheiding wilde praten. Ik was bezorgd over je leven. Omdat ik zag wat er aan de hand was met de familie van mijn moeder. Ik heb al eerder aangegeven: ik ken mijn moeder van binnenuit. Ik ken ook haar familie en ik ken Linda. Ik sla mijn ervaringen goed op in mijn geheugen.

Chibueze

Toen Exalted zei dat hij mij advies wilde geven, begonnen mijn knieën te knikken. Exalted, weet je nog dat je sliep op een hoogslaper dat pas voor jou was gemaakt? Ik stond een tijdje met je te praten en wat je me vertelde, had ik nooit verwacht. Je was te jong om al die dingen te zeggen. Je was zeven jaar oud. Al die wijsheid en raad die van jou kwam, deed me afvragen of jijzelf sprak of dat iemand dat via jou deed. Alles wat je zei drong mijn hart en mijn hoofd binnen. Het was alsof mijn hoofd opengesneden was, en jij die woorden erin stopte. Het drong recht mijn hersenen en mijn hart binnen. Ik kon er niets tegenin brengen. Ik vroeg me af wat er met me gebeurd was dat mijn kind van zeven me moest adviseren over wat ik moest doen in mijn huwelijk. Ik was trots op je, maar tegelijkertijd ook verlegen over mezelf.

Diversity

Toen we als familie spraken over het telefoontje dat Aafke had gekregen van Onno, was ik in de war. Papa, jij zei dat Onno het samenzijn van ons gezin steunde. Hoe kon hij dan zulke dingen zeggen?

Chibueze

Onno was veranderd, mensen kunnen veranderen. We hadden toen geen steun meer om samen te blijven. Toen ik mijn familie in Afrika raadpleegde en hen vertelde over het drama van de verstoting van je moeder, zei mijn oudste broer dat ik Onno zelf moest raadplegen om Aafkes verhaal te verifiëren. In het verleden had ze vaker gelogen, dingen gedaan en dan beweerd dat een ander het had gedaan. Ik schreef een brief aan haar broer Onno. Ik vertelde hem dat we het bericht hadden gekregen dat zijn zus verstoten was uit de familie omdat ze weigerde van mij te scheiden. Onno, zoals je je misschien herinnert, heb ik in mijn brief aan jou gezegd dat wij besloten hadden jou je zuster terug te geven als gezinslid. Ik zou haar verlaten en uit haar leven verdwijnen. Na de scheiding zouden we samen voor de kinderen zorgen.

Diversity

Onno, ik denk dat jij hierop moet reageren.

Onno

Ik kreeg het bericht en antwoordde je, Chibueze. Ik herinner me mijn woorden nog. Ik las je mail met stijgende verbazing. Waarom zou ik mijn zus uit de familie zetten? Waar komt dit vandaan? Ik zou mijn zus nooit uit de familie zetten.

Mijn zus had aangegeven dat ze liever wat rust had en afstand wilde nemen van onze moeder, Linda. Dat was niet mijn keuze, maar de hare. Ze vond het moeilijk om met Chibueze over Linda te praten en met Linda over Chibueze. Ze had het gevoel dat ze er tussenin zat en dat kostte haar veel energie. Ik wilde graag bij jullie betrokken blijven en proberen de sfeer wat vrediger te maken waar mogelijk. Ik zou haar ook altijd steunen. Ik zou haar nooit verstoten, wat er ook gebeurt.

Aafke zat in een lastig parket toen Chibueze weigerde te zwichten voor de eis van onze familie. We moesten maatregelen afdwingen om de hele strijd te beëindigen. Ons familieplan was om de relatie te laten beëindigen, dood of levend. Alle eerdere pogingen waren niet gelukt.

Toen we de macht van geld ontdekten om racisme, verdeeldheid en haat mee te zaaien, ging alles gemakkelijker. Ik beloofde Aafke elk bedrag dat ze nodig zou kunnen hebben, zolang ze maar scheidde van Chibueze.

Diversity

Linda, heb je iets te zeggen?

Linda

We hadden een keer een gesprek over de verdeling van mijn juwelen en bezittingen, en ik besprak hoe Aafke alles kon erven als ze zich ontdeed van Chibueze en de kinderen. Dit bleek de magische truc te zijn om haar terug te krijgen. Andere maatregelen werkten niet goed. Maar deze maatregel van materieel welzijn doorbrak alle morele barrières en ethiek van Aafke. Elke band en gevoelens jegens de kinderen werden verzwakt. Alles werd zakelijk, een zaak van de hersenen en niet meer van het hart. Dit werd ons familiewapen om haar hart te verharden.

Ik beloofde mijn dochter één miljoen euro, al mijn juwelen, en een erfenis als ze maar van haar man zou scheiden. Zij vertelde mij dat zij van hem wilde scheiden, maar dat zij bang was dat zij geen andere man zou vinden die aan haar behoeften kon voldoen. Ik zei haar dat ze met zoveel geld elke man kon kopen. Ze zei dat Chibueze haar geheim kende en op de hoogte was van het racisme in onze familie. Dat was het moment dat we besloten dat hij niet mocht blijven leven. We wilden niet dat hij nog meer zwarte kinderen zou baren, vooral niet bij witte vrouwen. Als hij uit Europa zou vertrekken om te voorkomen dat hij nog meer zwarte mensen uit witte vrouwen verwekte, zou het voor ons draaglijk kunnen zijn. We probeerden hem te overtuigen om zich te laten steriliseren na het eerste kind, maar dat weigerde hij. Ik probeerde Chibueze onder de duim te krijgen, maar alles wat ik deed, werkte niet op hem. Hij heeft een natuurlijke kracht die niet gemakkelijk te vernietigen is.

Diversity

Aafke, neem je tijd en vertel rustig wat je wilt zeggen.

Aafke

Met mijn gedrag tegen Chibueze probeerde ik mijn fouten recht te zetten. Ik kende de waarheid, maar verborg het uit angst dat de kinderen het zouden weten. De enige manier om het geheim voor altijd verborgen te houden was ervoor te zorgen dat Chibueze zou sterven. Een andere mogelijkheid was dat mensen Chibueze voor gek of waanzinnig gingen verklaren. Niemand zou hem dan nog geloven.

Zoals ik in het begin al zei, ik was jong en begreep niet hoe diep het racisme in mijn samenleving zat. Racisme diende mijn economisch belang. Dat is alles wat ik wist, en ik heb er mijn voordeel mee gedaan. Verder had ik racisme helemaal niet nodig. Ik was me er niet van bewust, totdat ik al midden in het hele systeem zat. Er was geen ontsnappen meer aan. Ik voelde me gevangen zonder enige keuze. Afstand ervan houden was een te grote uitdaging. Mijn beroep als ambtenaar en de stellingname van mijn familie tegen Afrikaans bloed in de familie hebben mijn leven gevormd tot dit verhaal.

Voor sommigen wordt racisme gevoed door angst voor het uitsterven van het witte volk. Zwarten hebben die angst niet. Telkens als een zwarte met een witte persoon naar bed gaat om zich voort te planten, zal het kind niet wit zijn, maar zwart. Zulke macht is te veel voor witte mensen. Het is een beslissende natuurlijke superioriteit. Je kunt er niet tegen vechten en winnen. Religie spreekt over liefde als we het over eenheid en gelijkheid hebben.

Het is onmogelijk om gelijk te zijn aan wie van nature superieur is. Deze superioriteit is niet door witte mensen aan zwarten gegeven, daarom kunnen ze hen ook niet gelijk maken. Daarom hebben witte mensen geld en economische macht nodig om gelijk aan zwarte mensen te worden. De economische macht in Afrika ligt bij de zwarte mensen. De westerse economie is afhankelijk van natuurlijke hulpbronnen in Afrika. De aanwezigheid van miljoenen zwarte Afrikanen die naar Europa willen komen maakt ons angstig. Zonder de buitengewone bekwaamheid van wapens, geld en economische macht, kunnen witte mensen niet krijgen wat ze willen. Europese landen waren ontoereikend totdat ze zichzelf toegang verschaften tot de rijkdommen van Afrika. Dit is de verborgen waarheid van racisme.

Dit is ook wat we met Chibueze hebben gedaan, in samenwerking met mijn familie en het systeem van het land. Nu zie ik hoe het hele systeem van racisme, onrecht en uitsluiting werkt. Eerder zag ik dat niet. Ik wil Chibueze graag laten gaan. Ik wens dat hij zijn onafhankelijkheid en vrijheid terug krijgt. Tegelijkertijd ben ik wanhopig en wil ik hem niet laten gaan. Ik let nog steeds op of hij iets waardevols krijgt, en dan probeer ik het van hem weg te houden.

HOOFDSTUK 2

Diversity

Afrofobie in de familie heeft ons allemaal veel pijn en leed gebracht. Ik weet dat mijn verdriet voortkomt uit stereotypes over Afrikanen. Blijkbaar is dat de ongewilde erfenis die mijn vader aan ons, zijn kinderen, nalaat. Mijn geweten is zuiver: ik heb geen misdaad begaan in Nederland. Ik heb Afrikaans bloed in mijn lichaam. Ik heb ook Europees bloed in mijn lichaam. Als het hebben van Afrikaans en Europees bloed in mijn lichaam een misdaad is, laat de rechterlijke macht dat dan op papier zetten. Dan kan ik kiezen om te leven met zo'n onrechtvaardig systeem. Als het een ongeschreven wet is met een onuitgesproken vonnis, uitgevaardigd door de autoriteiten van het land waar ik geboren ben en waartoe ik behoor, dan is dat een ongekend onrecht. Ik had het gemakkelijker kunnen accepteren als het vonnis gebaseerd was op iets dat ik gedaan heb. Maar het is gebaseerd op wie ik ben. Ik heb dat nooit zelf bepaald.

Ik zal God niet meer de schuld geven dat Hij mij geschapen heeft. Ik hef de vloek op die ik legde op de dag dat ik geboren werd. Ik trek al mijn vervloekingen tegen mezelf in. Ik vergeef mezelf en mijn vader die ik de schuld gaf van mijn lot. Ik zend mijn zegen naar mijn vader. Ik zend ook mijn gebeden naar mijn moeder, die niet weet wat ze doet. Ik heb verder geen oordeel over de autoriteiten en het systeem. Dit tribunaal is niet ter beoordeling. Ik onthoud mij van dergelijke standpunten, want die zijn voorbehouden aan de Onzichtbare Rechter van alle rechters. Hij is een rechter die het hart van de mensen doorgrond. Hij is de Onzichtbare Toehoorder, degene die oordeel kan uitspreken en vergeving kan schenken. De stoel van deze Ene is leeg. Niemand kan voor deze Ene spreken.

Iedereen die na onderzoek onschuldig wordt bevonden aan racisme, kan een oordeel vellen. Maar wie zal zo iemand beoordelen? Een zondaar kan geen zondaar beoordelen.

Een vis in het water kan niet ontkennen dat hij in het water leeft. Zelfs als de vis niet weet wat water is. Of wij gedrag nu racisme noemen, of het wegredeneren met psychologische, culturele of sociale verklaringen, racisme blijft bestaan. Een spade moet een spade worden genoemd. Wij hebben racisme in actie gezien. Wij hebben onze verhalen verteld. Wij hebben de verhalen van betrokkenen gehoord. Dat is wat we hebben. We kunnen niet meer zeggen dat we ons er niet bewust van waren. 'We wisten het niet' is geen antwoord meer. Ontkenning is geen antwoord. We hebben geen oplossingen. We staan voor een avontuur. We hebben moed nodig. Moed heeft ons tot dit punt gebracht. Laten we dat vasthouden. We hebben de waarheid nodig die licht brengt in de duisternis en de kwelling. We hebben het licht nodig. We hebben hoop nodig. We hebben geloof nodig. We kunnen niet zonder liefde. Liefde zal een nieuwe cultuur zijn. Een nieuwe cultuur en een nieuw koninkrijk in deze samenleving. Ons omgeven met een cultuur van liefde. We moeten nu verder gaan. We moeten de weg inslaan. De reis vereist dat we ons eerst voorbereiden. Als we aan de reis beginnen, bereiden we ons voor. Alleen zo kunnen we er zeker van zijn dat we de bestemming bereiken.

Kleed

We moeten ons kleden.
We trekken een mantel van gerechtigheid en
rechtschapenheid aan.
De gordel van waarheid zal je intact houden.
Bedek je hoofd met verlossing.
Geloof zal onze ketting zijn.
Mededogen zal onze arm zijn.
We smeren ons in met het gebed in de woorden
van Jezus Christus.
Wij trekken schoenen van vrede aan, en zij zullen vrede brengen
tot aan de deuren van de harten en hoofden van de mensen.
Onze woorden zullen de taal van genade en barmhartigheid
spreken, gesproken in vreugde.

Tas

In onze kleine rugzak dragen we wat wij en anderen
nodig hebben gedurende de reis.
Niets gaat boven kennis, begrip en wijsheid voor
jezelf en anderen.
Geduld is nodig voor hen die traag zijn.
Standvastigheid zal onze moed levend houden.
Dienaren weerhouden ons van de verleiding om
anderen te overheersen en te domineren.
Adviseurs zullen ons beschermen tegen narcisme.
Door de natuurwet te eerbiedigen en ons aan de bovennatuurlijke
wet te houden, navigeren we naar onze bestemming.
Een positieve geest houdt onze geest en ons lichaam gezond.
Vertrouwen zal ons beschermen tegen conflicten.
Diversiteit zal onze aard bewaren en ons synergie geven.
Hoop houdt ons op de been, vooral in moeilijke momenten.
Eenheid herinnert ons eraan dat we wederzijds afhankelijk zijn.
Verbondenheid houdt ons dicht bij elkaar
en voorkomt isolement.

Ogen zullen ons helpen om elkaar te zien. De ander ziet
jou zoals jij de ander ziet.
Gevoel laat ons weten hoe de ander zich voelt. Wij zijn
collectief geworteld in één bron. Daarom kunnen we elkaar
voelen, zelfs zonder dicht bij elkaar te zijn.
Empathie zorgt voor ontmoeting met de ander.
Autonomie is nodig om je keuze te maken, je ruimte te creëren,
je vrijheid te hebben, en onafhankelijk te zijn.
Eerlijkheid brengt ons integriteit, authenticiteit en transparantie.
Harmonie voor ontspanning, schoonheid, stabiliteit,
heelheid en vervulling.
Spel geeft plezier, spontaniteit, avontuur, feest en passie.
Lichamelijk welzijn omvat eten, drinken, veiligheid, rust,
comfort, warmte, aanraken en seksuele expressie.
Vergeet vooral niet dat het leven betekenis heeft. Er is een doel
in het leven. Van ons wordt verwacht dat we bijdragen aan het
welzijn van anderen. Dat is onze eerste roeping in het leven.
Werken vanuit de capaciteiten die je zijn gegeven. Je talenten
inzetten om mensen te dienen is essentieel voor groei.

Weg

We hebben nog een lange weg te gaan.
Het is een lange reis naar bevrijding van racisme.
Die lange reis begint met één voet en één stap.
We hebben onze voetstap nu gezet.
We marcheren naar de vrijheid.
We weten niet wat er voor nodig is.
De weg is niet vrij.
Er is geen kaart. We kunnen de weg kwijtraken, en zullen
dan een nieuwe weg zoeken om onze bestemming te bereiken.
Het is een jungle. We kunnen te maken krijgen met
roofdieren en zware uitdagingen.
Het is geen geplaveide weg. We kunnen bevuild worden
met vuil en stof.

In de geschiedenis is niet bekend wie die weg al
eerder heeft afgelegd.
We hebben niemand die de weg kent of de weg heeft bewandeld .
We zullen er soms omheen draaien.
We staan misschien voor het einde van de weg.
We zullen heuvels oplopen.
We zullen door valleien lopen.
We zullen door rivieren gaan. Misschien moeten we
bruggen bouwen om over te steken.
Misschien moeten we boten bouwen om de oceaan over te steken.
Er kunnen wilde en gevaarlijke dieren op de weg zijn.
Beschermengelen zullen er ook zijn.
Gevaarlijke insecten kunnen steken en problemen veroorzaken.
We zijn onzeker of dodelijke virussen ons onderweg
zullen aanvallen.
Misschien heeft ons lichaam natuurlijke vaccinaties
die ons beschermen om te overwinnen.
Honger kan door ons lichaam worden gevoeld.
Dorst mag onze keel aanvallen.
Onze voeten kunnen moe zijn.
We kunnen te maken krijgen met uitputting.
Maar ik ben zeker dat onze geest in vrede zal zijn.
De hoop van aankomst in een land van gerechtigheid
geeft kracht.
De hoop aan te komen in een land van vrede.
De hoop aan te komen in een land van eenheid.
Een land vrij van racisme.
Die hoop om op een dag te arriveren zal ons over alle
obstakels heen dragen.
We zullen de bergen bestijgen op de vleugels van engelen.
We zullen afdalen in de valleien in de trein van de Levende God.

Tegen Faith, zeg ik: houd moed.
Tegen Exalted, zeg ik: houd moed.

We moeten moed houden, want er moet een plaats in deze wereld zijn waar we een leven kunnen leiden vrij van afrofobie. Dat kan nog steeds in Nederland. De wereld verandert in rap tempo. We moeten ons richten op genezing van de schade. Ons lichaam heeft de littekens van racisme opgenomen en bewaard. Toen we het nog niet zagen, was het alleen maar verwarrend. Maar we kunnen leren hoe we het onder ogen kunnen zien, thuis en in de wereld.

Ik waardeer de openheid en moed van Aafke en Chibueze, en ook van Linda en Onno. Jullie kwetsbaarheid en transparantie zijn als helende balsem. Deze hoorzitting was niet gemakkelijk. Maar niets goeds komt gemakkelijk. Soms wilde ik op de grond rollen om me in te houden en te beheersen, als ik jullie verhalen aanhoorde. De woede die in me omhoog kwam was zwaar. Het was moeilijk. Het was pijnlijk. Het was als een straf. Maar ik had al in de meest erge situaties gezeten. Situaties die me deden besluiten om mezelf van het leven te beroven en er een eind aan te maken. Zulke hopeloosheid is erger dan de waarheid onder ogen zien in deze hoorzitting.

Alle dingen die iedereen heeft verteld, heb ik direct of indirect meegemaakt, alleen wist ik niet wat de situatie veroorzaakte. Het was als een puzzel waar iedereen een stukje van heeft. Nu zijn alle stukjes samengebracht. Wij, als familie, kunnen de stukjes bij elkaar rapen en verder gaan. Ik wil het volgende voorstellen, vooral aan jullie, Faith en Exalted. We hebben gezien dat we een gruwelijke en pijnlijke erfenis kregen vol met schadelijke stereotypes. We hebben dit in onze genen meegekregen, en ons DNA kan niet anders dan dit overdragen aan de volgende generatie. Maar in deze generatie van mogelijkheden zullen we hier samen aan moeten werken.

We zullen onszelf moeten her-programmeren van stereotypes naar prototypes. Menselijke wezens zijn het prototype van de Schepper, en we maken onderdeel uit van de gehele schepping. De Schepper schiep prototypes die zichzelf vermenigvuldigen met unieke DNA codes. We zullen ons DNA instrueren om de van onze familie geërfde stereotypes te vervangen door de door onze Schepper gecreëerde prototypes. Dit zal een proces zijn dat meer van zulke tribunalen nodig heeft.

Onze meest waarschijnlijke toekomst staat al vast. Zij is hetzelfde als het heden waarin onze ouders leven. Als we niets veranderen, zullen we het verhaal van onze ouders herhalen. Racisme is een automatische en onbewuste gewoonte, een gedragspatroon dat ons in zijn macht heeft. Zonder ingrijpen zijn we hulpeloos en gedoemd. Daarom hebben we geen quick fix nodig. Dat zal niet werken. We moeten begrijpen hoe diepgeworteld het probleem is. We moeten duurzame maatregelen nemen die blijvend resultaat hebben. We moeten werken aan een andere toekomst, een toekomst waarin we het ongewenste heden achter ons laten. Om de gewenste toekomst te creëren, moeten we anders gaan denken. Onze ouders erfden de slechtheid van het menselijk denken, de fouten van intellectuelen. We gaan dat niet vermenigvuldigen; we gaan die ziekte uitroeien. Daar hebben we geen inentingen voor nodig. De economische winst van racisme moet worden afgewogen tegenover het verlies van discriminatie en de schade die het oplevert. Het voordeel moet worden afgewogen tegen het nadeel. Het kwade moet worden afgewogen tegen het goede. We moeten een racisme-vrij leven afwegen tegen een door racisme doordrenkt leven.

Ik weet zeker dat deze hoorzitting veel laat zien over het leven onder de bezetting van racisme. Ik dacht dat dit alleen een probleem was voor Afrikaanse mensen, maar ik zie nu dat het ook een probleem is voor witte Nederlanders. Kun je nagaan hoeveel energie, tijd, pijn en lijden Aafke en Linda hebben gestoken in hun strijd tegen Chibueze. Het is een hel voor iemand om tientallen jaren in zulke negativiteit te leven. Het maakt iemand bitter in het leven. Ik zie het in Aafke en Linda. Nu begrijp ik waarom ik hen niet wil omhelzen. Die doornachtige uitstraling van hun lichaam is een uitingsvorm van hun woede en angst.

Door gebrek aan energie en kracht kon Chibueze zijn levensdromen niet waarmaken. Aanwezig zijn in zo'n vijandige omgeving zuigt de voedingsstoffen uit je lichaam, de vitamines uit je leven. Wat overblijft is een ziek lichaam. Chibueze heeft niets meer over waarmee hij zijn carrière en zijn doel in het leven kan nastreven. Bij mij speelt hetzelfde. Ik kon op mijn achttiende jaar geen enkel diploma halen. Ik denk niet dat ik het kan, maar ik wil perfect zijn in andere aspecten van het leven. Het leven van Aafke en Linda is een verschrikking en Onno heeft niet gedaan wat hij zou willen. Hij gaf zijn geld uit om ervoor te zorgen dat Chibueze leed, om zijn onterechte woede en haat te bevredigen. Zijn geld had een beter doel kunnen dienen. Er is zoveel verspild: levens, vreugde, geld, tijd en energie.

Exalted

Door al mijn ervaringen ben ik te vroeg wakker geworden. Ik moest leren wat ik op mijn leeftijd niet hoorde te weten. Ik had nooit voor mogelijk gehouden dat ik op zo'n jonge leeftijd zou moeten praten met rechters, advocaten en zovele anderen die me wilden hersenspoelen om mijn vader te haten. Ik heb hen duidelijk gezegd dat niemand mij kon hersenspoelen. Er zijn vele voorbeelden, maar dat is nu niet belangrijk. Leven in een racistische familie is een uitdagende opleiding en topsporttraining. Op de vlucht voor de realiteit vond ik troost in gamen. Het was een verslaving die me het gevoel gaf dat ik iemand was. Het kostte me mijn gezondheid en verhinderde dat ik aan mijn toekomst werkte. Maar ik zag geen andere uitweg.

Faith

De vooringenomenheid van de psychologen en psychiaters was voor mij verontrustender dan alle andere handelingen van instellingen. Het is duidelijk dat die vooringenomenheid in de familie zit. Ik had nooit gedacht dat het zo fout kon gaan. We zijn gezegend dat er tot nu toe geen leven verloren is gegaan. Ik heb er vertrouwen in dat Aafke, Linda en Onno zich zullen aansluiten bij de strijd tegen racisme.

Chibueze

Dit tribunaal werkt voor mij als genezende therapie. De kans om de waarheid te spreken en uit te drukken wat er in mij leeft, ontlaadt me van een enorme spanning waarin ik de afgelopen vijfentwintig jaar heb geleefd. De kans om de waarheid te horen voelt als erkenning, als een biecht over dingen die zo lang onbespreekbaar waren.

Ik ben opgevoed met een moraal en ethiek die universeel zijn voor het menselijk ras. In mijn opvoeding werd aandacht besteed aan het behulpzaam zijn voor anderen en de natuur. Mijn ouders leerden mij anderen lief te hebben zoals je jezelf liefhebt. Racisme en de behandeling die daarmee gepaard ging, weerhielden mij ervan deze erfenis over te dragen op mijn kinderen. Daarom hebben jullie, Diversity, Faith en Exalted, mij tijdens jullie opvoeding nooit zien doen waarvoor ik was opgeleid. Jullie hebben mij mijn capaciteiten nooit zien waarmaken. Dat is frustrerend voor me geweest.

Om die reden ben ik geen rolmodel voor mijn kinderen geweest. Ik was een voorbeeld van een loser. Als je een rolmodel hebt dat je kunt navolgen, daagt dat je uit om te groeien en jezelf te ontwikkelen. Het prototype zoals je bent geschapen, zoals jouw nieuwe leven bedoeld is, wordt door racisme vervormd tot een stereotype. Maar nu jullie dit beseffen, kunnen jullie je leven oppakken in de wetenschap dat wat mensen over jullie zeggen, allemaal leugens zijn.

Aafke

In mijn opvoeding werd openheid en spreken wat je hart je ingeeft gezien als een vorm van kwetsbaarheid. En kwetsbaarheid was zwakte. Daarom was ik altijd bang voor openheid. Door dit tribunaal realiseer ik me nu dat kwetsbaarheid juist een kracht

in zich heeft. Dat kwetsbaarheid het perfecte startpunt is voor zelfreflectie. Mijn creativiteit komt in mij tot leven en er begint een verandering. Ik kan in mijn eigen aanwezigheid verblijven. Ik verzamel allemaal stukjes van mezelf, alsof ik een gespleten persoonlijkheid was. De hoorzitting was confronterend.
We kunnen niet praten over racisme, privilege en superioriteit zonder te praten over schaamte en schuldgevoelens. Het schandalige is dat ik fout zat. Ik heb mijzelf schuldig gemaakt aan verschrikkelijke dingen.

Daarom is het onderwerp racisme buitengewoon moeilijk om over te praten. Nu hebben wij onze verantwoordelijkheid genomen om deze arena binnen te treden, en publiekelijk te getuigen van dit uitdagende onderwerp en het kwaad in de mens. De credits gaan naar alle mensen hier in deze arena. Er gaan geen credits naar mensen die vanaf de kantlijn kritiek leveren of die aanwijzen wat gedaan had moeten worden. Zij die opstaan en de arena binnengaan, hun positie innemen en de uitdaging aangaan zijn degenen die credits verdienen. Ik ben tot inzicht gekomen. Ik kon mijn hart luchten. Ik krijg al ruimte. Ik kan het anders en wil het ook anders. Alles moet anders. Daar ga ik staan. Ik mag opnieuw een nieuw leven beginnen. Ik voel mij bevrijd.

Diversity

Ik moet mijn verhaal vertellen om mezelf te bevrijden. Dezelfde uitnodiging en mogelijkheid die ik voor mijn familie heb gecreëerd met dit tribunaal, geldt ook voor mijzelf. Dit verhaal zou op elke eettafel van elk huis moeten liggen. Zodat alle families geconfronteerd worden met de waarheid, en het verhaal van de slachtoffers gehoord wordt. Degenen die aan tafel ontbreken zullen worden opgezocht en een plek krijgen. Elke burger moet deze ziekte in onze samenleving onder ogen zien.

Ieder mens heeft een rolmodel nodig, vooral in de opvoeding. Wij willen begrijpen waarom onze vader en moeder geen rolmodellen voor ons waren. Waarom wij zonder rolmodellen moesten opgroeien. Het voorbeeld van onze familie is iets waarmee we niet geassocieerd willen worden. Wij schamen ons ervoor. Wij worstelden met het voorbeeld dat ons werd voorgehouden. En die worsteling duurt nog steeds voort.

Wij worstelen met onze *identiteit*. De identiteit die ons werd voorgehouden was onaanvaardbaar. Zij was niet wie wij zijn of wie wij willen zijn. Wij waren niet in staat de vraag te beantwoorden wie wij zijn. We waren verloren.

Wij worstelen met het *doel* in ons leven. Ons doel is niet om een leven te leiden vol haat en onenigheid met elkaar. Maar we communiceren niet normaal met elkaar. We kunnen niet dromen, omdat ons doel niet duidelijk is. We hebben niet gezien hoe het anders zou kunnen.

Wij worstelen met de *bestemming* van ons leven. We weten niet waar we heen moeten en hoe we moeten beginnen. We begrijpen niet waarom we hier in dit land geboren zijn. We begrijpen niet waarom onze ouders ons gebaard hebben. Waarom onze ouders überhaupt ooit zijn samengekomen.

We worstelen met wat we moeten *doen*. Als je niet weet wie je bent en wat je doel is, verlies je alle richting in het leven. We weten niet wat onze opdracht is en wat onze capaciteiten zijn. We weten alleen dat we niet geaccepteerd worden. Passiviteit is het gevolg.
We worstelen met onze *erfenis*. De erfenis van onze ouders maakt ons ziek. Het maakte hen en hun families ook ziek. We konden onze wortels niet begrijpen en waar dit allemaal vandaan kwam.

Onze ouders hebben de antwoorden op onze vragen. Maar er is een taboe dat hen ervan weerhield het met ons te delen. Ze wilden ons niet vertellen waarom de dingen niet gingen zoals ze zouden moeten gaan.

Onze ouders gingen naar de rechtbank, vochten met elkaar, leefden in vijandschap. Omdat niemand de waarheid wilde vertellen, kon er geen oplossing gevonden worden. Het probleem veroorzaakte verwoesting op alle niveaus. Wij, de kinderen, vonden een oplossing. Deze oplossing was ons door onze ouders gegeven, maar zij vergaten haar. Alleen deze erfenis van belijdenis en de waarheid kan ons bevrijden van verwarring en oorlogsvoering. Het bevrijdt ons van strijd. Wij zijn ervan overtuigd dat wij de macht hebben om de herhaling van het verleden niet opnieuw te laten voortduren. Wij kunnen kiezen om te breken met het verleden. Dit is de keuze die we aan allen in de samenleving willen geven. Dit is het begin van het vertellen van verhalen. Het begin van het vertellen van familieverhalen. Het begin van het vertellen van maatschappelijke verhalen. Het kan ons allemaal bevrijden.

We zijn in staat om de cyclus van ongekend onrecht te stoppen. Wanneer waardevolle informatie wordt achtergehouden en mensen onterecht worden gestraft, lijdt iedereen daar uiteindelijk onder. We hebben het gezien in de rapportage over het ongekende onrecht in de toeslagenaffaire. Wij hebben dit onrecht en deze angst opgebouwd, dus ook wij kunnen het afbreken.

We gaan hier niet stoppen. Dit is het begin van een nieuw tijdperk. Wij zullen werken aan een nieuwe morele en ethische generatie die in strijd is met de status quo die geïnstitutionaliseerd is in culturele belangen, racisme, opvoeding en educatie. De komende jaren zullen we hier met andere kinderen aan werken. Wij verwachten dat volwassenen die hun kinderen echt een betere toekomst toewensen, hieraan meewerken. We hebben geen behoefte aan herhaling van de beschamende geschiedenis. We moeten de cyclus doorbreken, en dat doen we nu.

Nu kunnen we de genezing van gezinnen als de onze zien en ervaren. Nu weten we dat we van elkaar afhankelijk zijn. Iedereen in het wereldwijde dorp is van elkaar afhankelijk, zoals het coronavirus ons heeft laten inzien. We zullen niet meer leven vanuit oude angsten die ons leiden tot leugens en lijden.

De waarheid heeft de keten van het kwaad in onze familie verbroken. De taboes zijn doorbroken. De erfenis en de last die onze ouders en grootouders in ons leven hebben gecreëerd, zijn tenietgedaan. Wij zijn als vogels bevrijd uit een kooi. De last en de macht van het racisme zijn verbroken door haar schadelijke gevolgen bloot te leggen.

Het werk van bevrijding is in gang gezet. Haar resultaten zijn geactiveerd. Wij kinderen hebben opgeslagen wat we hebben ontvangen. We hebben in detail uitgelegd wat we hebben ervaren. We vertelden onze verhalen. We zeggen welk effect onze ervaringen hebben gehad op ons leven. Onze ouders legden ons uit wat de mogelijke oorzaken waren. Ze informeerden ons over hun daden. We kunnen alleen maar concluderen dat de liefde dit mogelijk maakt. Liefde maakt zorgzaam.

Het mooiste wat onze familie ons nu heeft gegeven is, dat ze naar ons als kinderen hebben geluisterd. Het voelt zo goed als je gehoord wordt. We hebben allemaal naar elkaar geluisterd. Dat voelt bevredigend.

Blootstelling aan de realiteit van het voor alle leden van het gezin verborgen kwaad werkte wonderwel. Zwart en wit werkten samen om discriminatie in de familie in stand te houden. Als het slachtoffer een compromis sluit en in de slachtofferpositie blijft, dan heeft de acteur geen andere keus dan te blijven acteren. Dan zitten beiden in het verbond van negatieve relatiepatronen, gebaseerd op schaamte en verlegenheid en bedekt met leugens. In dat verbond lijden allen. Dit gedrag wordt dan ook op werk en in de vriendenkring toegepast: wat je geleerd hebt, breng je als vanzelfsprekend in de praktijk. Daarom is het van cruciaal belang om je opvoeding en erfenis onder de loep te nemen en te herzien. Dit geeft ons onze vitaliteit en gezondheid terug.

Het verhaal eindigt met de genezing van kinderen en ouders, en het doorbreken van het racistische verbond in de familie. De scheiding bracht verlossing voor allen. De pijn baart een nieuw leven van vrijheid en vrede. De vreugde van het leven komt na een lang lijden proces. Licht overwint duisternis. Uit het donker wordt licht gecreëerd om te schijnen. Ziekte maakt plaats voor vitaliteit. Zelfexpressie wordt geboren in een gezin dat vol was van angst en bezorgdheid.

Zo ontstaat vrede in het leven. Het gezin ervaart wederzijdse afhankelijkheid. De plek van de familie in het leven van de mens en in de samenleving wordt hersteld. Wij kinderen leren wie we zijn, waar we vandaan komen en hoe we verder moeten. Ons gezin is bevrijd, en vreugde en gelach zijn teruggekeerd.

Zou dit een oplossing kunnen zijn voor de ketens van systematische problemen in de samenleving? Zou het richting kunnen geven aan onze strijd tegen racisme? Zou het ons een sleutel kunnen bieden voor onze klasse- en genderstrijd? Zou het ons een weg wijzen hoe om te gaan met onze ingewikkelde voorgeschiedenissen? We denken dat we in deze hoorzitting iets hebben ontdekt dat ons kan helpen omgaan met het kwaad in de samenleving waarmee we elke dag geconfronteerd worden. We hebben ontdekt dat het kwaad ontbloten en het bij zijn naam noemen, meer genezend werkt dan een systeem van schuld en straf. Bij straffen is er geen sprake van vergeving. Straf wordt uitgemeten en opgelegd. We zijn niet tegen de wet. Maar alleen de waarheid brengt genezing, zelfs als er geen berouw van hart is.

Een nieuwe toekomst

De toekomst is hoopvol als we onze onderlinge afhankelijkheid omarmen. Wij zijn allen slachtoffers van het verleden in ons heden. Wanneer we mensen als één beschouwen, voelen we ons met elkaar verbonden. We zullen elkaar benaderen vanuit een natuurlijke zorgzaamheid. Mijn lichaam bevat DNA van generaties Afrikaanse en Europese families. De stijl die voor ons familietribunaal is gekozen, zegt veel over wie ik ben en waar ik voor sta. Het is een mengeling van Afrikaanse tradities om een vreedzame samenleving te bouwen in de gemeenschap. Het herstelt gebroken vrede. Het verlost ons van menselijke status. De setting van een hoorzitting lijkt weer meer op onze erfenis van het Romeinse rechtssysteem. Beide kanten zijn onze historische erfenis. De erfenis van een gerechtelijke aanpak wanneer een mens recht moet worden gedaan. Deze methode is in de mens ingebakken, geërfd van zijn Schepper. Dit tribunaal is ons fundament en geloof in de genezing van onze familie en de wereld. We hopen dat de stijl die wij in deze hoorzitting hebben gebruikt, in de toekomst ook anderen een weg zal bieden voor rechtvaardigheid en herstel.

Alles in de schepping functioneert binnen een wet. Wij kozen daarom voor de vorm van een tribunaal. Onze bedoeling in dit tribunaal was niet een door mensen gemaakte of verzonnen wet. Er wordt niet gesproken over goed en kwaad of over moraal en ethiek. We zijn hier niet om te praten over rechtvaardige en onrechtvaardige wetten. Dit is niet de plaats om te ontdekken wat de wet van Jim Crow zegt en wat de nationale wet niet zegt. Dit is geen parlement van kakofonie en groepsbelangen. Menselijke instellingen kunnen door mensen worden opgebouwd en afgebroken. Zij kunnen verkeerd zijn of juist. Dergelijke menselijke wetten en tradities veranderen. Wanneer het in beweging is gezet functioneert het vaak als een machine en dient lang niet altijd het welzijn van mensen. Eerlijk gezegd hebben dergelijke wetten en tradities de situaties veroorzaakt die ons ertoe hebben gebracht dit tribunaal op te richten. Wij zijn genoodzaakt om iets nieuws te gaan doen. Wij willen nieu-we instituut opbouwen. Instituut dat bij onze tijd en tijdgeest past.

Vergelding zou alleen maar ruimte bieden aan nog meer schade en leugens. Zij zou nooit iemand genezen of bevrijden. Vergelding is een gerechtigheid van angst. Herstel is een gerechtigheid van genade en vrede, maar ook van liefde. Zoals je kunt begrijpen, gebruiken we hier liefde omwille van de wet. Liefde is de natuurlijke wet van herstel en verlossing. Liefde is de bron van ons tot leven zijn en tot leven komen. Het is de energie van de schepping die maakt dat men het leven koestert. Het maakt dat men probeert het leven door te geven aan een nieuwe generatie.

De uiteindelijke Rechter is tegelijk de Schepper van de natuurwet én van de bovennatuurlijke wet. Niemand kan zich zonder gevolgen tegen de natuurwet verzetten, en bij de bovennatuurlijke wet is geen plek voor discussie en argumentatie. Het natuurrecht heeft geen rechtszaal voor logica en argumenten. Het heeft geen advocaten en rechters. Het heeft zijn eigen leiding, zijn eigen advocaat, zijn eigen rechter, zijn eigen tribunaal, zijn eigen beslissing, en zijn eigen vonnis. Er is geen beroep tegen mogelijk. Het is één en definitief. Het is volledig en volmaakt. Bijvoorbeeld, je eet door je mond en je scheidt de rest uit door je rectum. Dit geldt voor alle mensen met een normaal functionerend systeem. Je kunt niet via je rectum eten en via je mond uitscheiden. Geen enkele andere menselijke wet kan dat veranderen. Dit is een voorbeeld van de natuurwet. Zij is ultiem, volledig en volmaakt in haar eigen instelling. Ze heeft geen menselijke goedkeuring nodig om te werken. Ze verandert niet van generatie op generatie. Als je van de top van een gebouw van dertig verdiepingen springt, dan kun je of in het ziekenhuis belanden of doodgaan. Je kunt niet twisten over deze wet. Op het moment dat jij handelt, handelt zij ook. Er is geen discussie, en net als met andere natuurwetten, functioneert zij simpelweg.

Wij vestigden dit tribunaal onder de bovennatuurlijke wet. De bovennatuurlijke wet leidt de hele schepping, zowel het zichtbare als het onzichtbare. Het is een eeuwige wet die nooit verandert. Het is een wet die het leven volmaakt dient en stress beteugelt.
Daarom doen wij een beroep op de bovennatuurlijke wet als fundament voor onze hoorzitting. De bovennatuurlijke wet is een goddelijke wet. Het is de wet van schepping en voorzienigheid. Zij

verandert nooit van richting. Ze kan niet worden geannuleerd. Ze geeft en beschermt het leven.

Neem bijvoorbeeld zaad. Elke bron draagt een reproductie van zijn eigen gelijkenis in zich. De goddelijke wet bepaalt dat iedere man vanuit zaad is ontstaan en zaad kan doorgeven. Net zoals elke levende de dood in zich draagt. Wanneer de dood wordt geactiveerd in de levende, doodt het de levende. Deze goddelijke wetten bestaan en werken in de schepping. Zij zijn permanent.
Nu we aan het einde van deze hoorzitting zijn gekomen, wordt er niet uitgesproken of iemand schuldig is of niet. Elke uitspraak is een daad van wraak. Elke wraak is een straf. Wij laten beslissing, vergelding en tuchtiging over aan de Schepper en eigenaar van de goddelijke wet. Wie de goddelijke wet overtreedt, ondergaat haar consequenties.

In het geval van onze familie kozen we de weg van liefde en herstel. We hadden verlossing nodig uit onze situatie. Dat is waarom we naar dit tribunaal kwamen. Het is een omgeving van waarheidsvinding - een plaats van schuldbelijdenis voor vergeving om verzoening en ware genezing mogelijk te maken.

Wij geloven in genade en barmhartigheid, die schuld kan opheffen en dader en slachtoffer kan bevrijden. Wij hopen op deze verlossing, omdat deze familie één vlees en één bloed is. Wij zijn niet in staat onszelf te bevrijden van wat ons is overkomen. Maar barmhartigheid en genade zal vergeving en verlossing geven aan onze zielen.

Om deze vergeving te bereiken, hebben wij de biecht nodig. De biecht staat centraal; zij geeft ons toegang tot de plek waar vergeving mogelijk is. Een biecht komt vanuit een berouwvol hart dat spijt betoont en de naakte waarheid spreekt; een hart dat zichzelf onderzoekt en uitspreekt wat het weet. De waarheid moet boven tafel komen, want alleen de waarheid zal jou en anderen bevrijden. Een waas van leugens wordt verwijderd uit de ogen van sprekers en toehoorders. De leugens zijn naakt, zij worden niet langer bedekt.

In dit tribunaal is de waarheid onschuldig en leugens onschadelijk. Er is geen oordeel. De stoel des oordeels is leeg. De stoel van de onzichtbare en Ene rechter is voor niemand zichtbaar. Geen woord wordt gesproken en geen stem wordt gehoord, maar recht zal worden gedaan door de Enige die rechtvaardig en onomkoopbaar is.

Geen mens is geschikt bevonden om in deze zaak een oordeel te vellen, want iedereen is tekortgeschoten. Alle mensen zijn besmet met racisme. Het is een pandemie zonder vaccinatie. Wij zijn dragers ervan in ons DNA en onze genen. We dragen het over van de ene generatie op de andere. Daarom is niemand gekwalificeerd om te oordelen over iemand die zijn racistische gedachten opbiecht. Het oordeel dat je geeft, is immers het oordeel dat je krijgt. Je kunt niet oordelen over een vrijgelatene terwijl je zelf in de gevangenis zit voor dezelfde daad. De weg naar de vrijheid is toegankelijk door je geweten te onderzoeken en jezelf uit te spreken. Je hebt niemand nodig om je deze vrijheid te geven of te beschermen.

Je hebt het in je hart en stem. Het is je mensenrecht, toegekend door de Goddelijke Schepper.

In deze hoorzitting is de waarheid geopenbaard. Laat moed het nu winnen van angst. Laat het genezingsproces toe in je hart. De wereld van leugens is verslagen. Schaamte is er niet meer. Verlegenheid is er niet meer. Taboes zijn doorbroken. Het is niemands schuld. Dankbaarheid neemt de overhand, en gerechtigheid regeert. Het gezinsleven wordt veranderd van duisternis, angst en leugens in licht, moed en waarheid. De keten van het kwaad in ons gezin is verbroken. De erfenis en de last die onze ouders en grootouders in ons leven hebben gelegd, zijn doorbroken. Het werk van bevrijding is in gang gezet. Wij kinderen zijn bevrijd uit slavernij. We zijn eindelijk vrij om te gaan leven.

DEEL 8
Racisme is menselijk, zijn zonde belijden is goddelijk

HOOFDSTUK 1

Esthetic

Het kantoor van Francisca is stil. Plotseling gaat de deur open. Diversity loopt binnen met een grote glimlach op zijn gezicht. Francisca staat op en loopt naar hem toe om hem te begroeten. Ze geven elkaar een elleboog-groet volgens de Covid19-regels. Ze gaan schuin tegenover elkaar zitten, met de salontafel tussen hen in. De sfeer is speciaal en opgetogen.

Francisca en Diversity kijken elkaar aan met een brede lach op hun gezicht. Het lijkt alsof ze vrienden zijn. Deze keer opent Francisca haar computer niet. Ze stelt Diversity een vraag.

Francisca

Diversity, je ziet er totaal anders uit dan de laatste keer dat je hier was. Ik heb in mijn agenda gekeken. De laatste keer dat je hier was, was denk ik zeven maanden geleden. Hoe is het met je gegaan?

Diversity

Ik kom om je te bedanken. Mijn bezoek aan jou heeft mijn leven veranderd. Toen ik bij je kwam, voelde ik me een waardeloos hoopje mens, zonder toekomst. Ik had ondraaglijke pijn en voelde me machteloos. Ik dacht dat alleen de dood mij kon verlossen, ik zag gewoon geen uitweg meer. Maar als ook de dood je niet wil hebben, is dat afschuwelijk. Zo voelde ik mij toen. Tegelijk had ik toch ergens nog een klein beetje hoop, alleen wist ik niet hoe en waar ik moest beginnen. Ik was eigenlijk nog niet thuis bij mezelf, ik was de weg echt kwijt. Nu ik mij wel thuis voel bij mezelf, kan ik zeggen, dat ik toen mezelf niet was.

Mijn bezoek aan jou maakte een groot verschil. Zoals nacht en dag van elkaar verschillen, zo groot is het verschil tussen mijn leven toen ik bij je kwam en mijn leven nu. Door naar jouw praktijk te komen werd een grote positieve verandering in gang gezet.

Je hebt naar mij geluisterd op zo'n manier dat ik mijzelf voor het eerst echt kon horen spreken. Ik had nog nooit zo'n mooie ervaring gehad. Het voelde heel goed toen je naar mij luisterde. Dat gaf mij moed. Ik voelde dat ik iemand was. Door naar mijzelf te luisteren, kreeg ik inzicht in wat er in mij en in mijn omgeving speelde. Ik voelde mij bemoedigd om te spreken. Ik voelde mij gewaardeerd, omdat er naar mij werd geluisterd. Ik had iets te zeggen en heb een verhaal dat de moeite waard is om naar te luisteren. Die gedachte alleen voelde al heerlijk. Ik heb zelf kunnen waarnemen hoe mijn emoties in conflict waren met mijn brein. Mijn emoties overheersten voor een groot deel mijn brein. Doordat ik meer met mijn eigen emoties worstelde, kon ik het niet opbrengen om met bepaalde mensen te praten. Daarom voelde ik mij eenzaam en zat vol met klaagliederen. Totdat ik de stem van mijn brein hoorde die mij influisterde om niet alleen op mijn emoties af te gaan. De gedachte kwam in mij op dat mijn afzondering van anderen mijn situatie niet zou veranderen. Dat zou mij niet verder helpen en anderen ook niet. Ik moest een manier vinden om op een positieve en verstandige manier om te gaan met mijn emoties. Ik moest leren hoe ze te beheersen.

Ik ging die dag naar huis met de gedachte om zelf actie te ondernemen. Ik wilde geen slachtoffer meer zijn. Ik moest spreken. Jouw opmerking dat je mijn ouders wilde zien, deed mij veel. Door die opmerking, viel het kwartje bij mij. Want ik realiseerde me, hoe groot de rol van mijn ouders is geweest. Wat mij is overkomen heb ik niet aan mezelf te wijten. Door toedoen van anderen is mijn ellende ontstaan. Ik wilde hen confronteren. Ik vond het idee van een tribunaal waarin iedereen de kans krijgt om vrijuit te spreken een waardevolle aanpak. Een dergelijk tribunaal gaf iedereen die dat wilde de kans om te spreken en gehoord te worden.

Wat het mij opgeleverd heeft kun je nu zien. Ik kan weer naar school. Ik kan weer leren. Ik ga weer examen doen. En ooit in de toekomst zal ik je weer spreken, maar dan zeker niet als cliënt die hulp zoekt. Want ik ben nu helemaal genezen. Mijn lijf heeft al die aanslagen overleefd. De sporen van die aanslagen in mijn lichaam zijn uitgewist. Ik ben gereinigd van al het gif. Er is geen plaats meer waar nieuwe pijn zich kan nestelen. Mijn lichaam voelt alsof het opnieuw geboren is, zonder pijnlijke herinneringen. Mijn lichaam reageert niet meer verkrampt op bepaalde situaties. Ik staar niet meer voor mij uit. Ik ben ontspannen. Mijn omgeving is niet veranderd, ik ben zelf veranderd. Het lijkt alsof mijn lichaam een schild om mij heen heeft gebouwd om gif en negativiteit niet te laten binnendringen. Mensen hebben niet meer de macht om mij pijn te doen. Ik zeg niet dat stenen en stokken mij geen pijn zullen doen. Ik zeg alleen dat woorden mij geen pijn meer zullen doen. Woorden kunnen een mens tot in het diepst van zijn ziel kwetsen. Vooral wanneer zij van racisme doordrenkt zijn. Dan kunnen zij de geest kwellen. Hiertegen heb ik een sterk schild opgebouwd.

Fysiek ben ik weer aan voetbaltraining begonnen. Ik werk hard aan mijn spieren. Ik krijg speciale training van mijn personal trainer. Het gaat heel goed. Ik werk intussen ook voor mijn geld. Al deze zaken waren ondenkbaar voor mij. Ik heb gezien dat een gesprek met de juiste persoon die naar je wil luisteren, een groot verschil kan maken.

Ik wil andere jongeren motiveren om zich te uiten, en hen stimuleren te werken aan een eigen woordenschat waarmee zij hun gevoelens, emoties en ervaringen kunnen uiten. Daarom deel ik graag mijn ervaringen met hen. Want wij kinderen zijn de toekomst van elke samenleving. Een systeem van uitsluiting en racistisch vooroordeel berooft de kinderen van hun toekomst.

Wij kinderen moeten ons niet laten misvormen door onze ouders als zij vastgeroest zijn in een verkeerde, ziekelijke mentaliteit. Ik laat het niet toe en zal de levenskeuzes van mijn ouders niet mijn leven laten beïnvloeden. Dit kan ik nu gemakkelijker zeggen, omdat ik door schade en schande op mijn 18e levensjaar noodgedwongen wijzer ben geworden. Als ik vijf of acht jaar oud zou zijn, zou het volstrekt anders zijn. Ik wil onafhankelijk blijven van disfunctionerende instanties en ouders die zichzelf als volwassenen beschouwen terwijl ze zich kinderachtig gedragen.

Ik wil iets beginnen voor kinderen om zich te laten genezen van het gif dat zij in hun opvoeding meekrijgen van hun familie, sociale omgeving en disfunctionerende instanties. In mijn familie kwamen instituten zoals het geloof, de overheid, jeugdhulpverlening, het onderwijs, vrijetijdsbesteding en zo veel andere instituten negatief uit de bus. Ze laten zien dat ze allemaal slechts mensenwerk zijn: ze zijn door mensen opgericht en worden door mensen gerund. Ze hebben mij niet geholpen. Vrijuit spreken en echt gehoord worden via het tribunaal is mijn redding geweest. Deze mogelijkheid heeft me kracht gegeven.

Met mijn broer en zus gaat het ook heel goed. Ze zwijgen niet meer. De volwassenen, zoals mijn ouders en de rest van de familie, laat ik buiten beschouwing. Zij kunnen voor zichzelf spreken. Maar houd er rekening mee dat ik nogmaals een tribunaal zal laten plaatsvinden. Dan nodig ik je weer uit. Dit hele proces is nog niet klaar, het kan nog jaren duren.

Francisca

Hoe was het voor jou om alle verhalen van je ouders en familie aan te horen? Om alle puzzelstukjes bij elkaar te kunnen leggen? Waren er geen momenten dat je echt kwaad was of verdrietig?

Diversity

Ik vond het erg moeilijk om alles aan te horen. Om de waarheid te horen over wat mensen die zo dicht bij mij staan, dachten en deden. Soms voelde ik in mijzelf de drang om uit te barsten en boos te reageren. Maar ik heb ooit van mijn vader geleerd hoe ze in Afrika op zulke situaties reageren. Je hebt vast gezien dat ik soms beide handen op mijn hoofd hield. Op andere momenten lag ik plat op de grond, soms stilletjes, soms heen en weer rollend. Soms liet ik mijn armen zakken en ontspande mijn spieren. In die houdingen kun je niet tot fysieke actie overgaan. Daarom zag je mij dat af en toe doen, als de woede mij bijna fysiek overmeesterde en mijn lichaam gewelddadig wilde reageren. Dit werkte voor mij gemakkelijker dan tot tien tellen, zoals ze in Nederland altijd zeggen. Deze houdingen werkten verlammend en grepen fysiek in. Als ik tot tien moet tellen, moet ik dat in mijn hoofd doen, en mijn hoofd was soms zo vol van woede dat het mij niet lukte. Maar deze les van mijn vader heeft me geholpen. Ik vond het absoluut noodzakelijk dat ik hoe dan ook geen fysiek of verbaal geweld zou gebruiken. Want wij zijn allemaal kwetsbare mensen.

Francisca

Diversity, bedankt voor wat je mij geleerd hebt. Ik had gedacht dat ik je twee jaar lang, twee keer per maand zou moeten behandelen, en ik was nog onzeker of twee jaar genoeg zou zijn. Maar jouw aanpak is voor mij uniek en nieuw. Ik zie ook dat het goed heeft gewerkt. Je bent wat mij betreft een professional geworden. Ik wil je graag zien, maar dan wil ik jouw leerling zijn. Ik wil van je leren wat er gebeurd is en hoe je zo snel vrij kon zijn na 17 jaar lang kwelling van lichaam en geest. In minder dan zeven maanden ben je volledig genezen. Het gaat boven mijn wetenschappelijke pet en ik begrijp het niet. Als ik het niet zelf had meegemaakt, zou ik eraan twijfelen. Maar je bent het levende bewijs hiervan. Mijn vraag is hoe je dat gedaan hebt. Ik wil weten hoe ik jouw aanpak kan vertalen in mijn praktijk. Dan kan ik het ook toepassen bij andere kinderen in vergelijkbare situaties. Wil je dat samen met mij doen?

Diversity

Dat lijkt mij een geweldig idee. Wij worden leerlingen van elkaar. Je luisterend oor is mijn bevrijding geworden.

Ik ben van plan om scholing voor andere kinderen en leeftijdsgenoten in moeilijke omstandigheden te gaan beginnen. Ik heb volwassenen gezien die zich zeer onvolwassen gedragen. Tegelijkertijd vinden ze dat alle kinderen naar hen moeten luisteren. Maar ook volwassenen moeten naar kinderen luisteren. Een goede relatie tussen volwassenen en kinderen vereist 'tweerichtingsverkeer' in de communicatie. Als kinderen vragen stellen, worden de volwassen soms boos. Soms lijkt alsof je hun autoriteit ondermijnd door vragen te stellen. "Je moet doen wat ik zeg", is soms hun reactie. Als je vraagt waarom, dan zeggen ze "omdat ik het gezegd heb". Die mentaliteit moet veranderen.

Dat is waarom dit tribunaal een baanbrekende aanpak is. Het zorgt ervoor dat iedereen ruimte krijgt om te spreken en dat naar iedereen kan worden geluisterd. Ook de dingen die pijnlijk zijn en de dingen waarvoor mensen zich schamen kunnen worden gezegd. Er is ruimte voor de waarheid. In het tribunaal is iedereen gelijk. Het is niet zo dat de een als het ware het paard is en de ander de ruiter, zoals het in de relatie tussen ouders en kinderen soms gaat. Ook onze samenleving zijn sommige mensen de ruiter en anderen het paard.

De paardrijder doe geen moeite om naar het paard te luisteren. Zijn relatie met het paard is éénrichtingsverkeer.

Er zijn ook mensen die activisten genoemd worden omdat ze zich niet schikken. Ze worden lastposten genoemd, terwijl ze eigenlijk een prachtige droom hebben voor dit land.

De nieuwe weg

Wij zien een verdeelde samenleving. Wij zoeken hoe wij een brug kunnen slaan.

We kunnen daarmee een begin maken door te beseffen dat er nu groepen mensen zijn naar wie niet wordt geluisterd. Ze worden als object gezien tot wie gesproken moet worden. Ze zijn daar om te luisteren. Ze worden overladen met informatie. Ze krijgen geen kans om terug te praten.

Het mooiste in het leven is wanneer je je gehoord voelt. Die ervaring zou iedereen moeten hebben.

In het tribunaal laat ik zien dat wij geen leider nodig hebben om bepaalde problemen aan te pakken. Vaak gaan we op zoek naar wie ons zal leiden en wie voor ons een probleem kan oplossen. Wie kan het probleem van racisme voor ons oplossen? Kan het door wetgeving? Is er een leider die het kan?

Maar we hebben elkaar. Dat is meer dan genoeg.

We kunnen naar elkaars verhaal luisteren zonder oordeel en zonder vooringenomenheid. Het is geen verhaal van daders en slachtoffers, maar van slachtoffers.

De verdeeldheid in ons gezin is weerspiegeld de verdeelde samenleving. Verdeeldheid is het resultaat, wanneer groepen geen gezamenlijk verhaal, visie en basis kunnen hebben. Een gezamenlijk verhaal bindt mensen tot een gemeenschap. Bruggen slaan is makkelijker met gezamenlijk verhaal. De verhalen kunnen we verzamelen als wij in gesprek met elkaar aangaan. Als wij naar elkaar luisteren. De nakomelingen van tot slaaf gemaakten en slavenhouders zijn gezamenlijk erfgenamen van het verhaal van slavernij.

Naar elkaar luisteren en elkaar uitnodigen om verhalen te delen is een prachtige mogelijkheid.

Dit verhaal is een uitnodiging om taboes te doorbreken en verhalen te delen. Ik heb afscheid genomen van de angst dat de ander mijn verhaal tegen mij zal gebruiken.

Ik schaam mij niet meer om mijn persoonlijk verhaal te delen.

Ik had de rechter voorgesteld om mijn ouders voor 12 uren samen in een kamer op te sluiten. Ze zouden wat mij betreft geregistreerd 12 uren met elkaar moeten praten. Voor elk uur dat ze niet praten komt er een uur bij. Jammer dat de rechter niet naar mij geluisterd had. Dat had het gezin veel ellende kunnen besparen. Praten met elkaar kan pijn verzachten. Het kan verwarring ophelderen. Het neemt ook eenzaamheid weg. Je kan door het oog van de ander beter inzicht krijgen in je eigen waarheid.

We gaan verhalen met elkaar delen. We gaan met elkaar verbinden. Het leven is mooi om feest ervan te maken. Wij gaan met elkaar het leven vieren in verbondenheid en saamhorigheid.

Esthetic

Diversity en Francisca sluiten een deal en gaven elkaar wederom de 'elleboog-groet'. Met een glimlach gaan ze uit elkaar. Francisca volgt Diversity naar de trap en loopt met hem naar de voordeur. Diversity stapt in de auto. Ze zwaaien naar elkaar. Ik kijk toe vanuit het raam. Het is wel koud buiten maar de zon schijnt. Francisca komt terug naar de behandelkamer. Haar gezicht straalt zoals ik al jaren niet meer bij haar heb gezien. Vol verwachting klopt mijn hart. Er gaat iets nieuws gebeuren.

DANK

Ik heb samengewerkt met inspirerende vrienden. Mensen die weten wie ik ben. Ik heb er veel plezier aan gehad en ben hen dankbaar voor deze vruchtbare samenwerking. Ik kies ervoor om hun namen niet te noemen. Want die vrienden weten hoe dankbaar ik ben voor hun inzet.

Ik wil iedereen bedanken die meegewerkt heeft aan de totstandkoming van dit boek.

Ik dank alvast de lezers van dit boek. De mensen die met dit boek een leeskring gaan beginnen, en de mensen die dit boek in hun leeskring gaan lezen.

Ik dank mensen die een positieve bijdrage bewerkstelligen in hun eigen leven of in levens van anderen, in het bijzonder in de levens van jongeren. Ik hoop dat het concept van een tribunaal de lezer zal inspireren en overtuigen van de noodzaak om een veilige ruimte te creeren waar jongeren zich vrij kunnen uitspreken, zich gehoord voelen, en door waarheid van hun pijn kunnen herstellen.

Ik hoop dat we samen kunnen bouwen aan een samenleving waar mensen elkaar niet meer beschadigen en een cultuur van geweld vermijden. Zodat we een rechtvaardige en vreedzame samenleving opbouwen.